高职高专教育“十三五”规划教材

财务管理

主　编　艾　国　李昕欣

中国建材工业出版社

图书在版编目（CIP）数据

财务管理/艾国，李昕欣主编．—北京：中国建材工业出版社，2017.10

ISBN 978-7-5160-2077-7

Ⅰ.①财… Ⅱ.①艾… ②李… Ⅲ.①财务管理 Ⅳ.①F275

中国版本图书馆 CIP 数据核字（2017）第 264861 号

内容简介

本书在编写中以“项目导向，任务驱动”为理念，具有“体例科学，材料新颖，形式灵活，教、学、做一体”的特色。本书分为 10 个项目，共 31 个任务，涉及财务管理的各个方面，引用了大量的案例，帮助提高学生理论联系实际的能力。本教材可作为各类高职高专院校财经类专业的教学用书，也可作为培训、进修、自学的参考资料。

财务管理

主　　编：艾　国　李昕欣
出版发行：中国建材工业出版社
地　　址：北京市西城区车公庄大街 6 号
邮　　编：100044
经　　销：全国各地新华书店
印　　刷：北京佳顺印务有限公司
开　　本：787 mm×1 092 mm　1/16
印　　张：15.75
字　　数：365 千字
版　　次：2017 年 10 月第 1 版
印　　次：2020 年 7 月第 2 次印刷
定　　价：45.00 元

本社网址：www.jccbs.com.cn

前　言

随着我国市场经济的迅猛发展，财务管理在提高企业竞争力方面发挥着越来越重要的作用。财务管理作为高职高专教育财经类专业的一门核心课程，已成为现代复合型财经应用人才必备的专业知识和技能。为较好地实现高职高专的培养目标，我们根据财政部最新颁布的会计准则、财务管理理论的新发展以及企业财务管理实务的需要，按照“任务驱动、项目导向”的模式编写了本书。

本书主要有以下特点：

1. 结构合理，内容新颖。

本书以资金管理的过程为主线构建逻辑体系；以企业资金管理的逻辑思路来设置教材内容体系；依据“现代、灵活、应用”的思路安排内容，并根据内容的难易和繁简程度妥善处理教学内容的详略。

2. 项目导向，任务驱动。

根据高职高专毕业生就业的实际情况，结合企业财务管理实务，本教材以介绍财务管理工作流程中所需要的基础知识和应用能力为主要内容，重在培养职业能力，注重内容的实用性和针对性，强调教材基础性与应用性的融合。

3. 案例教学，寓教于乐。

本书中的每一个项目均以“案例导入”切入正题，所选案例既是本项目讲解的主要内容，又是与财务管理业务息息相关的事例，且都是发生在近年来的国内外案例，极具时代气息。此举在提高学生学习兴趣的同时也达到了寓教于乐的目的。

4. 形式灵活，教、学、做一体。

本书以工作任务为中心，实际操作性强，融教、学、做于一体，培养学生实际应用能力，充分体现高职高专教育的职业性。每个项目中的小知识形式灵活新颖，便于学习者更好地理解财务管理基础知识。同时，每个项目后都配有案例分析、多种形式的同步测试题，既可复习巩固本项目内容，又可锻炼、加强财务管理的实际运用能力。

本书适用于高职高专院校、成人高校、继续教育学院、民办高校的财经类专业教学使用，也可作为在职经济管理人员岗位培训、自学进修的参考用书。

本书在编写过程中参考了不少专著和教材，得到了不少专家学者、院校领导的大力支持，在此一并表示感谢！

由于编者水平有限，加之编写时间紧迫，书中疏漏之处在所难免，敬请广大读者批评指正，以便在今后的重印或再版中改进和完善。

编　者

目　　录

项目一 财务管理认知

学习目标

● 掌握运用财务管理的内容评价具体企业的财务管理体制的方法
● 学会识别财务管理的目标
● 能设计简单的企业财务管理工作流程

知识要点

● 财务管理的内容
● 财务管理的目标
● 财务管理的工作环节
● 财务管理环境的分类及具体内容

案例导入

“迪拜世界”的债务危机

2009 年 11 月 26 日，迪拜的国有公司“迪拜世界”无法按时偿付即将到期的 35 亿美元债券，在国际资本市场再掀波澜。国际评级机构纷纷降低类似国有公司的评级，国际投资者大量抛售阿拉伯联合酋长国的各类债权，令本来财务状况良好的阿布扎比也深受其害。投资者对迪拜还债能力信心大跌，大幅推升债务违约保险价格，比冰岛还要高。有些专家甚至耸人听闻地惊呼全球金融危机第二波已经到来。

“迪拜世界”在迪拜的三个国有投资公司中排名第一，其业务主要在两大领域：地产开发和港口码头。随着全球贸易复苏，其港口码头业务发展良好。这次出问题的是其旗下最大的房地产集团——棕榈岛集团。

触发其财务问题的直接诱因是市场状况的改变。危机以来，迪拜房价平均下降了 50%，使得棕榈岛集团和“迪拜世界”的资产严重缩水。“迪拜世界”表明目前的问题是现金流短缺，但资产负债表状况依然良好，总负债为 600 亿美元，总资产仍高达 1 000 亿美元。但问题是，这些资产现在变不了现，即使变了现，也未必能收回 1 000 亿美元。

“迪拜世界”的财务风险在数月前已暴露，但当时投资者深信迪拜政府有帮助其重组债务的意愿。再加上同为阿联酋成员的阿布扎比资金雄厚,应该不会对迪拜的困难袖手旁观。仅一周前,"迪拜世界"的主要债权人代表汇丰和苏格兰皇家银行等还得到明确承诺将如期偿还到期的债务,隔天就传来了债务危机的消息。由于迪拜过往太过依赖外来资金,因此这些债权机构未来可能要面对巨额亏损及坏账,刚恢复元气便要再受打击。

过去半个世纪,迪拜挟着上天赋予的巨额石油财富,建成了沙漠中的现代化城市。他们在创造许多人类奇迹的同时,所要面对的共同问题是,依靠过度投资建起来的经济,如何才能保障投资的高回报?又如何才能实现企业可持续的高速增长?

请思考:

(1)"迪拜世界"债务危机的主要原因是什么?

(2)"迪拜世界"在财务管理中存在什么问题?

(3)"迪拜世界"债务危机对其他企业有何启示?

任务一　财务管理的内容和目标

财务管理是企业管理的一部分,它是指对某一独立核算企业的财务活动进行有效的组织,并正确处理好内外部各项财务关系,运用有效的财务决策和控制的方法,提高企业整体财务和经营管理水平和整体价值的一项经济管理工作。不同的企业,其财务管理的内容和方式可能会有差异,但财务管理都是围绕企业的资金运动展开的,资金只有在不断的循环周转的运动过程中,才能实现保值增值的目标。从本质上来说,财务管理就是资金管理,它是关于资金的筹集、运用和分配等方面所有管理工作的总称。

一、财务管理的内容

从企业管理角度看,财务管理是基于企业再生产过程中客观存在的财务活动和财务关系而产生的,是组织企业各种财务活动、处理企业各方面财务关系的管理工作。要了解财务管理的内容,就必须先了解企业的财务活动和财务关系。

(一)企业财务活动

企业的财务活动是指企业在生产经营过程中的各类资金收支事项活动,主要包括筹资、投资、资金营运和利润分配等一系列活动。

1. 企业筹资引起的财务活动

在市场经济条件下,任何经济实体要从事生产经营活动都必须拥有一定数量的资金。筹资活动即是为了满足企业生产经营需要而筹集所需资金的过程。筹资活动是企业财务活动的初始环节。企业的资金来源有两种,一种是借入资金,称为债务资金,属于债权人借给企业的资金,必须按期还本付息,企业可以通过发行债券,向银行贷款,融资租赁,商业信用等多种方式来筹集;另一种是自有资金,称为权益资本,属于企业股东投入的永久性资本,无须归还,企业可以通过发行股票、吸收直接投资等方式来筹集。筹到资金的时候,表现为资金的流入;还本付息,表现为资金的流出。因上述资金筹集活动而产生的资金收支,便是由企业筹资而引起的财务活动。

2. 企业投资引起的财务活动

企业筹集资金的目的是为了把资金投入生产经营活动以获取投资收益，实现资本的增值。投资活动就是企业把筹集到的资金投资于企业生产经营活动以获取投资收益的过程。按投资方向，投资活动可分为对内投资和对外投资。企业将资金投放在企业内部，用于购买厂房、引进生产线、安装设备、无形资产等，这些形成企业的对内投资；企业把资金投放于企业外部，购买其他企业的股票、债券与其他企业合资、合作、联营，便形成企业的对外投资。企业投资时，发生资金流出；企业收回其对外投资时，则产生资金流入。因投资活动而产生的资金收支，便是由投资而引起的财务活动。

3. 企业经营引起的财务活动

企业在生产经营过程中，会发生一系列的资金收支。第一，企业要采购材料或商品，以便从事生产或销售活动，同时，还要支付工资和其他经营费用；第二，当企业把产品或商品销售出去后，便可以取得收入，收回资金；第三，如果企业现在资金不能满足企业经营的需要，还要采取短期借款方式来筹集所需资金。上述各方面都会产生企业资金收付，这种因企业日常经营而引起的资金收付，便是由企业经营活动引起的财务活动。

4. 企业分配引起的财务活动

企业通过投资活动和经营活动可以取得相应收入，并实现资金增值。企业取得的各种收入在补偿成本，缴纳税金之后，还应按规定的程序在国家、经营者及相关利益关系人之间进行合理分配。狭义分配是指对企业净利润的分配，广义的分配包括支付给职工的薪酬、支付给债权人的利息、缴纳给政府的各种税费、弥补企业以前年度亏损、提取的公积金和向投资者分配利润等。这种因分配产生的资金收支，便是由企业分配而引起的财务活动。

上述财务活动的四个方面，不是相互割裂、互不相关的，而是相系关系、相互依存的。这四个方面也形成了财务管理的基本内容。

(二)财务关系

财务关系是指企业在组织筹资、投资、营运和利润分配等财务活动的过程中，与各有关方面的发生的经济利益关系。这些财务关系主要包括以下七个方面。

1. 企业与国家之间的财务关系

这种财务关系表现为国家政府以社会管理者的身份强制和无偿地参与企业收益的分配。按照我国的法律规定，任何企业都有依法纳税的义务，以保证国家财政收入的实现，满足社会管理与公共建设的需要。企业及时足额纳税是企业对国家的贡献，也是对社会应尽的义务。因此，企业与国家之间的财务关系，体现为依法纳税和依法征税的关系。

2. 企业与投资者之间的财务关系

这种财务关系是指企业的投资者向企业投入资金，企业应向其投资者支付投资报酬所形成的经济利益关系。投资者要按照合同、协议、章程的约定履行出资义务以便形成企业的资本。企业利用资本进行营运，实现利润后，应该按照出资比例或合同、章程的规定，向投资者支付投资报酬。并对其投入的资本承担保值和增值的责任。因此，企业与投资者之间的财务实质上是一种所有权和经营权的关系。

3. 企业与债权人之间的财务关系

企业同债权人的财务关系表现为企业向债权人借入资金，在约定的时间按约定的金额支付利息和归还本金所形成的经济利益关系。企业的债权人主要有本企业发行的公司债券的持有人、贷款机构、商业信用提供者、其他出借资金给企业的单位和个人。债权人具有在约定的时间向企业索取约定的债务本金和利息的法定权利。企业要合理利用债务资金，按约定的利息率，及时支付利息；债务到期时，按时向债权人归还本金，保证企业的资本信誉。因此，企业与债权人之间的财务关系在性质上属于债务与债权的关系。

4. 企业与受资者之间的财务关系

企业与受资者之间的关系表现为企业将生产经营过程中的闲置资金以购买股票、债券或直接投资的形式向其他企业投资所形成的经济利益关系。企业向其他单位投资，应按合同和协议履行出资义务，获得相应股份，参与被投资企业的管理和利润分配。因此，企业与受资者之间的财务关系是体现所有权性质的投资与受资的关系。

5. 企业与债务人之间的财务关系

企业与债务人之间的财务关系表现为企业向客户提供商业信用，购买其他单位的债券，国库券或委托贷款等所形成的经济利益关系。企业将资金出借后，有权要求其债务人按给定的条件支付利息和归还本金，并可视情况按条款提前收回借款。因此，企业与债务人之间的财务关系体现的是债权与债务关系。

6. 企业内部各单位之间的财务关系

企业内部各单位之间的财务关系表现为企业内部各部门之间在生产经营各环节中相互提供产品或劳务的行为。在实行内部经济核算制和经济责任制的条件下，企业内部各单位有相对独立的财务权利，是独立的利润中心或费用中心。企业供、产、销各部门以及各生产部门之间，经常发生相互提供产品和劳务的行为，需要进行计价结算。因此，企业内部各单位之间的财务关系体现为企业内部各单位之间的利益关系。

7. 企业与职工之间的财务关系

企业与职工之间的财务关系主要表现为企业接受职工提供的劳务，并按一定的标准从经营所得中向职工支付各种劳务报酬，并提供必要的福利和保险等。在分配过程中，企业必须贯彻以按劳分配为主的原则，合理分配劳动所得，正确处理同内部职工之间的利益分配关系。因此，企业与职工之间的财务关系体现为劳动成果的分配关系。

（三）财务管理的内容

财务管理的主要内容包括资金筹集管理、投资管理、营运管理以及利润（或股利）分配管理。

1. 资金筹集管理

筹资是企业为了满足投资和用资的需要而筹措所需资金。在筹资过程中，企业一方面要预测筹资的总规模，以保证投资所需要的资金；另一方面要通过筹资渠道和筹资方式或工具的选择，确定合理的筹资结构，以降低筹资的成本和风险。

企业筹措的资金可分为两类：一是企业的权益资金，企业可以通过吸收直接投资、发行股票、企业内部留存收益等方式取得。二是企业负债资金，企业可以通过向银行借款、发行债券，应付款项等方式取得。

2. 投资管理

投资是指以收回现金并取得收益为目的而发生的现金流出。企业投资既可以是对内投资，也可以是对外投资；既可以是短期投资，也可以是长期投资。投资管理就是分析研究企业如何选择最合理的投资方案，以实现提高经济效益，控制投资风险的目的。所以，企业在投资过程中，要做好预测和决策分析，考虑投资规模，确定合理的投资结构，以提高投资效益并同时降低投资风险。

3.营运资金管理

营运资金是为了满足企业日常生产经营活动要求而垫支的流动资金。筹资的目的在于资金的使用，如何合理地使用资金，使其发挥出最大的经济效益，贯穿企业经济活动的始终，涉及企业的各个部门。企业的财务部门要加强日常资金管理，充分降低经营成本，提高资金使用效率。营运资金管理的目标是实现流动资产和流动负债的合理搭配，提高流动性，提高使用效率，降低风险。

营运资金管理的内容主要包括以下3个方面：

(1)保持现金的收支平衡。

(2)加强对存货、应收账款的管理，提高资金的使用效率。

(3)通过制定各项费用预算和定额，降低消耗，提高生产效率，节约各项开支。

4. 利润(或股利)分配管理

利润(或股利)分配管理主要包括以下内容：

(1)确定合理的分配政策。过多的利润分配会影响企业的后续发展能力，而过少的利润分配又会影响投资者的投资积极性，而且不同时期，企业对资金的需求也不相同。企业应根据其实际经营状况和未来发展的要求，在充分考虑企业资本结构、筹资能力和资金成本等综合因素的前提下，确定企业合理的利润率和必要的留存收益率，既要考虑到股东目前的利益，又要考虑到企业的长期发展的需要。在具体选择股利政策时，应考虑哪一种股利分配形式对企业是最有利的，同时还要充分考虑企业的现金流量能否满足股利分配的要求。

(2)正确处理各项财务关系。财务分配不仅是股东之间的分配，还是企业各利益关系方的利益协调。在财务分配中如果处理不当，会影响企业的协调发展，影响到企业整体的潜在盈利能力。

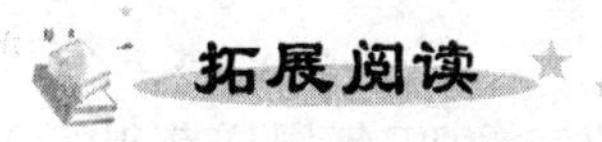

企业财务管理发展的主要阶段

1.财务管理的萌芽时期(15世纪末16世纪初～19世纪末20世纪初)

当时西方处于资本主义萌芽时期，商业股份经济的发展要求企业合理预测资本需要量，有效筹集资本。企业的筹资活动仅仅附属于商业经营管理，并没有形成独立的财务管理职业。

2.筹资财务管理时期(19世纪末20世纪初～20世纪20年代)

工业革命成功后，股份公司迅速发展起来，资本需求量扩大。财务管理成为一种独立的管理职业。财务管理的重点是预计资金需要量和筹措公司所需资金。

3.法规财务管理时期(20世纪20年代～50年代)

世界经济大萧条后，财务管理的重点是法律法规和企业内部控制。财务管理的重点开始从扩张性的外部融资，向防御性的内部资金控制转移，资本的有效运用是研究的重心。各种财务目标和预算的确定、债务重组、资产评估、保持偿债能力等问题，是研究的重要内容。

4.资产财务管理时期(20世纪50年代～60年代)

这一时期财务管理的重心由重视外部融资转向注重资金在公司内部的合理配置，资产管理成为财务管理的重中之重。注重财务管理的事先控制，强调将公司与其所处的经济环境密切联系，以资产管理决策为中心。

5. 投资财务管理时期（20 世纪 60 年代～70 年代）

这段时期跨国公司增多，金融市场繁荣，市场环境更加复杂，投资风险日益增加，财务管理的重点转移到投资上。企业更加注重投资效益，运用多种金融工具，规避投资风险。

6. 财务管理深化发展时期（20 世纪 70 年代至今）

财务管理朝着国际化、精确化、电算化、网络化方向发展。通货膨胀财务管理成为热点问题。随着计算机技术、电子通信技术和网络技术的迅猛发展，财务管理的伟大革命——网络财务管理，已经悄然到来。

二、财务管理的目标

财务管理目标就是通常所说的理财目标，指企业进行财务活动所要达到的根本目的，它决定着企业财务管理的基本方向。关于企业财务管理目标，在财务理论界有不少提法，也一直存在一些争论。根据现代企业财务管理和实践，最具有代表性的财务管理目标主要有以下几种观点：

1. 利润最大化

利润反映了企业当期经营活动中投入与产出对比的结果，体现了企业的获利能力。利润最大化目标认为，利润代表了企业新创造的财富，利润越多则企业的财富增加得就越多。

该观点认为：

（1）利润可以直接反映企业创造剩余产品的多少。

（2）利润可以从一定程度上反映出企业经济效益的高低和对社会贡献的大小。

（3）利润是企业补充资本、扩大经营规模的源泉。

该观点在实际运用中存在以下缺陷：

（1）没有考虑利润与投入资本额的关系。假设 A、B 两个企业在 2011 年同样获得了 1 000 万元利润，但 A 企业投入的资本金是 500 万元，B 企业投入的资本金是 1 500 万元，哪一个更符合企业的目标？两个企业的利润绝对数是一样的，没有差异，但如果考虑利润与投入资本的关系，结果就很明显了。

（2）没有考虑货币时间价值。假设 A、B 两个企业在 2011 年同样获得了 1 000 万元利润，但 A 企业是在 2 月份实现的，而 B 企业是在 12 月份实现的，哪一个更符合企业的目标？如果不考虑资金的时间价值，就难以作出正确的判断。

（3）没有考虑风险因素。假设 A、B 两个企业在 2011 年同样获得了 1 000 万元利润，A 企业的获利已经全部转化为现金，而 B 企业的获利则全部是应收账款，并可能发生坏账损失，哪一个更符合企业的目标？若不考虑风险大小，就难以作出正确判断。不考虑风险就会使财务决策优先选择高风险的项目，不切实际地盲目追求利润最大，往往会使得企业蒙受较大甚至是不必要的风险。

（4）没有考虑企业一定时期的现金流量状况，因为一定时期利润的最大化并不意味着企业现金流量的状况良好。盈利是必要的，但不能只顾盈利而忽略了现金的管理，否则也会造成“盈利性破产”。例如某公司赊销比例大，而对应收账款管理不好，坏账损失严重，以至于对应收账款失去控制，或者该公司持续让产量大于其销量。那么，即使从会计报表上看，公司盈利，但由于收回的现金不足以抵补生产和投资所需的现金或应偿还的债务时，该公司也会面临破产的危险。

(5)易导致企业短期行为倾向。片面追求利润最大化往往会使企业财务决策带有短期行为倾向。只顾实现目前局部利润最大化，而不顾企业的长远发展，如忽视项目的远期效应、产品开发、人才培养和技术装备水平等。

2. 每股盈余最大化

每股盈余是企业一定时期税后利润与普通股股数的对比数。每股盈余最大化认为，应该把企业的利润与股东投入的资本额联系起来考察，用每股盈余来概括企业的财务目标，可以避免“利润最大化”的一些缺点，但每股盈余最大化仍然没有考虑货币时间价值和风险因素，没有考虑现金流量因素，并且同样会由于经营者追求最大收益而造成短期行为，不利于企业的长远稳定发展。

3. 企业价值最大化

所谓企业价值，通俗地说是指企业本身值多少钱。企业虽不是一般意义上的商品，但也可以被转让或出售。要转让或出售必然对企业进行市场评价，通过市场评价来确定企业的市场价值或者企业价值。在财务理论看来，企业不论被买卖与否，其内在价值都可以通过其预期的现金净流量的现值来表达。因此，从企业价值角度，它看重的不是企业已获得的利润水平，而是企业潜在的获利能力和创造现金的水平。因此，企业价值并不等于账面资产的总价值，它应当反映了企业潜在或预期获利能力。

企业价值最大化，是指股份公司通过合理经营，采用最优的财务政策，在考虑货币时间价值和风险因素的情况下，不断增加企业财富，使企业的总价值达到最大。

作为目前所普遍采用的观点，企业价值最大化的优点主要是：

(1)考虑了取得报酬的时间因素，并用货币时间价值的原理进行计量。

(2)考虑了风险与报酬之间的联系。

(3)克服了管理上的短期行为。

(4)有利于社会资源配置。社会资金通常流向企业价值最大化的企业或行业，有利于实现社会效益最大化。

但是，以企业最大化作为财务管理的目标也有缺点：

(1)概念比较抽象，不易被大众接受。

(2)对上市公司来说，股票价格是公司价值的直接表现，但股价会受特定经济环境和多种市场因素的综合影响，所以在某一时点上，股份可能并不能全面反映该企业的真实价值。

(3)对非上市企业来说，公司价值更不能依据股份来确定，而是必须进行资产评估。

任务二　财务管理的环境

财务管理环境又称理财环境，是指对企业财务活动产生影响作用的企业外部条件。财务管理环境是企业财务决策难以改变的外部约束条件，企业进行财务决策，制定财务策略都离不开对财务环境的研究，更多的是要适应环境的要求和变化。财务管理的环境最重要的是政治政策环境、法律环境、经济环境和金融市场环境。

一、财务管理的政治政策环境

政治政策环境是有关国家法治、社会制度、政治形势、方针政策等条件和因素的统称。也是财务管理活动首先要考虑的环境。

政治政策环境是企业财务管理的大环境，它具有引导性、超经济性和强制性，从整体上影响着企业财务管理活动的策划和进行。企业要认真学习各种有关方针政策，预测其未来发展的趋势，以便及时把握有利时机，在保证国家宏观调控目标实现的前提下，为企业创造出一个有利的发展环境。

二、财务管理的法律环境

财务管理的法律环境是指企业和外部发生经济关系时应遵守的各种法律、法规和规章。市场经济是以法律法规和市场准则为特征的经济体制，其实质是一种法制经济、信誉经济和契约经济。这里的法律是广义的，包括各种法律、规定和制度。企业的理财活动，无论是筹资、投资、经营还是利润分配，都离不开法律环境对企业的影响。法律规定了企业经营活动的空间，也在相应的空间内为企业的自主经营提供了法律保护。

（一）企业组织法律规范

企业组织法规是关于企业组建和终止的法规。企业是一种社会经济组织，它的成立、存在和消亡，都要由法律规范来确立相应的标准。典型的企业组织形式是独资企业、合资企业和公司制企业。这些企业的创立、合并、清算、破产等组织形式和结构的变化，企业组建的资本额度，资本投入和抽回的限制等，都由一系列的法律法规予以规范，包括《公司法》《外资企业法》《合伙企业法》《私营企业条例》《企业破产法》等。

（二）税务法律规范

任何企业都有法定的纳税义务。税务法规是规定国家税收征纳关系的法律规范。税收法规直接或间接地影响企业的经营活动，影响着企业的融资决策、投资决策、现金流量、利润及其分配。

（三）会计换算法律规范

以法律、规章、制度行动等多种形式，对企业的会计核算、价值计量、财务报告、财务管理、会计监督、内部控制、法律责任等加以规定和规范。主要有《会计法》《票据法》《企业会计制度》《企业财务通则》等。

综上所述，法律环境对财务管理的制约和影响主要表现在规范筹资行为、规范投资行为和规范分配行为上。

三、财务管理的经济环境

企业的生产经营在很大程度上受经济环境的影响和制约，进而对具体财务活动产生影响和制约。经济环境主要是指企业进行财务管理所处的宏观经济状况，包括经济体制、经济周期和经济政策等。

(一)经济体制

经济体制是一国的基本经济制度,决定了社会经济资源的基本配置方式。我国现行的经济体制是社会主义市场经济体制。在市场经济体制下,企业是自主经营、自负盈亏、独立核算的法人经济实体,有独立的经营权和理财权。企业可以从其自身发展的需要出发,作出筹资、投资决策,进而进行营运资本管理和收益分配决策,以适应不断变化的市场及外部环境。

(二)经济周期

经济周期是指国民经济发展状况的阶段性特征和规律。在市场经济条件下,经济的发展过程是一个有其内在运动规律的非人为所能完全控制的过程,无论人们采用什么样的调控手段,国民经济都不可避免地会出现或强或弱的波动,并呈现出一种由繁荣,衰退,萧条,复苏再到繁荣的周期性特征。划分经济周期的重要标准是国民生产总值、企业利润和失业率。高国民生产总值、高企业利润和低失业率是经济繁荣的标志;国民生产总值和企业利润的不断下降以及失业率的不断提高,表明经济发展由繁荣趋于衰退;持续的衰退势必造成经济的全面萧条;在经济复苏时期,国民生产总值与企业利润逐渐增加,失业率也开始下降并趋于稳定。

经济周期从供不应求的卖方市场,到供求一致的均衡市场,以及供过于求的买方市场,都是市场调控的结果。在不同的发展时期,企业的生产经营规模和能力、获利能力以及由此而产生的资本需求都会出现重大差异。例如,在衰退和萧条阶段,企业需要紧缩资本,停止扩张,削减存货,寻求低风险而稳定的项目;在复苏和繁荣阶段,企业需要增加投资,大量吸收社会资本,寻求高报酬的项目。经济的周期性波动对财务管理有着非常重要的影响,企业理财必须时刻把握经济周期的变化,针对不同经济周期的特点及其对企业经营的影响,调整自身的财务决策和财务政策。

(三)经济政策

经济政策是国家进行宏观经济调控的战略性和策略性手段,如国家的产业政策、金融政策、税收政策等。国家对地区经济、行业经济、经济行为的鼓励优惠,限制调整,有利或不利的倾斜,构成了经济政策的主要内容。经济政策对企业的筹资、投资和分配等财务活动都会产生重要影响,比如,金融政策中的货币发行量、信贷规模会影响企业的资本结构和投资项目的选择;价格政策会影响决定资本的投向、投资回收期及预期收益。

企业在财务决策时,要认真研究政府政策,及时把握国家的经济政策可能的变化,并按照政策导向行事,并且企业在作财务决策时还要为这种变化留有余地,甚至预见其变化的趋势,这样才能趋利除弊。

四、财务管理的金融市场环境

企业理财的对象是资本及其价值,而金融市场是资本筹集与配置的场所。金融市场环境是财务管理活动面对的主要环境。金融市场与企业理财的关系如下:

(1)金融市场是企业筹资和投资的重要场所。金融市场能够为投资者提供多种投资渠道,为筹资者提供多种筹资方式,并且比较灵活。投资者和筹资者可以各取所需,达到双赢的目的。

(2)金融市场,促进了资本的灵活转换。通过金融市场,各种形式的金融交易可以实现资本的相互转换，包括时间上长短期资本的相互转换，空间上不同区域间资本的相互转换，数量上大额资本和小额资本的相互转换。从而能够调剂资本供求，促进资本流通。

(3)金融市场为企业理财提供有用信息。金融市场的利率波动，反映了资本的供求状况。有价证券的市场价格行情，在宏观上反映了国家总体经济状况和政策情况，在微观上反映了投资者对企业的经营状况、盈利水平和发展前景的评价。金融市场是投资者了解企业的窗口，因此，金融市场也是企业树立财务形象的最好场所。良好的企业形象会给企业带来更多的筹资、投资、经营机会，满足企业发展的需求，积累财富，最终实现企业价值的最大化。因此，金融市场的相关信息，是企业进行筹资、投资和经营决策的重要依据。

金融市场有广义与狭义之分。广义的金融市场是指一切资本流动的场所，包括实物资本和货币资本的流动国。其交易对象有货币借贷、票据承兑与贴现、有价证券买卖、外汇买卖、黄金买卖、国内外保险、生产资料的产权交换等；狭义的金融市场一般是指有价证券市场，即股票和债券发行与交易市场。一般意义上的金融市场是指狭义的金融市场。

金融市场可按不同的标准进行分类。

(一)货币市场和资本市场

按照交易的期限金融市场可分为货币市场和资本市场。

(二)发行市场和流通市场

按照交易性质金融市场可分为发行市场和流通市场。

发行市场也叫一级市场，主要从事新证券和票据等金融工具买卖的转让。

(三)资本市场、外汇市场和黄金市场

按照融资对象金融市场可分为资本市场、外汇市场和黄金市场。

资本市场以货币和资本为交易对象；外汇市场以各种外汇信用工具为对象。黄金市场则是集中进行黄金买卖和金币兑换的交易市场。

利率的组成

在金融市场上，利率是资金使用权的价格。

我国的利率分为官方利率和市场利率。官方利率是政府通过中央银行确定公布，并且各银行都必须执行的利率，主要包括中央银行基准利率、金融机构对客户的存货款利率等。市场利率是金融市场上资金供求双方竞争形成的利率，随资金供求状况而变化，主要包括同业折借利率、国债二级市场利率等。市场利率受官方利率的影响，官方确定利率时也要考虑市场供求状况，两者无显著脱节。

金融市场上利率可用下式表示：

利率＝纯粹利率＋通货膨胀附加率＋变现力附加率＋违约风险附加率＋到期风险附加率。

(1)纯粹利率是指无通货膨胀、无风险情况下的平均利率。如国库券利率。

(2)通货膨胀附加率是指用来弥补因通货膨胀造成投资者购买力损失的所用比率。

(3)变现力附加率是指因公司的债券信用等级低，不易变现，投资人要求作为补偿的超额利率部分。

(4)违约风险附加率是投资人由于承担因借款人未能按时支付利息或未如期偿还贷款本金的风险，而要求的额外补偿比率。债券信用等级越低，违约风险越大，要求的利率也越高。

(5)到期风险附加率指因到期时间长短不同而形成的利率差别。其实质是对投资者承担利率变动风险的一种补偿。

项目小结

本项目主要介绍了企业财务管理的概念和内容，明确了财务管理的目标，阐述了财务管理的工作环节，并分析了企业财务管理的各类环境。

财务管理是企业管理的一部分，它是指对某一独立核算企业的财务活动进行有效的组织，并正确处理好内外部各项财务关系，运用有效的财务决策和控制的方法，提高企业整体财务、经营管理水平和整体价值的一项经济管理工作。财务管理实质上就是资金管理。它是组织企业各种财务活动、处理企业各方面财务关系的管理工作。企业财务管理的主要内容包括资金筹集管理、投资管理、营运资金管理以及利润(或股利)分配管理。

财务管理的目标是企业在特定的内外部环境中，通过有效地组织各项财务活动，实施各项财务职能，正确地处理好各项财务关系所要达到的最终目标。财务管理的基本目标目前普遍采用企业价值最大化目标。

财务管理工作环节是指财务管理工作的步骤和程序。它主要包括财务预测、财务决策、财务计划、财务控制和财务分析等环节。

财务管理环境又称理财环境，是指对企业财务活动产生影响作用的企业外部条件。财务管理环境最重要的是政治政策环境、法律环境、经济环境和金融市场环境。企业进行财务决策、制定财务策略都离不开对财务环境的研究，更多的是要适应环境的要求和变化。

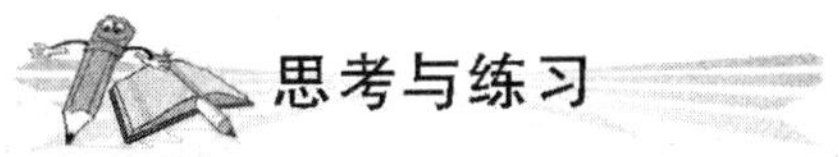

一、案例分析

企业价值最大化，也就是股东财富最大化，是指股份公司通过合理经营，采用最优的财务政策，在考虑货币时间价值和风险因素的情况下，不断增加股东财富，使股东财富达到最大，这是企业财务管理的最终目标。

你是如何理解上述这段话的?

二、思考题

1. 为什么说财务管理的实质是对资金的管理?
2. 简述企业财务活动及财务关系的内容?
3. 简述财务管理的内容?

4. 设计一个简单的财务管理工作流程？

5. 如何理解财务管理的环境？

6. 金融市场有哪些种类？

三、单项选择题

1. 财务管理是人们利用价值形式对企业的（　　）进行组织和控制，并正确处理企业与各方面财务关系的一项经济管理工作。

A. 劳动过程　　B. 使用价值运动　　C. 物质运动　　D. 资金运动

2. 企业支付工资属于资金的（　　）。

A. 筹资活动　　B. 投资活动　　C. 营运活动　　D. 分配活动

3. 在下列各项中，会引起企业筹资行为的有（　　）。

A. 企业倒闭　　B. 企业扩张　　C. 企业收缩　　D. 收回债务

4. 对于财务关系的表述，下列不正确的是（　　）。

A. 企业与受资者之间的关系是所有权性质的投资与受资关系。

B. 企业与债权人之间的关系是债务与债权关系

C. 企业与政府之间的关系是强制和无偿的分配关系

D. 企业与会计师事务所之间的关系是债务与债权关系

5. 企业财务关系中最为重要的关系是（　　）。

A. 股东与经营者之间的关系

B. 股东与债权人之间的关系

C. 股东 、经营者、债权人之间的关系

D. 企业与作为社会管理者的政府有关部门、社会公众之间的关系

6. 在下列经济活动中，能够体现企业与其债权人之间财务关系的是（　　）。

A. 企业向投资公司交付利润　　B. 企业发放现金股利

C. 企业发放股票股利　　D. 企业向其他企业支付货款

7. 企业财务管理的目标是（　　）。

A. 产值最大化　　B. 利润最大化

C. 企业价值最大化　　D. 每股盈余最大化

8. 企业的核心目标是（　　）。

A. 生存　　B. 获利　　C. 发展　　D. 竞争

9. 企业财务管理的所有决策中最重要的决策是（　　）。

A. 筹资决策　　B. 投资决策　　C. 营运资金决策　　D. 股利决策

10. 财务管理的中心环节是（　　）。

A. 财务预测　　B. 财务决策　　C. 财务计划　　D. 财务控制

四、多项选择题

1. 下列各项中，属于企业财务活动的有（　　）。

A. 筹资活动　　B. 投资活动　　C. 资金营运活动　　D. 分配活动

2. 下列各项中，属于企业财务关系的是（　　）。

A. 企业与政府之间的财务关系　　B. 企业与受资者之间的财务关系
C. 企业内部各单位之间的财务关系　　D. 企业与职工之间的财务关系

3. 利润最大化不是企业最优的财务管理目标，其原因包括（　　）。
A. 不能直接反映企业创造剩余产品的多少
B. 没有考虑利润和投入资本额的关系
C. 没有考虑取得的利润、取得的时间和承受风险的大小
D. 没有考虑企业成本的高低

4. 企业价值最大化目标的优点为（　　）。
A. 考虑了资金时间价值和投资的风险价值　B. 反映了对企业资产保值增值的要求
C. 克服了短期行为　　D. 有利于社会资源的合理配置

5. 财务管理（　　）。
A. 是企业管理的中心　　B. 其实质是价值管理
C. 其根本在资金管理　　D. 其方法是事后核算方法

6. 以每股收益最大化作为财务管理目标，其缺点是（　　）。
A. 没有考虑资金的时间价值　　B. 没有考虑投资的风险
C. 不利于企业克服短期行为　　D. 没有反映投资资本与收益的对比关系

7. 财务管理环境包括（　　）。
A. 经济环境　　B. 法律环境　　C. 政治政策环境　　D. 金融市场环境

8. 财务管理目标是财务活动的出发点和归宿点，是评价财务管理活动是否合理的基本标准。几种具有代表性的财务管理目标是（　　）。
A. 利润最大化　　B. 企业价值最大化
C. 所有者权益最大化　　D. 每股利润最大化

五、判断题

1. 企业管理的重心是财务管理，财务管理的核心是资金管理。（　　）

2. 企业利润增加，有利于增加股东财富或企业价值。因此，财务管理的利润最大化目标和股东财富最大化目标实际上是没有区别的。（　　）

3. 由于折旧和摊销是企业现金的重要来源之一，因此，只要亏损额小于折旧额，企业维持生产经营一般是没有问题的。（　　）

4. 企业价值最大化的衡量尺度是股价，因此，股价可以衡量所有企业财务管理实现的目标。（　　）

5. 企业价值最大化在考虑货币时间价值和风险因素的基础上，强调的是企业预期的获利能力而非现在的实际利润。（　　）

6. 权益资本实际上就是指投资者投入企业的资金，它形成所有者权益。（　　）

7. 企业筹资决策的关键是如何确定企业的资本结构和长短期资金的比例问题。（　　）

8. 某公司直接认购其他公司的债券的行为是一种投资行为。（　　）

9. 财务预测是企业财务决策的基础和前提，因此，财务预测是财务管理的中心环节。（　　）

10. 在财务管理的环境中，经济环境是最重要的。（　　）

项目二 财务管理的基本观念

学习目标

- 掌握利用货币时间价值进行简单的财务决策的方法
- 学会识别与衡量风险

知识要点

- 货币时间价值
- 货币时间价值的计算
- 区分不同年金形式
- 风险的含义及其与投资报酬的关系

案例导入

时间就是金钱

人们常说:“时间就是金钱。”在我们日常生活中经常会遇到这类问题:

(1)我们是花 100 万元买一幢现房,还是花 90 万元买一年以后才能住进的期房?

(2)我们若想买一辆汽车,是花 10 万元现金一次性购买,还是每月支付 3 000 元,共付 4 年,哪个更合算呢?

(3)一个人若想 20 年后成为百万富翁,现在应一次性存入多少钱,或者从现在起每年应存入多少钱?

还有一个非常有趣的问题:24 美元能再次买下纽约吗?

纽约是美国最大的工商业城市,有美国经济首都的称号。在 1626 年 9 月 11 日,荷兰人彼得·米纽伊特(Peter Minuit)从印第安人那里只花 24 美元买下了曼哈顿岛。据说这是美国有史以来最合算的投资,超低风险超高回报,而且所有的红利全部免税。彼得·米纽伊特简直可以做华尔街的教父,就连以经商著称于世的犹太人也非常嫉妒彼得·米纽伊特。

但是,如果我们换个角度来考虑呢?如果当年的 24 美元没有用来购买曼哈顿,而是用来投资。我们假设每年的投资收益为 8%,不考虑中间的各种战争、灾难、经济萧条等因素,这 24 美元到 2009 年会是多少呢?说出来吓你一跳:58 万亿多美元。这不但仍然能够购买曼哈顿,而且可以购买纽约。

所有这些都告诉我们一个简单的道理：货币是具有时间价值的，今天的 1 元钱比明天的 1 元钱值钱。那么，请思考：

(1)货币时间价值如何计算呢？

(2)如果我们将钱放在保险柜里存放 10 年，会取出多少钱？货币产生时间价值的根本原因是什么？

(3)货币产生时间价值为什么通常用“无风险无通货膨胀情况下的社会平均利润率”来表示？

任务一　货币时间价值观念

一、货币时间价值

(一)货币时间价值的含义

对于任何人来说，今天的 1 元钱与明年今天的 1 元钱是不相同的。比如将今天的 1 元钱不用，存入银行，年利率为 8%，则明年的今天将得到 1.08 元钱。0.08 元就是今天的 1 元钱到明年今天的时间价值。这种由于放弃现在使用资金的机会，而换取的按放弃时间长短计算的报酬，就是资金的时间价值。

资金时间价值，是指资金经历一定时间的投资和再投资所增加的价值，也称为货币时间价值。它是在生产经营过程中产生的，来源于劳动者在生产过程中创造的新的价值。资金时间价值以两种形式表现出来：①时间价值率，一般取没有风险和没有通货膨胀条件下的社会平均资金利润率或通货膨胀率很低时的政府债券利率；②时间价值额，即一定数额的资金与时间价值率的乘积。在下面的阐述中，如果没有特别说明，时间价值指的就是时间价值率。

从量的规定性来看，资金的时间价值是没有风险和没有通货膨胀条件下的社会平均资金利用率。由于竞争，市场经济中各部门投资的利润率趋于平均化。每个企业在投资某项目时，至少要取得社会平均的利润率，否则不如投资于另外的项目或另外的行业。因此，资金的时间价值成为评价投资方案的基本标准。财务管理对时间价值的研究，主要是从量上对资金的筹集、投放、使用和收回等进行分析，以便找出适用于分析方案的数学模型，改善财务决策质量。

(二)货币时间价值产生的条件

货币时间价值的产生必须同时具备两个条件：

(1)货币必须投入生产经营。

货币时间价值是在生产经营中产生的，来源于劳动者在生产过程中创造的剩余价值，所以，只有周转使用中的货币才具有时间价值。

(2)要有一定的时间间隔。

货币的循环和周转以及因此实现的货币的增值，需要或多或少的时间，每完成一次循环，货币就增加一定数额，货币循环周转的次数越多，其增值额越大。因此，货币随时间的推移，其增值额不断增加，货币的时间价值也即表现为货币周转使用后的增值额。

（三）货币时间价值的表示方法

货币时间价值可以用绝对数（利息）和相对数（利率）两种形式表示，通常用相对数表示。

综上所述可知，不同时间点上的货币其经济价值不等，不能直接进行比较。所以，企业在财务管理中，必须对不同时间点上的资金收支进行换算，使它们在相同的时间基础上进行大小的比较或比率的计算。由于货币随时间的增长过程与复利的计算过程在数学上相似，因此，在换算时广泛使用复利计算的各种方法。

二、货币时间价值的计算

货币时间价值的计算，要涉及两个重要的概念，即“现值”和“终值”。现值，又称本金，是指资金现在的价值；或者说是一定量未来的货币按贴现利率折算到现在的价值。终值是指资金经过若干时期后包括本金和时间价值在内的未来价值，即本利和。由于现值和终值的计算同利息的计算方法有关，而利息的计算方法又有单利和复利两种，因此现值和终值的计算也有单利和复利之分，并且企业款项收支通常有一次性收付和非一次性收付，所以货币时间价值的计算包括单利终值与现值、复利终值与现值、年金终值与现值。

（一）单利终值与现值

单利是指只对本金计算利息，利息部分不再计算利息。即每经过一个计息期，只以本金计算利息，所生利息不再计息。其中所说的计息期，一般是指相邻两次计算利息的时间间隔，如年、季、月、日等，除非特别说明的以外，计息期均指 1 年。我国银行存款一般是按照单利计算利息。

1. 单利终值

单利终值是本金与利息之和，即本利和。其计算公式为

$$F=P(1+i\times n)，\tag{2-1}$$

式中，F 为本利和（终值）；P 为本金（现值）；i 为利率；n 为期限。

【例 2-1】 将 1 000 元现在存入银行，假设年利率为 10%，计算第 1 年年末、第 2 年年末、第 3 年年末的终值是多少？

解 第 1 年年末的终值＝1 000×(1＋10%×1)＝1 100 元，

第 2 年年末的终值＝1 000×(1＋10%×2)＝1 200 元，

第 3 年年末的终值＝1 000×(1＋10%×3)＝1 300 元。

【例 2-2】 某公司有一张票面额为 10 000 元的带息票据，票面利率为 8%，出票日期为 7 月 1 日，到期为 9 月 30 日，为期 90 天，则到期利息是多少？

解 $I=10\ 000\times 8\%\times(90/360)=200$ 元

2. 单利现值

单利现值是资金现在的价值。单利现值的计算就是确定未来终值的现在价值。可以采用倒求本金的方法计算。其计算公式为

$$P=F/(1+i\times n)。\tag{2-2}$$

【例 2-3】 假设银行存款利率为 10%，5 年后需获得 2 000 元现金，某人现在应存入银行多

少钱？

解　$P=2\ 000/(1+10\%\times5)\approx1333.33$ 元

【例 2-4】　假设年利率为 10%，从第 1 年到第 3 年，各年年末的终值为 1 000 元钱，其现值各是多少？

解　第 1 年年末的现值 $=1\ 000/(1+10\%\times1)\approx909.09$ 元，

第 2 年年末的现值 $=1\ 000/(1+10\%\times2)\approx833.33$ 元，

第 3 年年末的现值 $=1\ 000/(1+10\%\times3)\approx769.23$ 元。

(二)复利终值与现值

复利，就是不仅本金要计算利息，本金所产生的利息在下期也要加入到本金一起计算利息，即通常所说的“利滚利”。

1. 复利终值

复利终值是指一定数量的本金在一定的利率下按照复利的方法计算出的本息和。其计算公式为

$$F=P\times(1+i)^n, \tag{2-3}$$

式中，$(1+i)^n$ 为复利终值系数或 1 元的复利终值，用符号 $(F/P,i,n)$ 表示。

例如 $(F/P,8\%,5)$，表示利率为 8%，5 期的复利终值系数。由于复利终值系数计算量较大，为了便于计算，通常编制“复利终值系数表”(见本书附录一)备用。该表的第一行是利率 i，第一列是计息期数 n，相应的系数 $(1+i)^n$ 在其行列相交处。通过复利系数表，还可以在已知 F，i 的情况下查出 n；或在已知 F，n 的情况下查出 i。

【例 2-5】　某企业将 100 000 元投资于某项目，年报酬率为 8%，则 5 年后可收回多少钱？

解　通过复利终值系数表，表的第一行利率 8% 与第一列计息期数 5 相交的数值是 1.469 3，即 $(F/P,8\%,5)=1.469\ 3$，则

$$F=P\cdot(F/P,i,n)=100\ 000\times(F/P,8\%,5)=100\ 000\times1.4693=146\ 930(\text{元})$$

2. 复利现值

复利现值是复利终值的对称概念，是指未来一定时间的特定资金按复利计算的现在价值。即为取得未来一定本利和现在所需要的本金。这一折算过程称为折现，折算时所采用的利率一般称为折现率。例如，将 n 年后的一笔资金 F，按年利率 i 折算为现在的价值，这就是复利现值。

复利现值的计算，是已知 F，i 和 n，求 P。

通过复利终值计算公式，可推出复利现值的计算公式为

$$P=\frac{F}{(1+i)^n}=F\times(1+i)^{-n}, \tag{2-4}$$

式中，$(1+i)^{-n}$ 为复利现值系数或 1 元的复利现值，用符号 $(P/F,i,n)$ 表示。

例如 $(P/F,5\%,4)$，表示利率为 5%，4 期的复利现值系数。为了便于计算，通常编制“复利现值系数表”(见本书附录二)备用。通过现值系数表，在已知 i，n 的情况下查出 P；或在已知 P，i 的情况下查出 n；或在已知 P，n 的情况下查出 i。

【例 2-6】　某公司计划 4 年后进行技术改造，需要资金 120 万元，当银行利率为 5% 时，公司现在应存入银行的资金为多少？

解　$P=F\cdot(P/F,i,n)=120\times(P/F,5\%,4)=120\times0.8227=98.724$(万元)

【例 2-7】　某人希望 5 年后成为 100 万富豪，银行利率为 4%，问此人现在应向银行存入多少钱？

解　$P=F\cdot(P/F,i,n)=100\times(P/F,4\%,5)=100\times0.8219=82.19$(万元)

在前面的复利计算中，利率均假设为年利率，并且每年复利一次。但在实际业务中，复利的计息期不一定总是年，有可能是季度、月或日。

当利息在 1 年内要复利几次时，给出的年利率是名义利率。实际利率是指每年计息一次时的年利率。实际利率和名义利率之间的关系为

$$1+i=(1+r/m)^m, \tag{2-5}$$

$$i=(1+r/m)^m-1, \tag{2-6}$$

式中，r 为名义利率；m 为每年复利次数；i 为实际利率。

年利率、月利率与日利率的换算

我国一般公布存贷款年利率。由于存贷款期限不同，银行计算利息时需将年利率换算成月利率和日利率，换算公式为

月利率＝年利率/12，

日利率＝年利率/360，

日利率＝月利率/30。

依据惯例，我国按 9 的倍数确定年利率数据，年利率除以 360 换算成日利率，而不是除以 365 或闰年实际天数 366，年利率换算成日利率除以 360，月利率换算成日利率除以 30。中央银行或商业银行在确定利率水平时，已经考虑了年利率、月利率和日利率之间的换算关系。

通常习惯上，年利率用百分比表示，月利率用千分比表示，日利率用万分比表示。

【例 2-8】　某人现存入 10 000 元，假设年利率为 12%时，存期 1 年。当计息期分别为 1 年、半年、1 个月时的本息和(终值)分别是多少？

解　(1)当计息期为 1 年时，

$$F=10\,000\times(1+12\%)=11\,200\text{ 元。}$$

(2)当计息期为半年时，

$$\text{实际利率}=(1+12\%/2)^2-1=12.36\%,$$

$$F=10\,000\times(1+12.36\%)=11\,236\text{ 元。}$$

(3)当计息期为 1 个月时，

$$\text{实际利率}=(1+12\%/12)^{12}-1\approx12.68\%,$$

$$F=10\,000\times(1+12.68\%)=11\,268\text{ 元。}$$

根据上述计算可知，当实际利率相同时，在同一个计息期内，复利次数越多，本息和或终值越大。

(三)年金终值与现值

年金是指一定时期内每期金额相等的收付款项。简单地说,年金就是等额定期的系列收支。在实际经济生活中,企业、个人都会经常发生等额定期的系列收支,如分期付款赊购、分期偿还贷款、发放养老金、支付租金、提取折旧等,这些都属于年金收付形式。按照收付的次数和支付的时间划分,年金可以分为普通年金、预付年金、递延年金和永续年金。

在年金的计算中,设定以下符号:A 为每期收付的金额,即年金;i 为利率;F 为年金终值;P 为年金现值;n 为期数。

1. 普通年金

普通年金是指在每期期末等额收付款项的年金,又由于它发生在每期的期末,因此又称为后付年金。

(1)普通年金终值

普通年金终值是指一定时期内每期期末等额收付款项的复利终值之和。它是每次收付款项的复利终值之和。

普通年金的收付形式和终值的计算过程如图 2-1 所示。

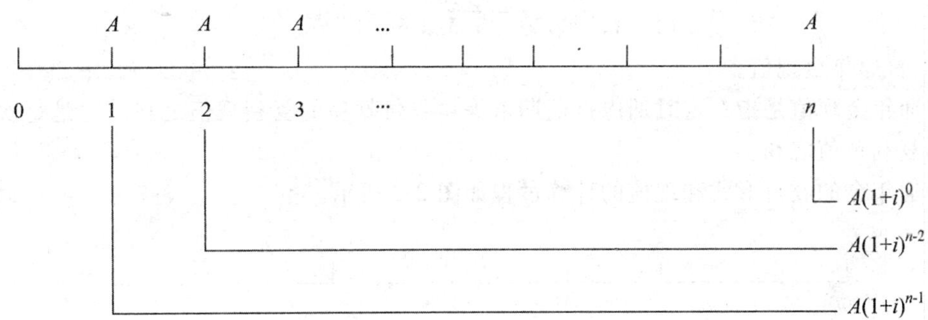

图 2-1 普通年金终值计算示意图

计算公式为

$$F=A\times(1+i)^0+A\times(1+i)^1+A\times(1+i)^2+\cdots+A\times(1+i)^{n-2}+A\times(1+i)^{n-1}。$$

从上式可以看出,年金的终值是每次收付款项的复利终值之和,而所有收付款项的复利终值是一个等比数列。所以,根据等比数列求和公式,可以推导出普通年金终值的计算公式为

$$F=A\times\frac{(1+i)^n-1}{i}, \tag{2-7}$$

式中,$[(1+i)^n-1]/i$ 为“年金终值系数”,表示普通年金为 1 元,利率为 i,经过 n 期的年金终值,用符号$(F/A,i,n)$表示。年金终值系数可以通过查“年金终值系数表”(见本书附录三)获得。

例如,可以通过查表获得$(F/A,6\%,4)$的年金终值系数为 4.374 6,即每年年末收付 1 元,按年利率为 6%计算,到第 4 年年末,其本息和(年金终值)为 4.374 6 元。

【例 2-9】 某公司每年末在银行存入 4 000 元,计划在 10 年后更新设备,银行存款利率 5%,那么 10 年后公司能筹集的资金总额是多少?

解 $F=A\cdot(F/A,i,n)=4\ 000\times(F/A,5\%,10)=4\ 000\times12.578=50\ 312$(元)

在年金终值的一般公式中有4个变量 F,A,i 和 n，已知其中的任意3个变量都可以计算出第4个变量。

(2)偿债基金。

偿债基金是指为在约定的未来某一时点清偿一笔债务或积累一定数额的资金而必须分次等额支付的准备金。它是已知终值求年金，是年金终值的逆运算。其计算公式为

$$A=F\times\frac{i}{(1+i)^n-1}=F\times(A/F,i,n) \tag{2-8}$$

式中，$i/[(1+i)^n-1]$ 为"偿债基金系数"，用符号 $(A/F,i,n)$ 表示。偿债基金系数是年金终值系数的倒数，所以，偿债基金系数可以制成表格备查，也可以通过年金终值系数的倒数求得，故，$A=F\times\frac{1}{(F/A,i,n)}$

【例2-10】 某人2005年初计划在2009年末买房，预计需要资金100万元。其打算每年末向银行存入一笔款项，假设银行存款利率为5%，那么每年末应存入多少钱？

解 将题中有关数据代入公式可得

$$A=\frac{100}{(F/A,5\%,5)}=\frac{100}{5.5256}\approx 18.1(\text{万元})。$$

(3)普通年金现值。

普通年金现值是指一定时期内每期期末等额收付款项的复利现值之和。它是每次收付款项的复利现值之和。

普通年金的收付形式和现值的计算过程如图2-2所示。

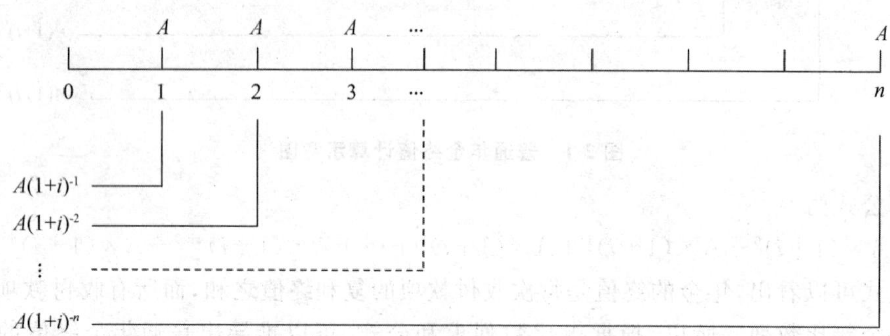

图2-2 普通年金现值计算示意图

计算公式为

$$F=A(1+i)^{-1}+A(1+i)^{-2}+\cdots+A(1+i)^{-n}。$$

从上式可以看出，年金的现值是每次收付款项的复利现值之和，而所有收付款项的复利现值是一个等比数列。所以，根据等比数列求和公式，可以推导出普通年金现值的计算公式为

$$P=A\times\frac{1-(1+i)^{-n}}{i}, \tag{2-9}$$

式中，$[1-(1+i)^{-n}]/i$ 为"年金现值系数"，表示普通年金为1元，利率为 i，经过 n 期的年金现值，用符号 $(P/A,i,n)$ 表示。年金现值系数可以通过查"年金现值系数表"(见本书附录四)获得。上式也可表示为 $P=A\times(P/A,i,n)$。

例如，可以通过查表获得$(P/A,6\%,4)$的年金现值系数为3.465 1，即每年末收付1元，按年利率为6%计算，其年金现值为3.465 1元。

【例2-11】 某公司预计在8年中，每年末从一名顾客处收取6 000元的汽车贷款还款，贷款利率为6%，该顾客借了多少资金，即这笔贷款的现值是多少？

解 $P=A\times(P/A,i,n)=6\,000\times(P/A,6\%,8)=6\,000\times6.209\,8=37\,258.80$(元)

在年金现值的一般公式中有4个变量P,A,i,n，已知其中的任意3个变量都可以计算出第4个变量。

(4)投资回收额的计算。

投资回收额是指在给定的年限内等额回收或清偿初始投入的资本或所欠的债务。这里的等额回收是年形式，初始投入的资本是普通年金现值。显然，投资回收额的计算是普通年金的逆运算。其计算公式为：

$$A=P\times\frac{i}{1-(1+i)^{-n}}=P\times(A/P,i,n)$$

式中，$\frac{i}{1-(1+i)^{-n}}$作为资本回收系数，也可表示为$(A/P,i,n)$。资本回收系数与普通年金现值系数互为倒数。

【例2-12】 某人拟投资一个寿命为10年的项目，假设以8%的利率借款50 000元，每年至少要收回多少现金才是有利的？

解 根据年金终值计算公式可知

$$A=P\times1/(P/A,i,n)=50\,000\times\frac{1}{(P/A,8\%,10)}=\frac{50\,000}{6.710\,1}\approx7\,451.45\text{(元)}$$

2. 预付年金

预付年金是指每期期初有等额收付款项的年金，又由于它发生在每期的期初，因此又称为先付年金。

(1)预付年金终值。

预付年金的终值和普通年金终值的计算相似，都是将每次收付款折算到某一时点的终值，然后再将这些终值求和。但由于预付年金和普通年金的收付款时间不同，因此二者的计算结果有所差异。普通年金和预付年金的收付款时间如图2-3和图2-4所示。

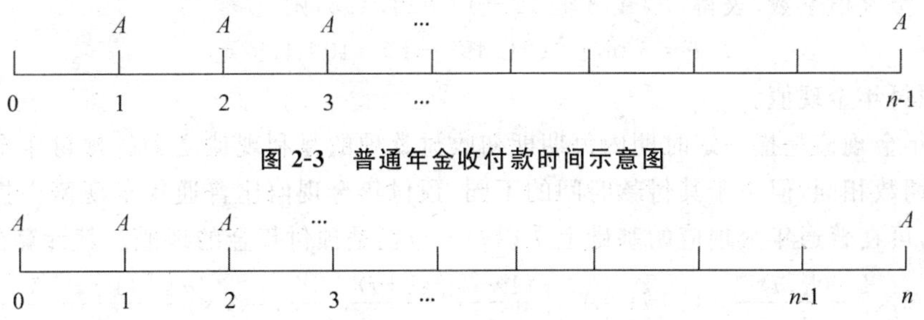

图2-3　普通年金收付款时间示意图

图2-4　预付年金收付款时间示意图

从图2-3和图2-4我们可看出，预付年金和普通年金相比，相当于整个现金收付向前提前了一年，因此与普通年金相比，预付年金的终值要多一个年度的复利。预付年金终值的计算过程如图2-5所示。

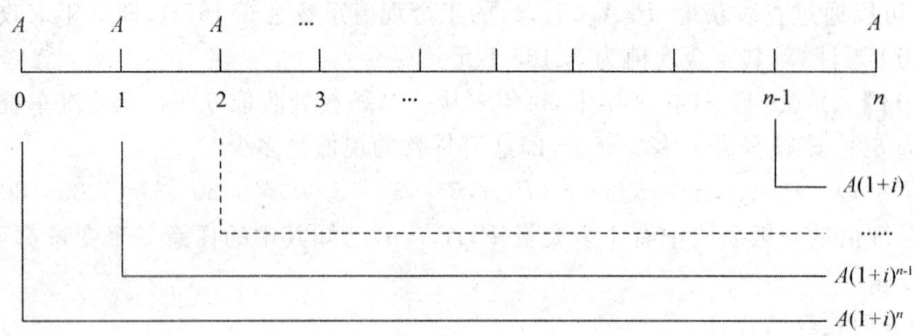

图 2-5　预付年金终值计算示意图

计算公式为

$$F=A(1+i)^{n}+A(1+i)^{n-1}+\cdots+A(1+i)^{2}+A(1+i),$$

等式两边同时乘以$(1+i)^{-1}$，得

$$F(1+i)^{1}=A(1+i)^{n-1}+A(1+i)^{n-2}+\cdots+A(1+i)^{0}=A[(1+i)^{n}-1]/i,$$

因此，预付年金的终值 F 的计算公式为

$$F=A\times\frac{(1+i)^{n}-1}{i}\times(1+i)=A\times\frac{(1+i)^{n+1}-(1+i)}{i}=A\times\left[\frac{(1+i)^{n+1}-1}{i}-1\right],\tag{2-10}$$

式中，$\frac{(1+i)^{n+1}-1}{i}-1$ 通常称为“预付年金终值系数”，它是在普通年金终值系数的基础上，期数加 1，系数减 1 求得的，可表示为$[(F/A,i,n+1)-1]$，可通过查“普通年金终值系数表”得$(n+1)$期的值，然后减去 1 可得对应的预付年金终值系数的值。因此，即付年金终值系数也可记为$[(F/A,i,n+1)-1]$。例如，要知道利率为 6%，计息期 4 年的预付年金终值，应先查$(F/A,6\%,5)$的普通年金终值，查表得$(F/A,6\%,5)$的值为 5.637 1，再减去 1 为 4.637 1，即是预付年金终值系数。

【例 2-13】 某公司租赁写字楼，每年年初支付租金 5 000 元，年利率为 8%，该公司计划租赁 12 年，则 12 后支付的租金总额为多少？

解　　$F=A\times[(F/A,i,n+1)-1]=5\,000\times[(F/A,8\%,12+1)-1]$

查“普通年金终值系数”表得$(F/A,8\%,12+1)=21.495$，则

$$F=5\,000\times(21.495-1)=102\,475\text{ 元}$$

(2)预付年金现值。

预付年金现值是指一定时期内每期期初收付款项的复利现值之和。预付年金与普通年金的付款期数相同，但由于其付款时间的不同，预付年金现值比普通年金现值少折算一期利息。因此，可在普通年金现值的基础上乘以$(1+i)$就是预付年金的现值。其计算公式为

$$P=A\times\frac{1-(1+i)^{-n}}{i}\cdot(1+i)=A\times\left[\frac{(1+i)-(1+i)^{-(n-1)}}{i}\right]=A\times\left[\frac{1-(1+i)^{-(n-1)}}{i}+1\right],\tag{2-11}$$

式中，$\frac{1-(1+i)^{-(n-1)}}{i}+1$ 为“预付年金现值系数”，它是在普通年金现值系数的基础上，期数减 1，系数加 1 求得的，用$[(P/A,i,n-1)+1]$表示。预付年金现值系数可通过查“普通年金

现值系数表”得$(n-1)$期的值，然后加上 1，即为对应的预付年金现值系数。例如，要知道利率为 6%，计息期 4 年的预付年金现值，应先查$(P/A,6\%,3)$的普通年金现值，查表得$(P/A,6\%,3)$的值为 2.673 0，再加上 1 为 3.673 0，即是预付年金现值系数。

【例 2-14】 某人分期付款购买房屋，每年年初支付 6 000 元，还款期 20 年，假设银行借款利率为 5%，该项分期付款如果现在一次性支付，需支付的现金是多少？

解　$P=A\times[(P/A,i,n-1)+1]=6\ 000\times[(P/A,5\%,20-1)+1]$

查“年金现值系数表”得(P/A,5%,20－1)＝12.085 2，则

$$P=6\ 000\times(12.085\ 2+1)=78\ 511.2\text{ 元。}$$

3. 递延年金

递延年金是指第一次收付款发生在第 2 期或者以后的年金。递延年金的支付形式如图 2-6 所示。从图中可以看出，前 3 期没有发生支付，从第 4 期末起开始支付，共支付 6 期。一般用 m 表示递延期数，本例中的 $m=3$，$n=6$。

递延年金与普通年金相比，尽管期数一样，都是$(m+n)$期，且都在期末支付，但递延年金只在后 n 期发生支付，而普通年金在$(m+n)$期内每个期末都要发生支付。

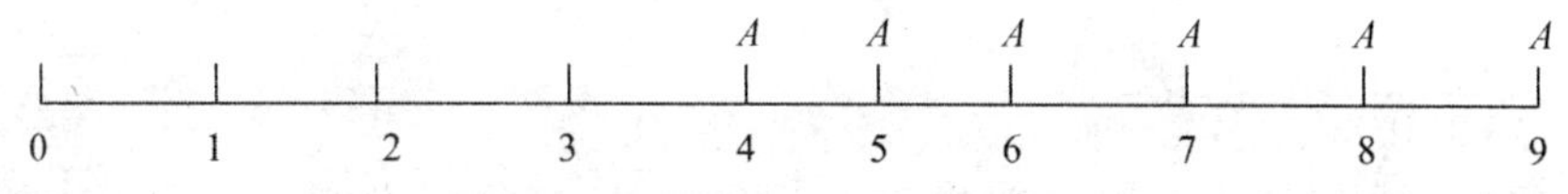

图 2-6　递延年金支付形式示意图

(1)递延年金终值。

递延年金终值的计算方法与普通年金终值的计算方法相似，其终值的大小与递延期限无关。

【例 2-15】 某人从第 4 年开始至第 8 年，每年年末向银行存入 1 000 元，假设银行利率为 5%，其本息和(终值)为多少？

解　$F=1\ 000\times(F/A,5\%,5)=1\ 000\times5.525\ 6=5\ 525.6$ 元。

(2)递延年金现值。

递延年金现值是自若干时期后开始每期款项的现值之和。其现值计算方法有 3 种。

【例 2-16】 某人从第 3 年开始至第 6 年每年年末存入 100 元，假设银行利率为 6%，这笔款项的现值是多少？

解　方法一　把递延年金看作 n 期普通年金，计算出递延期末 m 点的现值，然后将已计算出的现值折现到第 1 期期初。

(1)计算出 4 期的普通年金现值。

$$P_2=A\times(P_2/A,i,n)=100\times(P_2/A,6\%,4)=100\times3.465\ 1=346.51(\text{元})$$

(2)将已计算的普通年金现值折现到第 1 期期初。

$$P_0=P_2\times(P_0/P_2,i,n)=346.51\times(P_0/P_2,6\%,2)=346.51\times0.89\approx308.39(\text{元})$$

方法二　计算出$(m+n)$期的年金现值；然后计算 m 期年金现值；最后将计算出的$(m+n)$期年金现值减去递延期 m 期的年金现值，得出 n 期年金现值。

计算过程为

$$P_{(m+n)}=A\times(P/A,i,m+n)=100(P/A,6\%,6)=100\times4.917\ 2=491.72(\text{元})$$

$$P_{(m)}=A\times(P_{(m)}/A,i,m)=100\times(P_{(m)}/A,6\%,2)=100\times1.8334=183.34(\text{元})$$

$$P_{(n)}=P_{(m+n)}-P_{(m)}=491.72-183.34=308.38\text{ 元。}$$

方法三　计算出 n 期的年金终值，然后将已计算出的终值折现到第 1 期期初。

(1)计算出 4 期的普通年金终值。

$$F_6=100\times(F/A,6\%,4)=100\times4.3746=437.46\text{ 元。}$$

(2)将已计算的普通年金终值折现到第 1 期期初。

$$P_6=437.46\times(P/F,6\%,6)=437.46\times0.7050=308.41\text{ 元。}$$

计算结果的小额差异是现值系数和终值系数四舍五入造成的。

4. 永续年金

永续年金是指无限期支付的年金，如优先股股利、存本取息等。由于永续年金持续期无限，没有终止时间，因此没有终值，只有现值。永续年金可视为普通年金的特殊形式，即期限趋于无穷的普通年金。

其现值的计算公式可由普通年金现值公式推出。永续年金现值 P 计算公式为

$$P=A\times\frac{1-(1+i)^{-n}}{i}=A\times\frac{1-1/(1+i)^n}{i},\tag{2-12}$$

当 $i\to\infty$ 时，$\frac{1}{(1+i)^n}\to0$，故 $P=\frac{A}{i}$。

【例 2-17】 某企业持有甲公司优先股 1 000 股，每年可获得股利 200 元，若利率为 10%，那么优先股股利的现值(优先股价值)是多少？

解　$P=200/10\%=2\ 000$ 元。

【例 2-18】 某小学拟建立一项永久性的奖学金，每年计划颁发 20 000 元奖金，若利率为 5%，现在应存入多少钱？

解　$P=20\ 000/5\%=400\ 000$ 元。

前面我们讨论的主要是等额收付款问题，但在实际生活中还存在许多收付款额不等的现金收付。此时，不能用年金公式计算现值和终值，必须将每一笔款项作为独立的问题求得其复利现值或复利终值，然后将求出的结果相加即可。

货币时间价值在会计实务中的应用

货币时间价值在筹资管理、项目投资决策、证券投资管理等财务管理的各个方面都有广泛的应用，在新的会计准则中也有较多的应用。

根据会计准则的规定，会计计量属性包括历史成本、重置成本、可变现净值、现值和公允价值。相对于历史成本而言，现值和公允价值是具有很强时间概念的计量属性，因此，在进行会计计量时要运用货币时间价值的知识。

1. 在确认计量非流动资产价值中的应用

为了反映已有资产的实际价值，新准则规定在资产负债表日企业要以资产可收回金额作为价值杠杆对非流动资产的价值进行测试，确认计量资产是否发生减值。确定资产可收

回金额要求计算资产能给企业带来的未来现金流量的现值。而未来现金流量现值的计算、贴现率的选择和计算等都需要用到货币时间价值的知识。

2. 在确认计量当期损益中的应用

货币时间价值在企业确认计量当期损益中的应用主要体现在融资业务的会计处理中，这些业务包括长期债券融(投)资业务、融资租赁业务、分期购销商品业务等。比如企业溢价购入债券时，债券的实际利率要考虑货币时间价值，采用收益现值法可以计算确定。

3. 在特殊交易或事项中的应用

货币时间价值在企业特殊交易或事项中的应用主要体现在固定资产弃置费用的会计处理以及付款时间超过一年的辞退福利的会计处理等方面。比如特殊行业的特定固定资产在使用期满后要支付一笔金额较大的弃置费用，而弃置费用的金额与现值比较通常相差较大。弃置费用应当按照现值计算确定计入固定资产和相应的预计负债，并在固定资产使用寿命内将按照预计负债的摊余成本和实际利率计算确定利息费用计入财务费用。从财务管理角度看，特殊固定资产的弃置费用的处理是一个已知终值(弃置费用)求现值，并逐年计算应付复利利息的过程。

从货币时间价值在新准则会计实务中的应用可以得出下述结论：

(1)货币时间价值不仅是财务管理学的重要理论基础，也是会计实务的一个重要理论基础。

(2)在会计实务中运用货币时间价值是以现值为轴心展开的。现值作为一种会计计量属性是考虑货币时间价值的计量属性。

(3)在会计实务中充分考虑货币时间价值使会计与财务管理在价值理念上得以统一，在大大提升会计信息的有用性的同时也加大了会计处理的难度，这就要求学生从财务管理的角度理解新会计准则，从而提升应用财务管理知识解决会计实务的能力。

任务二　风险观念

在财务管理中，风险观念和货币时间价值观念一样重要。风险是市场经济的一个重要特征，企业的财务活动常常都是在有风险的情况下进行的，冒风险就要求获得额外的回报，否则就不值得去冒险。因此，风险和报酬是密切相关的，所以财务管理者必须研究风险和报酬。

一、风险的概念

(一)风险的含义

风险是一个非常重要的财务概念，在财务决策和财务分析中是我们必须要面对的一个问题。

我们常常认为风险是发生损失的可能性，发生损失的可能性越大，资产的风险也就越大。它可以用不同的结果出现的概率来描述，结果可能是好的，也可能是坏的，其中坏结果出现的概率越大，就认为风险越大。这种认识主要强调了风险可能带来的损失。

从财务意义上讲，风险带来的不仅可能是损失，也可能带来超出预期的收益。所以现在财务上把风险定义为：风险是预期结果的不确定性。它既包括负面效应的不确定性，也包括正面效应的不确定性。负面的不确定性是指危险，即损失发生及其程度的不确定性。对于这部分风险需要人们去识别、衡量、防范和控制，所以我们必须正确区分风险与危险这两个概念。风险要大于危险，即除了危险之外，风险中的另外一部分正面效应我们可以称为机会。机会是投资收益超过预期的可能性，对于投资是有利的，需要我们识别、衡量、选择和获取。所以，风险就是危险与机会并存。

我们还要正确区分风险和不确定性这两个概念。不确定性是指对于某项行动，人们知道可能出现的各种结果，但不知道每种结果出现的概率，或者可能出现的结果及每种结果出现的概率都不知道；而风险则是出现的结果和每种结果出现的概率是已知的或是可以估计的。

在财务管理中，我们之所以要精确定义风险概念，是为了明确风险和收益之间的权衡关系。它要求等量风险带来等量收益，即风险收益均衡。财务管理的原则是在一定的风险下，使收益达到较高的水平；在收益一定的情况下，风险维持在较低的水平。

(二)风险的种类

企业面临的风险主要有两种：市场风险和企业特有风险。

(1)市场风险。又称系统风险，也称不可分散风险，是指由于某种外部因素的影响和变化，导致所有企业都面临的风险。系统风险的诱因发生在企业外部，企业本身无法控制、无法分散，其带来的影响一般都比较大。宏观经济形势的好坏，财政政策和货币政策的调整，政局的变化，汇率的波动，资金供求关系的变动等，都会引起企业的收益波动。对于企业来说，这种风险是无法消除的，企业无法通过多样化的投资组合进行保值，这就是存在系统风险的原因所在。

(2)企业特有风险。企业特有风险是指个别企业的特有事件造成的风险。它是随机发生的，只与个别企业和个别投资项目有关，不涉及所有企业和所有项目，是可以通过多元化投资来分散的，又称非系统风险和可分散风险，如罢工、新产品开发失败、诉讼失败等。企业特有风险根据形成原因不同，又可分为经营风险和财务风险。

①经营风险。经营风险是指因生产经营方面的原因而给企业盈利带来的不确定性。企业生产经营的许多方面都会受到来源于企业外部和内部的诸多因素的影响，具有很大的不确定性。比如，由于原材料供应地的政治经济情况变动，运输路线的改变，原材料价格的变动，新材料、新设备的出现等因素带来的供应方面的风险；由于产品生产质量不合格，新产品、新技术开发试验不成功，生产组织不合理等因素带来的生产方面的风险；由于出现新的竞争对手，消费者爱好发生变化，销售决策失误，产品广告推销不利以及货款回收不及时等因素带来的销售方面的风险。所有这些生产经营方面的不确定性，都会引起企业的利润或利润率的高低变化。

②财务风险。财务风险又称筹资风险，是指由于举债而给企业财务成果带来的不确定性。企业举债经营，全部资金中除自有资金外还有部分借入资金，这会对自有资金的盈利能力造成影响；同时，借入资金需还本付息，一旦无力偿付到期债务，企业便会陷入财务困境甚至破产。当企业息税前资金利润率高于借入资金利息率时，使用借入资金获得的利润除了补偿利息外还有剩余，因而使自有资金利润率提高。但是，若企业息税前资金利润率低于借

入资金利息率，这时，使用借入资金获得的利润还不够支付利息，还需动用自有资金的一部分利润来支付利息，从而使自有资金利润率降低。如果企业息税前利润还不够支付利息，就要用自有资金来支付，使企业发生亏损。若企业亏损严重，财务状况恶化，丧失支付能力，就会出现无法还本付息甚至破产的危险。

二、风险的衡量

由于风险具有普遍性和广泛性，那么正确地衡量风险就十分重要。下面结合实例说明如何衡量与计算风险。

(一)概率

风险是与各种可能的结果和结果的概率相联系的，所以对风险的衡量与计算，就必须从概率分析入手。

在完全相同的条件下，某一事件可能发生也可能不发生，可能出现这种结果也可能出现另外一种结果，这类事件称为随机事件。概率就是用来表示随机事件发生的可能性大小的数值。一般用 X 表示随机事件，X_i 表示随机事件的第 i 种结果，P_i 表示第 i 种结果出现的概率。通常把必然发生的事件的概率定为 1，把不可能发生的事件的概率定为 0，而一般随机事件的概率是介于 0 与 1 之间的一个数，概率越大就表示该事件发生的可能性越大。同时，所有可能结果出现的概率之和为 1。因此，概率必须满足下列两个条件：

(1) $0 \leqslant P_i \leqslant 1$。

(2) $\sum_{i=1}^{n} P_i = 1$。

(二)期望值

期望值是随机变量的均值。对于单项投资风险报酬率的评估来说，我们所要计算的期望值即为期望报酬率。期望值(期望投资报酬率)的计算公式为

$$\overline{K} = \sum_{i=1}^{n} K_i P_i \text{，} \tag{2-13}$$

式中，$\overline{K}$ 为期望值(期望投资报酬率)；K_i 为第 i 个可能结果下的报酬率；P_i 为第 i 个可能结果出现的概率；n 为可能结果的总数。

【例 2-19】 某企业有 A、B 两个项目，两个项目的报酬率及其概率分布情况如表 2-1 所示。

表 2-1　A 项目和 B 项目投资报酬率的概率分布

项目实施情况	该种情况出现的概率		投资报酬率	
	项目 A	项目 B	项目 A	项目 B
好	0.20	0.30	15%	20%
一般	0.60	0.40	10%	15%
差	0.20	0.30	0	−10%

根据式(2-13)分别计算项目 A 和项目 B 的期望值(期望投资报酬率)为

$$\overline{K} = K_1P_1 + K_2P_2 + K_3P_3 = 0.20 \times 15\% + 0.60 \times 10\% + 0.20 \times 0 = 9\%\text{；}$$

$$\overline{K} = K_1P_1 + K_2P_2 + K_3P_3 = 0.30 \times 20\% + 0.40 \times 15\% + 0.30 \times (-10\%) = 9\%\text{。}$$

从计算结果可以看出，两个项目的期望值(期望投资报酬率)都是 9%。但是否可以就此认为两个项目风险是等同的呢？我们还需要了解概率分布的离散情况，即计算标准离差和标准离差率。

(三)方差、标准离差

1. 方差

按照概率论的定义，方差是各种可能的结果偏离期望值的综合差异，是反映离散程度的一种量度。方差的计算公式为

$$\delta^2 = \sum_{i=1}^{n}(K_i - \overline{K})^2 \times P_i, \tag{2-14}$$

式中，δ^2 为方差。

2. 标准离差(标准差)

标准离差则是方差的平方根。标准离差是各种可能的报酬率偏离期望报酬率的综合差异，是反映离散程度的一种量度。在实务中一般使用标准离差而不使用方差来反映风险的大小程度。一般来说，标准离差越小，说明离散程度越小，风险也就越小；反之标准离差越大则风险越大。标准离差的计算公式为

$$\delta = \sqrt{\sum_{i=1}^{n}(K_i - \overline{K})^2 \times P_i}\text{。} \tag{2-15}$$

现将上述 A、B 两个项目的有关数据代入式(2-15)，计算结果如下：

项目 A 的方差

$$\delta^2 = \sum_{i=1}^{n}(K_i - \overline{K})^2 \times P_i = 0.20\times(15\%-9\%)^2 + 0.60\times(10\%-9\%)^2 + 0.20\times(0-9\%)^2 = 0.002\,4,$$

项目 A 的标准离差

$$\delta = \sqrt{\sum_{i=1}^{n}(K_i - \overline{K})^2 \cdot P_i} \approx 0.049;$$

项目 B 的方差

$$\delta^2 = \sum_{i=1}^{n}(K_i - \overline{K})^2 \times P_i = 0.30\times(20\%-9\%)^2 + 0.40\times(15\%-9\%)^2 + 0.30\times(-10\%-9\%)^2 = 0.015\,9,$$

项目 B 的标准离差

$$\delta = \sqrt{\sum_{i=1}^{n}(K_i - \overline{K})^2 \times P_i} \approx 0.126\text{。}$$

以上计算结果表明项目 B 的风险要高于项目 A 的风险。

(四)标准离差率

标准离差是反映随机变量离散程度的一个指标。但我们应当注意到标准离差是一个绝对指标，只能用来比较期望值相同的各项投资的风险程度，而不能用来比较期望值不同的各项投资的风险程度。要比较期望值不同的项目的风险程度，应该用标准离差率，即标准离差同期望值(期望投资报酬率)的比值。

标准离差率的计算公式为

$$V=\frac{\delta}{K}\times 100\%, \tag{2-16}$$

式中，V 为标准离差率。

由于在此例中项目 A 和项目 B 的期望投资报酬率是相等的，可以直接根据标准离差来比较两个项目的风险水平。但如果要比较的项目期望值不同，则一定要计算标准离差率才能进行比较。例如，若上例中项目 A 和项目 B 标准离差是 0.15 和 0.20，但是项目 A 期望报酬率为 15%，项目 B 期望报酬率为 40%，那么究竟哪种项目的风险更大呢？这时就不能用标准离差来判别，而要使用标准离差率。计算结果如下：

项目 A 的标准离差率　　$V=\frac{\delta}{K}\times 100\%=0.15/15\%\times 100\%=100\%$；

项目 B 的标准离差率　　$V=\frac{\delta}{K}\times 100\%=0.20/40\%\times 100\%=50\%$。

这说明，在上述假设条件下，项目 A 的风险大于项目 B 的风险。

三、风险与报酬

一般而言，投资者都力求回避风险，但是为什么还是有人进行风险投资呢？这是因为风险投资可得到额外的报酬，即风险报酬。所以风险与报酬是两个紧密相连的因果关系，一般情况下，风险越大报酬率越高，即高风险意味着高收益，低风险意味着低收益。离开了风险因素，就无法正确评价企业报酬的高低，风险是财务决策的基本依据。

风险报酬是投资者由于冒风险进行投资而获得的超过资金时间价值的额外收益。在财务管理中，风险报酬常用相对数——风险报酬率来计量。风险报酬率，是指风险报酬额与原始投资额的比率。

如果不考虑通货膨胀，投资者冒风险进行投资所希望得到的投资报酬率是无风险报酬率与风险报酬率之和。即

$$\text{投资报酬率}=R_F+R_R, \tag{2-17}$$

式中，R_F 为无风险报酬率；R_R 为风险报酬率。

无风险报酬率就是货币的时间价值，是在没有风险下的投资报酬率，是投资者投资某一项目肯定能得到的报酬，具有确定性。在财务管理实务中，一般把短期政府债券（如短期国库券）的报酬率作为无风险报酬率；风险报酬率是风险价值，是由于承担风险而超过货币时间价值的额外报酬，具有不确定性。它与风险程度（标准离差率）和风险报酬系数的大小有关，并成正比例关系。即

$$R_R=bV, \tag{2-18}$$

式中，b 为风险报酬系数；V 为标准离差率。

风险报酬系数 b 可以通过对历史资料的分析、统计回归、专家评议获得，或者由政府部门公布。

【例 2-20】 根据例 2-20 的数据，并假设无风险报酬率为 8%，风险报酬系数为 0.1，请计算 A、B 两个项目的风险报酬率和投资报酬率。

解　　项目 A 的风险报酬率 $=bV=0.1\times 0.544=5.44\%$，

项目A的投资报酬率$=R_F+bV=8\%+5.44\%=13.44\%$；

项目B的风险报酬率$=bV=0.1\times1.4=14\%$，

项目B的投资报酬率$=R_F+bV=8\%+14\%=22\%$。

从计算结果可以看出，项目B的投资报酬率(22%)要高于项目A的投资报酬率(13.44%)。若投资者愿意冒风险以获得更高的报酬，应选择项目B；若投资者不愿意冒风险，应选择项目A。

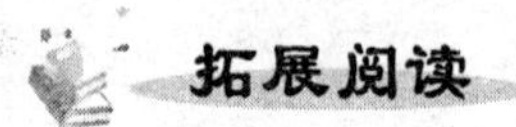

什么是风险投资

风险投资(简称VC)或称为风险资本、创业资本，1946年始于美国。

1. 风险投资定义

广义的风险投资泛指一切具有高风险、高潜在收益的投资；狭义的风险投资是指以高新技术为基础，生产与经营技术密集型产品的投资。根据美国全美风险投资协会的定义，风险投资是由职业金融家投入到新兴的、迅速发展的、具有巨大竞争潜力的企业中一种权益资本。

2. 风险投资的特点

(1)投资对象多为处于创业期的中小型企业，而且多为高新技术企业，如电子信息技术、生物工程技术、节能与环保、新材料等；

(2)投资期限在3～5年，或5年以上，投资方式一般为股权投资，通常占被投资企业15%～20%的股权，不要求取得控股权，也不需要任何担保或抵押；

(3)投资决策建立在高度专业化和程序化的专家评估决策的基础之上；

(4)创业投资人与被投资者之间是同舟共济的关系。投资人积极参与被投资企业的经营管理，提供增值服务；

(5)根据被投资企业的发展的不同阶段(种子期、创建期、成长期、扩张期、成熟期等)决定投资策略，以达到降低投资风险的目的；

(6)获得投资红利不是其追求的目标，更不是其主要获利手段，而是通过被投资企业上市，收购、兼并或其他股权转让方式撤出投资资本金，在产权流动中实现投资增值回报。

风险投资是一种无担保、高风险的投资，其资金来源在国外主要是保险公司、证券公司、个人等；我国主要资金来源是政府、企业、国外资金等。

1999年2月，新浪网获得包括高盛银行在内的海外风险投资2 500万美金，这是当时国内网络公司获得的最大一笔投资。即便到今天，几乎所有的中国大型商业网站(包括新浪、搜狐、网易等)的背后都有风险投资的身影。“一部风险投资在华史就是一部中国互联网史”，中国互联网产业若没有这些慷慨解囊者就没有今天。

现在比较著名的一些风险投资公司有：IDG技术创业投资基金(投资过腾讯、搜狐等公司)、软银中国创业投资有限公司(投资过阿里巴巴、盛大等公司)、凯雷投资集团(投资过太平洋保险集团、徐工集团)、红杉资本中国基金(投资过甲骨文、思科等公司)、高盛(亚洲)集团(投资双汇集团等)、摩根士丹利(投资过蒙牛等企业)、美国华平投资集团(投资哈药集团、国美电器等公司)、鼎晖投资基金管理公司(投资过南孚电池、蒙牛等企业)、联想投资有限公司、浙江浙商创业投资股份有限公司(民企)等。

项目小结

货币时间价值和风险是现代管理的两个基础观念,涉及所有的理财活动。

货币时间价值是指货币经历一定时间的投资和再投资所增加的价值。货币时间价值的计算,要涉及现值和终值。现值是指资金现在的价值,终值是指资金经过若干时期后包括本金和时间价值在内的未来价值(本利和)。现值和终值的计算有单利和复利之分,并且企业款项收支有一次性收付和非一次性收付,所以货币时间价值的计算包括单利终值与现值、复利终值与现值、年金终值与现值。年金按照收付的次数和支付的时间分为普通年金、预付年金、递延年金和永续年金。

风险带来的不仅是可能的损失,也可能带来超出预期的收益。企业面临的风险主要有市场风险和企业特有风险。风险的大小可以用期望值和标准离差率来衡量,风险报酬是投资者由于冒风险进行投资而获得的超过资金时间价值的额外收益。投资者冒风险进行投资所得到的投资报酬率是无风险报酬率与风险报酬率之和。

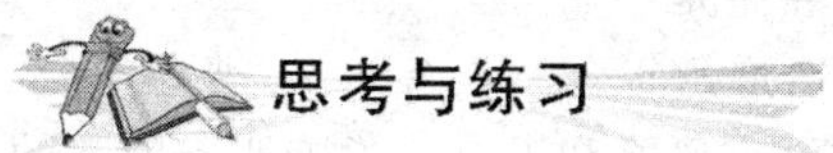

思考与练习

一、案例分析

假如你突然收到一张事先不知道的 1 260 亿美元的账单,你一定感到吃惊。而这样的事件却发生在瑞士的田纳西镇的居民身上。纽约布鲁克林法院判决田纳西镇应向美国投资者支付这笔钱。最初,田纳西镇的居民以为这是一件小事,但当他们收到账单时,他们被这张巨额账单惊呆了。他们的律师指出,若高级法院支持这一判决,为偿还债务,所有田纳西镇的居民在其余生中不得不靠吃麦当劳等廉价快餐度日。

田纳西镇的问题源于 1966 年的一笔存款。斯兰黑不动产公司在内部交换银行(田纳西镇的一个银行)存入一笔 6 亿美元的存款。存款协议要求银行按每周 1%的利率(复利)付息(难怪该银行第 2 年破产)。1994 年,纽约布鲁克林法院做出判决:从存款日到田纳西镇对该银行进行清算的 7 年中,这笔存款应按每周 1%的复利计息,而在银行清算后的 21 年中,每年按 8.54%的复利计息。

请思考:

1. 用你所学的知识说明 1 260 亿美元是如何计算出来的。

2. 如利率为每周 1%,按复利计算,6 亿美元增加到 12 亿美元需多长时间?增加到 1 000 亿美元需多长时间?

3. 本案例对你有何启示?

二、思考题

1. 何谓名义利率和实际利率，两者之间存在什么关系？

2. 资金时间价值的表现形式及其实际内容是什么？

3. 简述年金的概念和种类。

4. 什么是风险？风险的种类有哪些？

5. 如何衡量风险的大小？

三、单项选择题

1. 永久租用办公楼一栋，每半年支付租金 10 万，一直到无穷，存款年利率为 8%，则租金的现值为（　　）万。

A. 135　　B. 125　　C. 250　　D. 260

2. 关于即付年金终值系数与现值系数的计算方法说法正确的是（　　）。

A. 二者分别是在普通年金终值系数与现值系数的基础上除以(1＋折现率)

B. 二者分别是在普通年金终值系数与现值系数的基础上乘以(1＋折现率)

C. 二者分别是在普通年金终值系数与现值系数的基础上期数加 1，系数减 1

D. 二者分别是在普通年金终值系数与现值系数的基础上期数减 1，系数加 1

3. 只有现值没有终值的年金是（　　）。

A. 先付年金　　B. 递延年金　　C. 普通年金　　D. 永续年金

4. 资金的时间价值是在没有风险和没有通货膨胀条件下的（　　）。

A. 利息率　　B. 额外收益

C. 社会平均资金利润率　　D. 收益率

5. 某人现在将 10 000 元存入银行，银行的年利率为 10%，按复利计算 4 年后可从银行取得本利和为（　　）。

A. 12 000　　B. 14 000　　C. 14 641　　D. 13 500

6. 一定时期内每期期初等额收付的系列款项是（　　）。

A. 即付年金　　B. 永续年金　　C. 递延年金　　D. 普通年金

7. 某学校拟建立一笔永久性的奖学金，以期在未来的时间里每年发放 25 000 元的奖金，若当时的利率为 8%，则现在应存入（　　）。

A. 312 500 元　　B. 247 500 元　　C. 129 500 元　　D. 363 250 元

8. 3 年分期付款购物，每年末支付 500 元，设银行利率为 10%，该项分期付款相当于现在一次现金支付的购物价格为（　　）。

A. 1 243 元　　B. 1 058 元　　C. 1 818 元　　D. 1 539 元

9. 企业准备开发某项新产品，该新产品开发成功的概率为 80%，成功后的投资报酬率为 30%，开发失败的概率为 20%，失败后的投资报酬率为－60%，则该产品开发方案的预期投资报酬率为（　　）。

A. －15%　　B. 0　　C. 12%　　D. 15%

10. 有甲、乙两个投资方案，其投资报酬率的期望值均为 18%，甲方案标准离差为 10%，乙方案标准离差为 20%，则（　　）。

A. 甲方案风险等于乙方案　　B. 甲方案风险小于乙方案
C. 甲方案风险大于乙方案　　D. 甲、乙方案风险无法确定

四、多项选择题

1. 实际工作中以年金形式出现的是(　　)。
A. 采用加速折旧法所计提的各年的折旧费　　B. 租金
C. 奖金　　D. 特定资产的年保险费
2. 下列哪种情况引起的风险属于可分散风险(　　)。
A. 银行调整利率水平　　B. 公司劳资关系紧张
C. 公司诉讼失败　　D. 市场呈现疲软现象
3. 关于衡量投资方案风险的下列说法中,正确的有(　　)。
A. 预期报酬率的概率分布越窄,投资风险越小
B. 预期报酬率的概率分布越窄,投资风险越大
C. 预期报酬率的标准差越大,投资风险越大
D. 预期报酬率的变异系数越大,投资风险越大
4. 财务管理的价值观念有(　　)。
A. 资金时间价值　　B. 投资风险价值　　C. 资金市场价值　　D. 企业价值
5. 资金的时间价值与资金和时间的关系为(　　)。
A. 资金使用时间越长,时间价值越大
B. 资金使用数量越多,时间价值越大
C. 资金周转越快,时间价值越大
D. A、B、C 三者结合,时间价值变得更大
6. 在财务管理中,衡量风险大小的指标是(　　)。
A. 风险报酬率　　B. 标准离差　　C. 标准离差率　　D. β系数
7. 在复利计息方式下,影响普通年金终值大小的因素包括(　　)。
A. 单利　　B. 期限　　C. 年金　　D. 利率
8. 关于递延年金,下列说法正确的是(　　)。
A. 递延年金是指隔若干期以后才开始发生的系列等额收支款项
B. 递延年金终值的大小与递延期无关
C. 递延年金现值的大小与递延期有关
D. 递延年金越长,递延年金的现值越大
9. 风险报酬率斜率小表明(　　)。
A. 投资者厌恶冒险　　B. 风险溢价大　　C. 投资者愿意冒险　　D. 风险溢价不大
10. 年金的种类有(　　)。
A. 普通年金　　B. 先付年金　　C. 递延年金　　D. 永续年金

五、判断题

1. 在本金和利率相同的情况下,若只有一年计息期,单利终值与复利终值是相等的。(　　)
2. 在利率和计息期数相同的条件下,复利现值系数与复利终值系数互为倒数。(　　)

3. 永续年金没有终值。(　　)

4. 永续年金可以视为期限趋于无穷的普通年金。(　　)

5. 当利率大于零、计息期一定的情况下,复利现值系数大于1。(　　)

6. 根据风险与收益对等的原理,高风险的投资项目必然会获得高收益。(　　)

7. 标准离差反映风险的大小,可以用来比较各种不同投资方案的风险程度。(　　)

8. 某公司因工人罢工,造成公司股票价格下降,投资人损失严重,这种风险属于非系统风险。(　　)

9. 概率必须符合两个条件:一是所有概率都在0～1之间;二是所有结果的概率之和应等于1。(　　)

10. 在两个方案对比时,标准离差率越大,说明风险越大,同样,标准离差越大,说明风险也一定越大。(　　)

六、实训

实训一

1. 本金为200 000元,年利率为5%,期限3年,则到期单利利息是多少?

2. 本金为100 000元,年利率为5%,期限5年,每年复利1次,则到期复利利息是多少?

3. 某投资项目预计5年后可获得收益1 000万元,按年利率12%计算,则这笔收益的现值是多少?

4. 假设某项目在4年建设期内每年年末从银行借款100万元,借款年利率为10%,则该项目竣工时应付本息的总额是多少?

5. 某企业有一笔3年后到期的借款,到期值为1 000万元。若存款年复利率为10%,则为偿还该项借款应建立的偿债基金是多少?

6. 某企业现在借入1 000万元的贷款,在10年内以年利率10%等额偿还,则每年应付的金额是多少?

实训二

某公司拟购置一处房产,房主提出两种付款方案:

(1)从现在起,每年年初支付20万元,连续支付10次,共200万元;

(2)从第5年开始,每年年初支付25万元,连续支付10次,共支付250万元。

假设该公司的资金成本率(最低报酬率)为10%,你认为该公司应选择哪个方案?

实训三

现有10 000元存入银行,假设年利率为8%,复利计算。要求:

(1)如存期为8年,求出8年后复利终值是多少?

(2)如利率为10%,每3个月复利一次,10年后的复利终值是多少?

(3)如10年后获取终值为20 600元,问其年利率为多少?

(4)如10年后要获取20 000元,每半年复利一次,问其年利率为多少?

实训四

某投资者准备购买一套办公用房,有3个付款方案可供选择:

(1)甲方案　从现在起每年年初付款10万元,连续支付5年,共计50万元。

(2)乙方案　从第3年起,每年年初付款12万元,连续支付5午,共计60万元。

(3)丙方案　从现在起每年年末付款11.5万元，连续支付5年，共计57.5万元。

要求：假定该公司要求的投资报酬率为10%，通过计算说明应选择哪个方案。

实训五

某企业有甲、乙两个投资项目，计划投资额均为1 000万元，其收益率的概率分布如表2-2所示。

表2-2　项目收益率概念分布表

市场状况	概率	甲项目	乙项目
好	0.3	20%	30%
一般	0.5	10%	10%
差	0.2	5%	−5%

要求：

(1)分别计算甲、乙两个项目收益率的期望值。

(2)分别计算甲、乙两个项目收益率的标准差。

(3)假定你是该企业集团的稳健型决策者，请依据风险与收益原理作出选择。

(4)如果无风险收益率为6%，甲项目的风险价值系数为10%，计算甲项目投资的总收益率。

实训六

某企业有A、B两个投资项目，计划投资额均为1 000万元，其收益(净现值)的概率分布如表2-3所示。

表2-3　项目收益概率分布表

市场状况	概率	A项目净现值	B项目净现值
好	0.2	200万元	300万元
一般	0.6	100万元	100万元
差	0.2	50万元	−50万元

要求：

(1)分别计算A、B两个项目净现值的期望值。

(2)分别计算A、B两个项目期望值的标准离差。

(3)判断A、B两个投资项目的优劣。

项目三 筹资管理

学习目标

- 会正确进行短期资金筹集及其利息计算
- 会运用资金时间价值计算债券的发行价格，能够对债券筹集进行合理评价
- 具有运用多种筹集资金方式筹集资金的专业技能

知识要点

- 筹资基本原则、筹资渠道和筹资方式
- 短期资金筹集的方式、商业信用的形式
- 长期借款的筹集
- 权益资金筹资的类型及其特点

案例导入

田大妈借钱难

位于成都市近郊的新津县，有一个拥有2亿多元资产，占有全国泡菜市场60%份额的新蓉新公司，近年来却被流动资金的“失血”折磨得困苦不堪。企业创始人，总经理田玉文(人称“田大妈”)目前在由成都市委宣传部、统战部和市工商联联合召开的一次座谈会上大倒苦水。这位宣称“除了‘田玉文’认不到多少字”的企业家当场发问：“我始终弄不懂，像我们这样的企业，一年上税三四百万元，解决了附近十几个县的蔬菜出路，安排了六七千农民就业，从来没有烂账，为啥就贷不到款?”

新蓉新最近的流动资金状况的确很成问题。4、5月份正是蔬菜收购和泡菜出厂的旺季，该公司这段时间每天从农民手中购进价值70余万元的大蒜、萝卜等蔬菜，但田大妈坦言，她已经向农民打了400多万元的“白条”。这种状况让田大妈非常苦恼。她能有今天——据她自己说——全靠她一诺千金。在她看来，“白条”所带来的信誉损失是难以接受的。新蓉新从零开始做到如今拥有2亿多元资产，只有工行的少量贷款，大部分资金是“向朋友借的”。也正是为了维护这种民间信用关系，田大妈近日一气偿还了“朋友”的借款共2 000多万元。据说，现在新蓉新的民间借款几乎已经偿清。

这也正是新蓉新目前面临流动资金困境的主要原因之一。此外,为了引进设备建一个无菌车间,田大妈新近花100多万元购进土地110亩。近日,田大妈同她的长子——新蓉新董事长陈卫东为此发愁:如果弄不到800万元贷款,下一步就没法收购四季豆了。田大妈说,一周前,公司已向工商行提出了800万元贷款申请,但目前还没有动静。

新蓉新现有资产2.63亿元,资产负债率10%左右。另据新津县委办公室负责人介绍,该公司目前已签了3亿多元供货合同,在国内增加了几百个网点,预计年内市场份额能达到80%。像这样的企业,银行为何惜贷呢?

通过上述案例,请讨论:

(1)新蓉新公司是否需要借款?

(2)田大妈为何借钱难,如何筹措到所需的资金?

任务一 筹资的渠道与方式

每个企业要顺利开展生产经营活动,就必须拥有一定量的资金,就要通过不同的筹资渠道,采用不同的筹资方式,按照法定程序,筹集企业生产经营所需用的资金。它既是企业进行生产经营活动的前提,也是企业财务活动的起点。

一、企业筹资的目的和要求

筹资是指企业根据其生产经营、对外投资以及调整资本结构等需要,通过一定的渠道,采取适当的方式,获取所需资金的一种财务活动。

筹资管理的财务目标是以较小的筹资风险、较低的筹资成本,从质与量两个方面筹集企业所需要的资金。

(一)资金筹集的目的

企业资金筹集的基本目的是为了自身的生存与发展。但每项具体的筹资活动,往往受特定动机的驱使。企业筹资的具体动机是多种多样的,归纳起来有四类,即新建筹资动机、扩张筹资动机、偿还筹资动机和混合筹资动机。

(1)新建筹资动机

新建筹资动机是在企业新建时为满足正常生产经营活动所需的资金而产生的筹资动机。企业新设立时,必须准备充足的开业资金,以便购置厂房、机器设备、购进原材料等。作为企业设立的前提,筹资活动是财务活动的起点。

(2)扩张筹资动机。扩张筹资动机是指企业以扩大生产经营规模为目的的动机。具有良好发展前策,处于成长时期的企业,通常会产生扩张筹资动机。企业扩张性筹资会使企业资产的规模有所扩大,同时会使负债增加,从而在给企业带来收益增长机会的同时,也会带来一定的风险,这是扩张性筹资的典型特征。

(3)偿还筹资动机。偿还筹资动机是指企业以偿还某些债务为目的的动机,也就是“借新债还旧债”。偿还性筹资一般可分为两种情况:一是调整性偿债筹资,即企业虽有足够的能力支付到期的旧债,但为调整原有的资本结构,通过增加举债,扩大负债比重,从而使资本结构更加合理，这是主动的筹资动机；二是恶化性偿债筹资，即企业现有支付能力已不足偿还到期旧债，被迫举债还债。企业在生产经营过程中由于经营管理不善造成企业亏损或销售款不能及时回笼使用，使得企业无法及时归还已到期的借款，只能采取“借新债还旧债”的方式维持企业生产经营，出现这种情况说明财务状况已恶化。

(4)混合筹资动机。企业既需要扩大经营的长期资金又需要偿还到期债务的现金而形成的筹资动机，称为混合筹资动机。企业在生产经营过程中，一方面因为扩大生产经营规模需要筹集资金；另一方面因为现金短缺而无法偿还到期债务。这种混合性筹资，既满足了企业扩大资金规模的需要，又满足了及时偿还债务的需要，这种筹资包含了扩张性筹资和偿债性筹资两种动机。

(二)资金筹集的原则

企业筹集资金总的原则，是要分析评价影响筹资的各种因素，讲求筹资的综合效果。

(1)合理确定资金的需要量，控制资金的投放时间。

不论通过什么渠道、采取什么方式筹集资金，都应该合理确定资金的需要量。筹集资金固然要广开渠道，也必须要有一个合理的界限。资金不足，会影响生产经营；资金过多，也会影响资金使用效果。在核定资金需要量时，不仅要注意产品(商品)的生产经营规模，而且要注意市场的销售趋势，防止盲目生产经营，造成资金积压。同时，要掌握全年资金的投入量，并测定不同月份的资金投入量，以便合理安排资金的投放和回收，减少资金占用，加速资金周转。

(2)认真选择资金来源，降低资金成本。

企业筹集资金的渠道和方式多种多样，不论何种渠道、何种方式，筹资都要付出一定的代价，包括资金占用费(借款利息、债券利息、股利等)和资金筹集费(股票发行费、债券注册费等)，即资金成本。不同资金来源的资金成本各不相同，而且取得资金的难易程度也不一样。因此，在选择资金来源时要综合考虑各种筹资渠道和筹资方式，研究各种资金来源的资金成本，寻求最优的筹资组合，以便降低综合资金成本。

(3)资金的筹集要与投放相结合，提高资金使用效益。

企业筹资首先要确定有利的投向，安排明确的资金用途，才能正确选择筹资的渠道和方式。因为，资金的投向既决定资金需要量的多少，又决定投资效果的大小。因此，在新企业进行筹建、老企业进行扩建筹资时，都要对投资项目进行可行性的预测分析，确定资金用在什么项目上，这些项目是否先进、节能、有无发展前途、竞争能力大小，研究这些投资有什么样的经济效果、社会效益，要防止那种把资金筹集同资金投放割裂开来的做法。

(4)合理安排资金结构，适度运用负债经营。

企业依靠借债开展生产经营活动，即进行负债经营。适度地负债经营能相对提高自有资金的收益率，也可缓解自有资金紧张的矛盾。但如果负债过多，则会引发较大的财务风险，甚至丧失偿债能力而面临破产。因此，企业进行负债经营必须注意两个方面的问题：一是要保证投资收益率高于资金成本；二是负债多少要与企业资金结构和偿债能力相适应。

(5)遵守国家有关法规，维护各方经济利益。

企业筹资的数量和投资方向，关系着全社会的建设规模和产业结构。企业筹集资金必须接受国家的宏观控制，筹资工作应遵循国家有关法律法规，履行约定责任并维护有关各方的经济利益。

二、企业筹资的分类

(一)权益性筹资和负债性筹资

按照资金的来源渠道不同,企业筹资可分为权益性筹资和负债性筹资。

(1)权益性筹资又称为自有资金筹资、所有者权益筹资,是指企业通过发行股票、吸收直接投资、内部积累等方式筹集的资金。它属于企业的所有者权益,是企业的本钱、资本。企业采用吸收自有资金的方式筹集资金,一般不用还本付息,资金可供企业长期使用,自主分配,财务风险小,但付出的资金成本相对较高。

(2)负债性筹资或称借入资金筹资,是指企业通过发行债券、向银行借款、融资租赁等方式筹集的资金。它属于企业的负债,使用一定时间后要归还本金和利息。企业采用借入资金的方式筹集资金,到期要归还本金和支付利息,一般承担较大财务风险,但相对而言,付出的资金成本较低。

将企业的筹资分为权益性筹资和负债性筹资是为了合理安排权益性资金和负债性资金的比例关系,考虑企业资本结构,分散企业的筹资风险。

(二)短期资金筹集与长期资金筹集

按照所筹资金使用期限的长短,企业筹资可分为短期资金筹集与长期资金筹集。

(1)短期资金是指使用期限在 1 年以内或超过 1 年的一个营业周期以内的资金。短期资金主要投资于现金、应收账款、存货等,一般在短期内可收回。短期资金通常采用商业信用、短期银行贷款、短期融资券等方式来筹集。

(2)长期资金是指使用期限在 1 年以上或超过 1 年的一个营业周期以上的资金。长期资金主要投资于固定资产、无形资产等非流动资产,一般需几年甚至十几年才能收回。长期资金通常采用吸收直接投资、发行股票、发行债券、长期借款、融资租赁和利用留存收益等方式来筹集。

在企业资金来源总额中,短期资金与长期资金各自占有的比例,称为筹资组合。正确区分短期资金和长期资金,长短结合,有利于兼顾资金的流动性。

(三)直接筹资和间接筹资

按照筹资是否通过银行等金融中介机构,企业筹资可分为直接筹资和间接筹资。

(1)直接筹资是指企业不通过银行等金融中介机构,直接从金融市场筹集资金的活动。如直接与资金所有者协商投入资金、或发行股票、债券和商业信用等。

直接筹资的筹资渠道和方式较多,范围广,但筹资费用较高,时间较长,筹资效益较低。

(2)间接筹资是指企业通过银行或非银行等金融机构而进行的筹资活动。它是传统的筹资形式,也是目前企业最为重要的筹资途径,如银行借款、融资租赁等。

间接筹资的渠道和方式相对比较单一,但筹资手续比较简便,筹资费用较低,筹资效率较高。从目前的现状看,间接筹资是我国企业最为重要的筹资方式。

三、筹资渠道与方式

(一)资金筹资渠道

筹资渠道,是指筹措资金来源的方向与通道,体现资金的来源与流量。目前我国企业筹资渠道主要包括:银行信贷资金、其他金融机构资金、其他企业资金、民间资金、国家资金、企业自留资金和外商资金。

1. 银行信贷资金

银行信贷资金来源于居民储蓄存款、企业存款等，其财力雄厚。银行对企业的各种贷款，是我国目前各类企业最为重要的资金来源。

我国银行有商业银行和政策性银行等。商业银行如中国工商银行、中国农业银行、中国建设银行、中国银行、中国邮政储蓄银行、交通银行等。商业银行以盈利为目的，从事信贷资金投放的金融机构，它是各企业银行贷款的主要供应渠道，向企业提供基建借款、各种流动资金借款、各种专用借款等。

政策性银行如国家开发银行、中国进出口银行、农业发展银行主要为特定企业提供政策性贷款，享受利率优惠政策。

2. 非银行金融机构资金

非银行金融机构也可为企业提供一定的资金来源，主要指信托投资公司、保险公司、金融租赁公司、证券公司、财务公司等。它们为企业直接提供资金、物资融通或证券承销等金融服务。该类资金供应比较灵活、方便，还提供其他方面的服务，有广阔的发展前景。

3. 其他企业资金

各类企业、单位(包括社会团体、事业单位)在生产经营过程中，往往有部分暂时闲置的资金，甚至有较长时期的资金，供企业之间为一定的目的进行相互投资。其他企业投入资金包括联营和参股。另外，企业间购销业务产生商业信用，形成债务人对债权人的短期信用资金占用。相互投资和商业信用的存在，既有长期的稳定联合，又有短期的临时融通。

随着跨区域经济的发展，企业间资金联合和资金融通将有很大的发展。

4. 民间资金

随着我国城乡广大居民生活水平的提高和投资意识的增强，越来越多的居民个人将其闲余资金进行投资，以期获得更多的投资收益。民间资金已成为股份制企业的一条广阔的筹资渠道。

5. 国家财政资金

国家财政资金是指各级财政对企业投入的资金。我国现有的股份制企业大都由原来国有企业改制而成，其股份总额中的国家股就是国家以各种方式向原国有企业投入的资本。如符合国家发展规划和产业政策的基础设施建设，国家会通过低息或无息货款的方式向企业提供资金。对于某些关系国计民生的大型重点企业和骨干企业，国家可以控股，参股的方式向企业注入资金。国家财政投入的资金，产权归国家许有。

6. 企业自留资金

企业自留资金，也称内部留存，是指企业内部形成的资金，是企业税后利润的积累。按照会计制度规定，企业缴纳所得税后的利润，要提取盈余公积，并且向投资者分配利润后还留有一部分归企业所有。留存收益主要包括盈余公积和未分配利润等。其资金直接由企业内部自动生成或转移。

企业留存收益是企业经营稳定资金的资金来源渠道，筹资成本较低。随着企业经济效益的提高，这部分资金来源的数额将日益增加。

7. 外商资金

外商资金是指外国投资者以及我国香港、澳门、台湾地区投资者的资金。利用外资不仅可以满足我国建设资金的需要，而且可通过引进、吸收世界新技术、新方法，进行技术更新及管理创新，加快现代化建设步伐。

（二）资金筹资方式

筹资方式，是指企业筹集资金所采用的具体形式。目前我国企业的筹资方式主要有吸收直接投资、发行股票、利用留存收益、向银行借款、利用商业信用、发行公司债券和融资租赁。

1. 吸收直接投资

吸收直接投资，即企业按照“共同投资、共同经营、共担风险、共享利润”的原则直接吸收国家、法人、个人投入资金的一种权益性资本筹资方式。

2. 发行股票

发行股票，即股份公司通过发行股票筹措权益性资本的一种筹资方式。通过发行股票筹资，是股份公司筹资的基本方式。

3. 银行借款

向银行借款，即企业根据借款合同从有关银行等金融机构借入的需要还本付息的款项。

4. 商业信用

商业信用，是指商品交易中的延期付款或延期交货所形成的借贷关系，主要表现形式是赊购商品等形成的应付账款、应付票据和预收货款，它是企业筹集短期资金的重要方式。

5. 发行公司债券

发行公司债券，即企业依照法定程度，通过发行债券筹措债务性资本的一种筹资方式。

6. 融资租赁

融资租赁，也称资本租赁或财务租赁，是区别于经营租赁的一种长期租赁形式，是指企业按照租赁合同租入资产而筹集资金的特殊筹资方式。

（三）筹资渠道与筹资方式的对应关系

筹资渠道解决的是资金来源问题，筹资方式则解决通过何种方式取得资金的问题，它们之间存在一定的对应关系。同一渠道的资金往往可采用不同的方式取得，同一筹资方式又可适用于不同的筹资渠道(见表 3-1)。因此，企业在筹资时，应实现两者的合理配合。

表 3-1　筹资渠道与筹资方式的对应关系

筹资方式 筹资渠道	吸收直接投资	发行股票	利用留存收益	向银行借款	利用商业信用	发行公司债券	融资租赁
银行信贷资金				√			
非银行金融机构资金	√	√		√		√	√
其他企业资金	√	√			√	√	√
民间资金	√	√				√	
国家资金	√	√					
企业自留资金	√		√				
外商资金	√	√			√	√	√

四、筹资原则

企业筹资是一项重要而复杂的工作，为了有效地筹集企业所需资金，应遵循以下基本原则：

1.规模适当原则

规模适当原则强调资金数量上的合理性。不同时期企业的资金需求量并不是一个常数，企业财务人员要认真分析研究生产和经营状况，采用一定的方法预测资金的需要量，合理确定融资规模。这样，既能避免因融资不足影响生产经营的正常进行，又可防止融资过多，造成资金闲置。

2.筹措及时原则

筹措及时原则就是要注意筹集资金的及时性，不能提前也不能延后。企业财务人员应全面掌握资金需求的具体情况并熟知资金时间价值的原理，合理安排资金的筹集时间，适时获取所需资金。

3.结构合理原则

资金的来源渠道和资金市场为企业提供了资金的源泉和筹资场所，它反映资金的分布状况和供求关系，决定着筹资的难易程度。不同来源的资金，对企业的收益和成本有不同的影响。因此，企业应认真研究资金的来源渠道和资金市场，合理选择资金来源。

4.方式经济原则

方式经济原则强调筹集资金的效益性。企业筹集资金必然要付出一定的代价并承担相应的风险，不同筹资方式条件下的资金成本和财务风险有高有低。为此，需要对各种筹资方式进行分析、对比，选择经济可行的筹资方式，以降低成本，减少风险。

公司增长的误区

在激烈的市场竞争中，许多管理者把公司快速增长作为公司最重要的工作目标，花费了大量的时间和精力去研究如何使公司销售收入不断增长，业务领域不断拓展，他们相信随着公司的增长，就能取得市场竞争优势。在此观念的支配下，公司管理者一方面满足于销售高速增长所带来的银行青睐、政府关注、媒体追捧，发现不到公司的经营危机；另一方面，在制定的公司发展战略中，只注重增长率数字指标，而对公司成长进行有效的预测和管理却很少重视，甚至不少管理者根本不知晓公司成长管理的内涵是什么，当然就更不用说对管理方法的认识和掌握了。1993 年底才成立的“三株”要实现这样的战略“奇迹”：1994 年要完成销售额 1 个亿，1995 年达到 20 个亿，年增长速度为 1 600％～2 000％，1996 年要跃升到 80 个亿，年增长速度为 400％。然而，“三株”并没有辉煌多久，在高速增长中垮掉了。

企业不能实现持续增长目标的原因很多，一种情况是企业由于产品、技术逐渐丧失市场竞争优势“被”淘汰；另一种情况则是企业不善于管理特别是不善于进行成长管理而“主动”出局。“三株”无疑属于后者。“三株”片面追求市场的扩大，并未能如愿获取市场竞争优势，相反快速增长却使公司的资源变得相当紧张。其实单从“资源稀缺性”假设出发，在不考虑成本的前提下，企业的增长应以其所能配置的资源为限度，没有资源支持的企业增长只会是一个诱人的陷阱。但一些走入“惟发展”误区的企业却没有意识到这一点，他们认为资源短缺的问题可以通过不停地扩大市场份额加以解决，根本没有快速增长可能导致企业破产的心理准备，更不用说采取积极的措施加以控制了。在世界经济发展史上，许多事实告诉我们，因为增长过快而破产的公司数量与因为增长太慢而破产的公司数量几乎一样多(罗伯特·希金斯)。一个公司的产品好不容易通过了市场的考验，得到了顾客的认可，却仅仅因为缺乏管理公司增长的财务智慧而导致失败，这应该引起其他公司管理者的高度重视和反思。与此对应，那些增长太慢的公司同样面临着经营风险，在市场竞争中，它们留不住人才，而且还可能会成为敏锐的收购者们的猎物，虽然这类企业的管理者可能还有一些忧患意识，但知道该如何改变当前经营状况的管理者并不多。

可见，由于没有科学的增长管理方法作指导，我们的企业往往可以取得短期的增长，却难以实现长期的发展，甚至许多缺乏战略管理的企业，虽实现了短期增长却是以损坏其长期发展基础为代价，这些情况已严重地制约了我国经济持续和快速的发展。为实现我国企业增长方式的根本转变，提高我国企业内涵式、集约化增长水平，对企业现有资源和新取得的资源进行有效的财务管理变得越来越重要，正确把握公司增长已具有特别现实的意义。

任务二 筹集负债资金

企业负债资金的筹资一般采用银行借款、商业信用、发行债券、融资租赁等方式。

一、银行借款

银行借款是企业根据借款合同，从银行或非银行金融机构筹措取得负债资金的一种筹资方式。

(一)银行借款的种类

1. 按借款的期限划分

按借款的期限划分，可分为短期借款和长期借款。

短期借款是指企业向银行或其他非银行金融机构借入的期限在 1 年以内(含 1 年)的资金，主要用于流动资金的周转。主要有生产周转借款、临时借款、结算借款等。

长期借款是企业向银行或其他金融机构借入的期限在 1 年以上的借款。一般用于固定资产的购建、改扩建工程、大修理工程、对外投资、科技开发、新产品试制以及为保护长期经营能力等方面的需要。

2. 按借款是否需要担保划分

按借款是否需要担保划分，可分为信用借款、担保借款和票据贴现。

信用借款是指以借款人的信誉为依据而获得的借款。

担保借款是指以合法的财产做抵押或以一定的保证做担保为条件所取得的借款。

票据贴现是指以未到期的商业票据向银行贴付一定的利息而取得的借款。

3. 按提供贷款的机构划分

按提供贷款的机构划分，可分为政策性贷款和商业性贷款

政策性贷款是由政策性银行发放的政策性业务贷款，利率优惠、期限较长。

商业性贷款是指各类商业银行向企业组织提供的贷款。

政策性银行不以赢利为目标，商业银行以经营工商业存、放款为主要业务，以获取银行利润为主要经营目标，因此，商业银行的贷款利率高于政策性银行。

（二）银行借款筹资的程序

企业向银行借款，通常要经过以下步骤。

（1）企业向银行提出借款申请。

企业向银行借入资金，必须向银行提出申请。企业申请借款必须符合贷款的原则和条件，填写《借款申请书》。

在《借款申请书》中应填写借款用途、借款金额、偿还能力以及还款方式等内容，并提交有关资料。

（2）银行审查借款申请。

银行接到企业借款申请后，要对借款进行调查，核实借款企业提供的资料，测定贷款的风险，评估信用等级，决定是否提供贷款。一般包括 3 个方面：①对借款人的信用等级进行评估；②贷款人对借款人的信用及借款的合法性、安全性和营利性进行核实、调查，测定贷款风险；③贷款审批。

（3）银企签订借款合同。

银行审查同意贷款后，为维护借贷双方的合法权益，保证资金的合理使用，明确双方的权利和义务，必须签订借款合同。借款合同主要包括基本条款、保证条款、违约条款等。

借款合同的基本条款包括：借款种类、借款用途、借款金额、借款利率、借款期限、还款资金来源、还款方式等。

（4）企业取得借款。

签订借款合同后，贷款银行要按合同的规定按期发放贷款，企业便可取得资金。贷款人不按合同约定按期发放贷款的，应偿付违约金。借款人不按合同的约定用款的，也应偿付违约金。

（5）企业使用和归还借款。

借款企业应按借款合同要求使用借款，并按合同约定及时足额归还借款本息。一般而言，贷款银行会在短期贷款到期前一周，中长期贷款在到期前一个月之前，向借款的企业发送还本付息通知单。企业在接到还本付息通知单后，要及时筹集资金，按期归还本息。如果企业不能按期归还借款，就在借款到期之前，向银行申请贷款展期，但是否展期，由贷款银行根据具体情况决定。

（三）信用条件和保护性条款

银行发放贷款时，主要信用条件包括：

（1）信贷额度。信贷额度亦即贷款限额，是借款人与银行在协议中规定的允许借款人借款的最高限额。如借款人超过限额继续借款，银行则停止办理贷款；如果企业信誉恶化，银行也可中止提供贷款，这时银行不承担法律责任。同理，若企业在期限内没有使用完限额，也不会承担责任。信贷额度是银企之间的一种协议，不具有法律效力。

（2）周转信贷协定。它是银行从法律上承诺向企业提供不超过某一最高限额的贷款协定。在协定的有效期内，只要企业借款总额没有超过最高限额，银行必须满足企业任何时候提出的借款要求。但企业享用周转协定，通常要对贷款限额的未使用部分付给银行一笔承诺费。因此，借款的实际利率提高了。借款的实际利率计算公式为

$$实际利率=\frac{实际使用借款\times利率\times未使用借款\times承诺费率}{实际使用借款}\times100\%。\quad(3\text{-}1)$$

【例 3-1】 企业与银行商定的年周转信贷额为 2 000 万元，年利率 10%，承诺费率为 2%，企业年度内实际使用贷款 1 400 万元，余额为 600 万元。则企业应向银行支付承诺费 12 万元(600 万元×2%)，借款的实际利率为

$$实际利率=\frac{1\,400\times10\%+600\times2\%}{1\,400}\times100\%\approx10.86\%。$$

(3)补偿性余额。它是银行要求借款人在银行中保持按贷款限额或实际借款额的一定百分比(通常为 10%～20%)计算的最低存款余额。补偿性余额有利于降低贷款风险，补偿其可能遭受的损失；但对企业来说，补偿性余额提高了借款的实际利率，加重了企业的利息负担。但有助于银行降低贷款风险，补偿其可能遭受的损失。补偿性余额贷款实际利率的计算公式为

$$实际利率=\frac{名义借款金额\times名义利率}{名义借款金额\times(1-补偿性余额比例)}\times100\%=\frac{名义利率}{1-补偿性余额比例}\times100\%。\quad(3\text{-}2)$$

【例 3-2】 某企业按年利率 8%向银行借款 100 万元，银行要求保留 20%的补偿性余额，企业实际可以动用的借款只有 80 万元。则该项借款的实际利率为

$$补偿性余额贷款实际利率=\frac{8\%}{1-20\%}\times100\%=10\%。$$

(4)借款抵押、质押。银行向财务风险较大、信誉不好的企业发放贷款，往往需要有抵押品担保，以减少自己蒙受损失的风险。

借款的抵押、质押品通常是借款企业或第三方的应收账款、存货、股票、债券以及房屋、专利权等。银行接受抵押、质押品后，将根据抵押、质押品的账面价值决定贷款金额，一般为抵押、质押品的账面价值的 50%～70%。这一比例的高低取决于抵押、质押品的变现能力和银行的风险偏好。抵押、质押借款的资金成本通常高于非抵押、质押借款，这是因为银行主要向信誉好的客户提供正常贷款，而将抵押、质押贷款视为一种风险贷款，因而收取较高的利息；此外，银行管理抵押、质押贷款比管理正常贷款更为困难，为此往往要另外收取手续费。企业取得抵押、质押借款还会限制其抵押、质押财产的使用和将来的借款能力。

(5)偿还条件。无论何种借款，银行一般都会规定还款的期限。根据我国金融制度的规定，贷款到期后仍无能力偿还的，视为逾期贷款，银行要照章加收逾期罚息。贷款的偿还有一次偿还和在贷款期内定期等额偿还等方式。

(6)以实际交易为贷款条件。当企业发生经营性临时资金需求，向银行申请贷款以求解决时，银行则以企业将要进行的实际交易为贷款基础，单独立项，单独审批，最后作出决定并确定贷款的相应条件和信用保证。

如某企业因对外分期销售商品缺少资金而向银行借款，当企业收到分期销售款时，应立即归还此笔借款。对这种一次性借款，银行要对借款人的信用状况、该笔业务经营情况进行个别的评价分析，明确相应的保证措施，然后才能确定贷款的利息率、期限和数量。

(四)借款利息的支付方式

(1)利随本清法。利随本清法，又称收款法，是在借款到期时向银行支付利息的方法。采用这种方法，借款的名义利率等于其实际利率。

(2)贴现法。贴现法是银行向企业发放贷款时,先从本金中扣除利息部分,在贷款到期时借款企业再偿还全部本金的一种计息方法。采用这种方法,企业可利用的贷款额只有本金扣除利息后的差额部分,因此,贴现法贷款的实际利率高于名义利率。贴现法的实际贷款利率公式为

$$贴现贷款实际利率=\frac{利息}{贷款金额-利息}\times100\%,\tag{3-3}$$

或

$$贴现贷款实际利率=\frac{名义利率}{1-名义利率}。\tag{3-4}$$

【例 3-3】 企业从银行借款 100 万元,期限 1 年,银行规定年利率 10%,采用贴现法支付利息,则银行向企业发放贷款时,预先从本金中扣除利息 10 万元,企业实际可利用的贷款为 90 万元。则该项贷款的实际利率为

$$贴现贷款实际利率=\frac{10}{90}\times100\%\approx11.11\%,$$

或

$$贴现贷款实际利率=\frac{10\%}{1-10\%}\times100\%\approx11.11\%。$$

因此,该企业的名义利率是 10%,实际利率为 11.11%。

对不同的银行借款利息支付方式,企业实际负担的利率水平有所不同,实际贷款时应进行选择。

(3)定期付息。现行大部分银行贷款要求企业按季定期支付利息到期偿还本金。在这种情况下,其实际利率也会高于名义利率。

实际利率和名义利率的换算关系为

$$1+i=\left(1+\frac{r}{m}\right)^m,\tag{3-5}$$

式中,i 为实际利率;r 为名义利率;m 为每年支付利息的次数。

【例 3-4】 A 公司向银行申请 5 年期贷款 1 000 万元,利率 8%,每季度支付利息一次。问其实际贷款利率是多少?

解

$$每季度名义利率=8\%/4=2\%,$$

$$支付次数=5\times4=20\ 次,$$

$$i=\left(1+\frac{8\%}{4}\right)^4-1\approx8.024\%。$$

即在按季支付利息的情况下实际利率为 8.24%,高于名义利率 8%。

(五)银行借款筹资的优缺点

1. 银行借款筹资的优点

(1)筹资速度快。发行各种证券筹集资金所需时间一般较长。而银行借款与发行债券、股票相比,一般所需时间很短,可以迅速地获取资金。

(2)筹资成本低。利息税前列支;银行借款所支付的利息比发行债券所支付的利息一般要低;另外,也无需支付大量的发行费用。

(3)借款弹性大。借款数额及借款时间弹性较大,企业可在需要资金时借入,在资金充裕时还款,便于企业灵活安排。

(4)易于企业保守商业秘密。向银行借款可以避免向社会公众提供经营、财务信息,有

利于保护企业的商业秘密。

2. 银行借款筹资的缺点

(1)财务风险大。与权益资金的筹集相比,企业举借长期借款,必须定期还本付息,在经营不利的情况下,就有可能出现无力按期偿付本金和利息,甚至导致破产。

(2)使用限制较多。企业与银行签订的借款合同中,一般都有一些限制条款,如借款资金的用途、保持必要的流动资金等很多约束性条款,这些条款可能会限制企业自主调配和运用资金的能力。

(3)筹资数额有限。与发行股票、债券相比,银行一般不愿借出巨额的长期借款。因此,利用银行借款筹资都有一定的上限。

二、商业信用

商业信用是指商品交易中因延期付款或延期交货所形成的借贷关系,其典型形式是赊销。商业信用又称商业信用融资,是一种形式多样、适用范围很广、筹资额较多的短期资金筹措方式。

(一)商业信用筹资的形式

利用商业信用融资,主要有以下几种形式。

1. 应付账款

赊购商品形成应付账款,应付账款是企业购买货物暂未付款而欠对方的款项,是一种最典型、最常见的商业信用形式。在这种情况下,买卖双方发生商品交易,买方收到商品后不立即支付现金,可延期到一定时间以后再付款。

买方通过商业信用筹资的金额大小与是否享有折扣有关,分三种情形。免费信用,即享有现金折扣,在现金折扣期内付款,但占用卖方货款的时间短,信用筹资数量相对较少;有代价的信用,即不享有现金折扣,在信用期内付款,其筹资数量大小取决于对方提供的信用期长短;展期信用,即超过信用期的逾期付款(也称拖欠),其筹资量最大,但它对企业信用的副作用也最大,成本最高,企业一般不宜以拖欠货款来筹资。

2. 预收货款

在这种形式下,卖方要先向买方收取货款,但要延期到一定时间以后交货,这等于卖方向买方先借一笔资金,是另外一种典型的商业信用形式。通常,购买单位对于紧俏商品乐意采用这种形式,以便顺利获得所需商品。另外,对于生产周期长、售价高的商品,如重型机器设备、轮船等,生产企业也经常向订货者分次预收货款,以缓解资金占用过多的矛盾。

3. 商业汇票

商业汇票是指单位之间根据购销合同进行延期付款的商品交易时,开出的反映债权、债务关系的票据。根据承兑人的不同,商业汇票可分为商业承兑汇票和银行承兑汇票。商业承兑汇票是指由收款人开出付款人承兑,或由付款人开出并承兑的汇票。银行承兑汇票是指由收款人或承兑申请人开出,由银行审查同意承兑的汇票。商业汇票是一种期票,是反映应付账款和应收账款的书面证明。对于买方来说,它是一种短期融资方式。

此外,企业往往在一些非商品交易中产生应付职工薪酬、应交税费、其他应付款、应付利息等,这些应付费用企业受益在先,支付在后,因而它们也属于"自发性筹资"的范围。由于这些项目的支付时间、支付金额较为稳定,因此,习惯上称之为"定额负债"或"视同自有资金"。

(二)商业信用的条件

所谓信用条件是指销货单位对付款时间和现金折扣所作的具体规定。主要有以下几种形式:延期付款,但不涉及现金折扣;延期付款,但早付款可享受现金折扣。

1. 延期付款,但不涉及现金折扣

不涉及现金折扣的延期付款是指企业购买商品时,卖方允许企业在交易发生后一定时期内按发票金额支付货款的情况,如"N30"是指在30天内按发票金额付款。这种条件下的信用期一般为30~60天,但有些季节性的生产企业可以为其顾客提供更长的信用期。在这种情况下,买卖双方存在商业信用,买方可因延期付款而取得资金来源。

2. 延期付款,但早付款可享受现金折扣

在这种条件下,买方若提前付款,卖方可给予一定的现金折扣,如买方不享受现金折扣,则必须在一定期限内付清账款。如(2/10,n/30)便属于这种信用条件。即购货后10天内付款可享受价款的2%折扣,超过10天,必须在30天内全额付款。应用现金折扣的目的主要是为了加速账款的收现。现金折扣一般为发票金额的1%~5%。

在这种条件下,双方存在信用交易。买方若在折扣期内付款,则可获得短期的资金来源,并能得到现金折扣;若放弃现金折扣,则可在较长时间内占用卖方的资金。

(三)现金折扣成本的计算

在采用商业信用形式销售产品时,为鼓励购买单位尽早付款,销货单位往往都规定一些信用条件,这主要包括现金折扣和付款期间两部分内容。如果销货单位提供现金折扣,购买单位应尽量争取获得此项折扣,因为丧失现金折扣的机会成本很高。计算公式为

$$放弃现金折扣的机会成本=\frac{折扣百分比}{1-折扣百分比}\times\frac{360}{信用期-折扣期} \tag{3-6}$$

一般情况下,企业财务管理者要将放弃现金折扣的机会成本与银行借款利率进行比较,如果机会成本大于银行借款利率,则应该向银行借款取得款项在免费信用期内支付货款,以取得大于银行借款利息的现金折扣收益。反之,则结论相反。

【例3-5】 A企业以(2/10,n/30)信用条件购进一批原料。这一信用条件意味着企业如在10天之内付款,可享受2%的现金折扣;若不享受现金折扣,货款应在30天内全额付清。计算放弃折扣的成本。如果银行短期借款利率为10%,判断公司应于何时付款划算?

解 $$放弃现金折扣的成本=\frac{2\%}{1-2\%}\times\frac{360}{30-10}\times100\%=36.73\%。$$

放弃现金折扣的成本为36.73%,只要企业筹资成本不超过36.73%,就应当在10天内付款。而现在放弃现金折扣的成本为36.73%,远远大于银行借款利率10%,因此,该公司应在收货后第10日付款。如果企业在收货后第30日内付款,则商业信用筹资代价高,这时企业若急需资金,可以向银行申请取得短期借款,因为使用银行资金成本较低。

(四)商业信用筹资的优缺点

1. 商业信用筹资的优点

(1)筹资便利。利用商业信用筹措资金非常方便。因为商业信用与商品买卖同时进行,属于一种自然性融资,不用做非常正规的安排。

(2)筹资成本低。大多数商业信用是免费的,筹资费用没有或很少。如果没有现金折扣或企业不放弃现金折扣,那么利用商业信用筹资就没有实际成本。

(3)限制条件少。如果企业利用银行借款筹资,银行对贷款的使用往往规定一些限制条件,而商业信用则限制较少。

2. 商业信用融资的缺点

(1)期限短。商业信用的期限一般较短,如果企业要想取得现金折扣,则时间会更短。

(2)商业信用筹资如果放弃现金折扣,则一般资金成本较高。

(3)商业信用的规模受到企业资金量的限制。

三、发行债券

(一)债券的基本要素

债券,是债务人依照法定程序发行,承诺按约定的利率和日期支付利息,并在特定日期偿还本金的有价证券。一般而言,债券包括以下基本要素:

(1)债券的面值。债券面值包括两个基本内容,即币种和票面金额,发行者可以根据资金市场情况和自身需要选择适合的币种。

(2)债券的期限。债券从发行之日起至到期日之间的时间称为债券的期限。债券到期时必须还本付息。

(3)债券的利率。债券上标明的利率一般是年利率或固定利率,近年来也有浮动利率。债券面值与票面利率的乘积为年利息额。此外,也有的债券票面利率为零,债券持有期间不计利息,到期只要按面值偿还即可。

(4)债券的价格。从理论上看,债券的面值就是其价格,但由于资金供求关系、市场利率等因素的变化,债券的价格往往偏离其面值。正因为债券发行价格往往偏离面值,所以会出现溢价发行、面值发行、折价发行等情况。

(二)债券的种类

1. 按债券是否记名分类

按债券是否记名分类,可将债券分为记名债券和无记名债券。

记名债券是指在债券上记载持券人的姓名或名称,需在发行公司的债权人名册上登记的债券。

无记名债券是指在债券票面上未注明债权人姓名或名称,也不用在债权人名册上登记债权人姓名或名称的债券。

2. 按债券能否转换为公司股票分类

按债券能否转换为公司股票分类,可将债券分为可转换债券和不可转换债券。

可转换债券是指在一定时期内可以按规定的价格或一定比例,由持有人自由选择转换为普通股的债券。

不可转换债券是指不可以转换为普通股的债券。

3. 按有无特定的财产担保分类

按有无特定的财产担保分类,可将债券分为信用债券和抵押债券。

信用债券是指仅凭债券发行者的信用发行的,没有抵押品作抵押或担保人作担保的债券。信誉良好的公司可以发行此债券。

抵押债券是指以一定抵押品作抵押而发行的债券。抵押债券按抵押物品的不同,可分为不动产抵押债券、设备抵押债券和证券信托债券。

4. 按偿还方式分类

按偿还方式分类，可将债券分为到期一次债券和分期债券。

到期一次债券是指债券于到期日一次集中清偿本息。

分期债券是指分期、分批偿还的债券。

（三）债券发行的条件

《证券法》规定，企业公开发行公司债券，应当符合下列条件：

(1)股份有限公司的净资产不低于人民币三千万元，有限责任公司的净资产不低于人民币六千万元。

(2)累计债券余额不超过公司净资产的40%。

(3)最近三年平均可分配利润足以支付公司债券一年的利息。

(4)筹集的资金投向符合国家产业政策。

(5)债券的利率不超过国务院限定的利率水平。

(6)国务院规定的其他条件。

公开发行公司债券筹集的资金，必须用于核准的用途，不得用于弥补亏损和非生产性支出。

上市公司发行可转换为股票的公司债券，除应当符合第一款规定的条件外，还应当符合本法关于公开发行股票的条件，并报国务院证券监督管理机构核准。

（四）债券筹资的程序

我国发行公司债券，必须符合《公司法》《证券法》规定的有关条件。

(1)发行债券的决议或决定是公司最高权力机构（如股东大会）作出的。

(2)凡欲发行债券的公司，先要向国务院证券管理部门提出申请，批准后方可发行。

(3)发行公司债券的申请被批准后，应由发行公司制定公司债券募集办法并向社会公告。

(4)公司发出公司债券募集公告后，开始在公告所定的期限内发行债券募集借款。

(5)债券借债的基本偿还方式有到期一次以现金方式偿还、中途偿还、分批偿还、以新债券换旧债券、转换成普通股等。

（五）债券的发行价格

债券的发行价格是债券发行时使用的价格，亦即投资者购买债券时所支付的价格。公司债券的发行价格通常有面值、溢价和折价3种。

平价指以债券的票面金额为发行价格；溢价指以高出债券票面金额的价格为发行价格；折价指以低于债券票面金额的价格为发行价格。

债券发行价格的形成受诸多因素的影响，其中主要是票面利率与市场利率的一致程度。债券的票面金额、票面利率在债券发行前已参照市场利率和发行公司的具体情况确定下来，并载明于债券之上。但在发行债券时已确定的票面利率不一定与当时的市场利率一致。为了协调债券购销双方在债券利息上的利益，就要调整发行价格，即当票面利率高于市场利率时，以溢价发行债券；当票面利率低于市场利率时，以折价发行债券；当票面利率与市场利率一致时，则以平价发行债券。

债券发行价格的计算公式为

债券发行价格＝各期利息现值＋面值现值＝利息×年金现值系数＋本金×复利现值系数

$$= \sum_{t=1}^{n} \frac{票面金额 \times 票面利率}{(1+市场利率)^t} + \frac{票面金额}{(1+市场利率)^n} \tag{3-7}$$

或

$$P = \sum_{t=1}^{n} \frac{M \cdot i}{(1+K)^t} + \frac{M}{(1+K)^2} \tag{3-8}$$

$$P = I \times (P/A, K, n) + M \times (P/F, K, n) \tag{3-9}$$

式中，P 为债券价值；I 为每年支付的利息；K 为市场利率；M 为债券面值；i 为票面利率；n 为债券期限（偿还年数）。

【例 3-6】 A 公司准备发行 3 年期公司债券，已知每张债券的面值为 1 000 元，票面利率为 8%，发行时市场利率为 8%。该债券每年末付息一次，到期还本。计算此债券的发行价格。

解 债券的发行价格 $=1\ 000 \times 8\% \times (P/A, K, n) + 1\ 000 \times (P/F, K, n)$

$=80 \times (P/A, 8\%, 3) + 1\ 000 \times (P/F, 8\%, 3)$

$=80 \times 2.577 + 1\ 000 \times 0.794 \approx 206 + 794 = 1\ 000$ 元。

可见，当债券票面利率等于市场利率时，债券发行价格为面值，债券应按面值发行。

【例 3-7】 续上例，如市场利率为 6%，则该债券的发行价格为多少？

解 该债券的发行价格 $=1\ 000 \times 8\% \times (P/A, K, n) + 1\ 000 \times (P/F, K, n)$

$=80 \times (P/A, 6\%, 3) + 1\ 000 \times (P/F, 6\%, 3)$

$=80 \times 2.673 + 1\ 000 \times 0.840 \approx 214 + 840 = 1\ 054$ 元。

可见，当债券票面利率大于市场利率时，债券发行价格大于面值，债券应按溢价发行。

【例 3-8】 续上例，如市场利率为 10%，则该债券的发行价格为多少？

解 该债券的发行价格 $=1\ 000 \times 8\% \times (P/A, K, n) + 1\ 000 \times (P/F, K, n)$

$=80 \times (P/A, 10\%, 3) + 1\ 000 \times (P/F, 10\%, 3)$

$=80 \times 2.487 + 1\ 000 \times 0.751 \approx 199 + 751 = 950$ 元。

可见，当债券票面利率小于市场利率时，债券发行价格小于面值，债券应按折价发行。

（六）债券筹资的优缺点

1. 债券筹资的优点

（1）资金成本较低。利用债券筹资的成本要比股票筹资的成本低。这主要是因为等量的筹资一般支付给债权人的利息较支付给股东的股利低，且债券利息在税前支付。

（2）保证控制权。债券持有人无权干涉企业的管理事务，如果现有股东担心控制权旁落，则可采用债券筹资。

（3）发挥财务杠杆作用。债券持有人只收取固定的利息，在企业投资效益良好的情况下，更多的收益可用于分配给股东，增加其财富，或留归企业以扩大经营。

2. 债券筹资的缺点

（1）筹资风险高。企业发行债券筹资，债券有固定的到期日，并定期支付利息。利用债券筹资，要承担还本付息的义务。在企业经营不景气时，向债券持有人还本付息，会给企业带来更大的困难，甚至导致企业破产。

（2）限制条件多。企业发行债券的契约中通常有较多的限制条款，制约企业资金的使用。

(3)筹资额有限。利用债券筹资是有限的，当公司的负债比例超过一定限度后，债券筹资的资金成本会迅速上升，甚至可能发行不出去。

四、融资租赁

租赁是将其所拥有的资产，通过收取租金让渡给承租人在一定期限内使用的一种经济行为。它是负债筹资方式的一种。

(一)租赁分类

租赁的分类很多，按租赁的性质可分为经营性租赁和融资性租赁两大类。

1. 经营性租赁

经营性租赁，又称服务性租赁，它是由承租人向出租人交付租金，由出租人向承租人提供资产使用及相关的服务，并在租赁期满时由承租人把资产归还给出租人的租赁。经营性租赁通常为短期租赁，其特点是：

(1)资产所有权属于出租人，承租人仅为获取资产使用权，不是为了融资。

(2)经营租赁是一个可解约的租赁，承租企业在租期内可按规定提出解除租赁合同。

(3)租赁期短，一般只是租赁物使用寿命期的小部分。

(4)出租企业向承租企业提供资产维修、保养及人员培训等服务。

(5)租赁期满或合同中止时，租赁资产一般归还给出租企业。

2. 融资性租赁

融资性租赁，又称财务租赁、资本租赁。它是承租人为融通资金而向出租人租用由出租人出资按承租人要求购买的租赁物的租赁。它是以融物为形式，融资为实质的经济行为，是出租人为承租人提供信贷的信用业务。融资性租赁通常为长期租赁，其特点是：

(1)资产所有权形式上属于出租方，但承租方能实质性地控制该项资产，并有权在承租期内取得该项资产的所有权。承租方应把融资租入资产作自有资产对待，如要在资产账户上作记录，要计提折旧等。

(2)融资租赁是一种不可解约的租赁，租赁合同比较稳定，在租赁期内，承租人必须连续交纳租金，非经双方同意，中途不得退租。这样既能保证承租人长期使用该项资产，又能保证出租人收回投资并有所得益。

(3)租赁期长，租赁期一般是租赁资产使用寿命期的绝大部分。

(4)出租方一般不提供维修、保养方面的服务。

(5)租赁期满，承租人可选择留购、续租或退还，通常由承租人留购。

(二)融资租赁的形式

1. 直接租赁

直接租赁是指承租人直接向出租人租入所需要的资产，并支出租金。直接租赁的出租人主要是制造厂商、租赁公司。

直接租赁是融资租赁中最为普遍的一种，是融资租赁的典型形式。

2. 售后回租

售后回租是指企业先把其拥有主权的资产出售给对方，然后再由对方将该项资产租给企业使用的租赁。这种租赁方式既使承租人通过出售资产获得一笔资金，以改善其财务状况，满足企业对资金的需要，又使承租人通过回租而保留了企业对该项资产的使用权。

这种租赁业务的程序是先做资产买卖交易，再做资产租赁交易。

3. 杠杆租赁

杠杆租赁是由承租人提出要求后，出租人只提供部分购买资产的资金，又以该设备作为担保向第三者借入其余资金，然后将设备出租给承租人的方式。因此，杠杆租赁涉及出租人，承租人和资金出借人三方。从承租人的角度来看，它与其他融资租赁形式并无多大区别。从出租人的角度来看，它只支付购买资产的部分资金(20%～40%)，其余部分(60%～80%)是向资金出借人借来的。在杠杆租赁方式下，出租人具有三重身份，即资产所有权人、出租人、债务人。出租人既向承租人收取租金，又向借款人偿还本息，其间的差额就是出租人的杠杆收益。从资金出借人的角度来看，它向出租人借出资金是由出租人以租赁物为抵押的，它的债权对出租人没有追索权，但对租赁物有第一留置权。即当承租人不履行支付租金义务时，资金出借人不能向出租人追索债务，但可向法院申请执行其担保物权。该项租赁物被清偿的所得，首先用以清偿资金出借人的债务，如有剩余再给出租人。

(三)租金的构成与支付方式

融资租赁租金是承租企业支付给租赁公司让渡租赁设备的使用权或价值的代价。租金的数额大小、支付方式对承租企业的财务状况有直接的影响，也是租赁决策的重要依据。

1. 租金的构成

融资租赁租金包括设备价款和租息两部分，租息又可分为租赁公司的融资成本、租赁手续费等。

(1)租赁资产的设备价款。包括设备的买价、运杂费及途中保险费等。

(2)融资成本。是指租赁公司为购买租赁设备所筹资金的成本，即设备租赁期间的利息。

(3)租赁手续费。包括租赁公司承办租赁业务的营业费用及应得到的利润。租赁手续费的高低由租赁公司与承租企业协商确定，一般以租赁资产价款的一定百分比收取。

2. 租金的支付方式

(1)按支付时期长短，可分为年付、半年付、季付和月付。

(2)按每期支付租金的时间，可分为先付租金和后付租金。先付租金指在期初支付；后付租金指在期末支付。

(3)按每期支付金额，可分为等额支付和不等额支付。

3. 租金的计算方法

融资租赁租金计算方法较多，常用的有平均分摊法和等额年金法。

(1)平均分摊法。平均分摊法是指先以商定的利息率和手续费率计算出租赁期间的利息和手续费，然后连同租赁设备购置成本应该摊销的总额按租金支付次数平均计算出每次应付租金的数额的方法。

平均分摊法下，每次应付租金数额的计算公式为

$$R=\frac{(C-S)+I+F}{N}, \tag{3-10}$$

式中，R 为每次应付租金数额；C 为租赁设备的购置成本；S 为期满时由租入方留购，支付给出租方的转让价；I 为租赁期间利息；F 为租赁期间手续费；N 为租赁期间租金支付次数。

【例 3-9】 某企业向租赁公司租入一套设备，设备原价 100 万元，租期 5 年，预计租赁期

满租入企业支付的转让价为 5 万元。年利率为 10%，手续费为设备原价的 2%，租金每年末支付一次。计算该企业每年应付租金的数额。

解 $R=\dfrac{(100-5)+[100\times(1+10\%)^5-100]+100\times2\%}{5}\approx31.61$ 万元。

(2)等额年金法。等额年金法是运用年金现值的计算原理计算每次应付租金的方法。在这种方法下，要将利息率和手续费率综合在一起确定一个租费率，作为贴现率。这种方法与平均分摊法比，计算较复杂，但因为考虑了资金的时间价值，结论更具客观性。

等额年金法下，每次应付租金数额的计算公式为

$$R=\frac{C-S\times(P/F,i,n)}{(P/A,i,n)},\tag{3-11}$$

式中，R 为每次期末应付租金数额；C 为租赁设备的购置成本；i 为租费率；n 为租赁期间支付租金次数。

这一公式假定每期租金是期末支付的，即租金是普通年金。假如每期租金是期初支付的，即租金是即付年金，那么计算公式应为

$$R=\frac{C-S\times(P/F,i,n)}{(P/A,i,n-1)+1},\tag{3-12}$$

式中，分子、分母的 i 是相同的都是租费率，它是综合了资金利息率和租赁手续费率后由租赁双方认可的，它比纯粹的借款利率要大些。当租赁手续费是租赁开始一次付清的，也即各期租金不含手续费时，租费率与租金利息率相同。

【例 3-10】 仍用例 3-9 的资料。

要求：分别对以下 3 种情况用等额年金法计算该企业每年应付租金额。

①租费率为 12%，租金在每年年末支付。

②租费率为 12%，租金在每年年初支付。

③租金在每年年末支付，但租赁手续费在租入设备时一次付清。

解 设 3 种情况的每年应付租金额分别为 R_1,R_2,R_3，则

$$R_1=\frac{100-5\times(P/F,12\%,5)}{(P/A,12\%,5)}=\frac{100-5\times0.5674}{3.6048}\approx26.95\text{ 万元},$$

$$R_2=\frac{100-5\times(P/F,12\%,5)}{(P/A,12\%,4)+1}=\frac{100-5\times0.5674}{3.0373+1}\approx24.07\text{ 万元},$$

$$R_3=\frac{100-5\times(P/F,10\%,5)}{(P/A,10\%,5)}=\frac{100-5\times0.6209}{3.7908}\approx25.56\text{ 万元}。$$

(四)融资租赁的程序

(1)作出租赁决策。当企业需要长期使用某项设备而又没有购买该项设备所需的资金时，一般有两种选择：一种是筹措资金购买该项设备；另一种是融资租入该项设备。孰优孰劣？可以通过现金流量的分析计算作出合适的抉择。

(2)选择租赁公司。当企业决定采用融资租赁方式取得某项设备时，即应开始选择租赁公司。从融资条件、租赁费率等有关资料比较，择优选定。

(3)办理租赁委托。当企业选定租赁公司后，便可向其提出申请，办理委托。这种委托包括填写"租赁申请书"以及提供财务状况的文件资料。

(4)签订购货协议。租赁公司受理租赁委托后,即由租赁公司与承租企业的一方或双方选择设备的制造商或销售商,与其进行技术与商务谈判,签订购货协议。

(5)签订租赁合同。租赁合同由承租企业与租赁公司签订。租赁合同用以明确双方的权利与义务,它是租赁业务的最重要的文件,具有法律效力。融资租赁合同的内容包括一般条款和特殊条款两部分。

(6)办理验货及投保。承租企业收到租赁设备,要进行验收。验收合格后签发租赁设备收据及验收合格证并提交租赁公司,租赁公司据以向制造商或销售商付款。同时,承租企业向保险公司办理投保事宜。

(7)交付租金。承租企业在租赁期内按合同规定的租金数额、交付日期、交付方式,向租赁公司交付租金。

(8)租赁期满的设备处理。融资租赁合同期满,承租企业可按合同规定对租赁设备留购、续租或退还。一般来说,租赁公司会把租赁设备在期满时以低价甚至无偿转给承租企业。

(五)融资租赁筹资的优缺点

1. 融资租赁筹资的优点

(1)筹资速度快。融资租赁往往比借款购置设备更迅速、更灵活,因为租赁把筹资与设备购置同时进行,减少了承租企业直接购买设备的中间环节和费用,可以缩短设备的购进、安装时间,使企业尽快形成生产能力,有利于企业尽快占领市场,打开销路。

(2)限制条件少。债券和长期借款都定有相当多的限制条款,但租赁公司相对限制性条款少。

(3)设备淘汰风险小。新科技、新技术的迅猛发展,企业设备陈旧过时的风险很大,而融资租赁一般由出租人承担设备陈旧过时的风险。在租赁期内租赁公司一般不得收回出租设备,使用有保障。

(4)财务风险小。租金在整个租期内分摊,不用到期归还大量本金,许多借款都在到期日一次偿还本金,这会给资金实力比较弱的公司造成相当大的困难,而租赁则把这种风险在整个租期内分摊,可适当减少偿付的风险。

(5)税收负担轻。租金可以税前扣除,具有抵免所得税的作用。

融资租赁的实质是融资,当企业资金不足,举债购买设备困难时,更显示其“借鸡生蛋,以蛋还鸡”办法的优势。

2. 融资租赁筹资的缺点

(1)资金成本高。融资租赁的租金比举债利息高,因此总的财务负担重。

(2)在企业财务困难时,固定的租金也是企业一项较沉重的负担,不利于企业资金调度。

任务三 筹集权益资金

权益性资金称为自有资金。企业权益资金的筹集方式一般有吸收直接投资、发行股票和留存收益等。

一、吸收直接投资

吸收直接投资是指企业按“共同投资、共同经营、共担风险、共享利润”的原则直接吸收国家、法人、个人投入资金的一种筹资方式。

(一)吸收直接投资的种类

1. 按投资主体不同分类

(1)吸收国家投资。吸收国家投资是指企业吸收有权代表国家的政府部门或机构投入企业的国有资金。这种情况下形成的资本叫国有资本。吸收国家投资是国有企业筹集自有资金的主要方式。

(2)吸收法人投资。吸收法人投资是指企业从法人单位(其他企业、公司)吸收其依法可以支配的资产。这种情况下形成的资本叫法人资本。吸收法人投资一般以参与企业利润分配为目的,具有出资方式灵活多样的特点。

(3)吸收个人投资。吸收个人投资是指企业吸收社会个人或本企业内部职工投入的其个人合法财产。这种情况下形成的资本称为个人资本。吸收个人投资一般以参与企业利润分配为目的,具有参加投资的人员较多、每人投资的数额相对较少的特点。

2. 按接受筹资的形式分类

企业在采用吸收直接投资方式筹集资金时,投资者可以以货币资金或实物、知识产权、土地使用权等可以用货币估价并可以依法转让的非货币财产出资;但是,法律、行政法规规定不得作为出资的财产除外。

(1)现金投资。现金投资是企业吸收直接投资最为主要的形式之一。货币资金较其他资产形式具有较大的灵活性,因此,企业应尽量动员投资者采用货币资金方式出资。我国《公司法》规定:全体股东的货币出资金额不得低于公司注册资本的30%。

(2)非现金投资。它分为两类:一是吸收实物资产投资,即投资者以厂房、建筑物、设备等固定资产和原材料、商品等流动资产所进行的投资。一般来说,企业吸收的实物应是企业生产经营所需,技术先进并且价格合理,其作价方法按国家的有关规定,或按双方协议的价格或中介机构的评估价格进行作价。二是吸收无形资产等的投资,即投资者以专用技术、专利权、商标权、土地使用权等无形资产,股权和特定债权所进行的投资。一般来说企业吸收的无形资产应该是先进的技术、管理经验等。吸收无形资产投资时要注意:一是合理作价,双方应本着客观公正的原则协议确定,或按评估机构的评估作价;二是要执行无形资产的出资限额规定。

(二)吸收直接投资的程序

(1)确定筹资数量。企业在吸收直接投资之前,必须确定所需资金的数量。

(2)寻找投资单位。企业在吸收投资之前,要做好必要的宣传,以便其他企业、单位了解本企业的经营情况和财务状况,有目的地进行投资。这有利于企业在比较多的投资中寻找最合适的合作伙伴。

(3)协调投资事项。与投资双方进行具体协商,合理确定投资的资金数量和出资方式。

(4)签订投资协议。经双方协商,如没有异议,便可签订投资协议或合同,以明确双方的权利和责任。

(5)共享投资利润。按规定,出资者(也就是投资者、股东)有权对企业进行经营。但如果投资者的投资数额占资金总额的比例较低，一般不参与经营管理。但投资者最关心的是投资收益率。因此，企业在吸收投资之后，应按协议或合同中的有关规定，从实现利润中向投资者分配利润，并与投资者保持良好的合作关系。

（三）吸收直接投资的优缺点

1. 吸收直接投资的优点

（1）有利于增强企业信誉。吸收直接投资可以增强企业信誉和借款能力，对扩大企业经营规模具有重要作用。

（2）有利于尽快形成生产能力。吸收投资者投入的先进设备和先进技术，可以很快地利用，帮助企业尽快开拓市场。

（3）有利于降低财务风险。向投资者支付报酬的多少要根据企业的经营状况决定，经营状况好，可以向投资者多付一些报酬，经营状况不好，可以向投资者少付报酬或不支付报酬，比较灵活，所以财务风险较小。

2. 吸收直接投资的缺点

（1）资金成本较高。因为向投资者支付的报酬是根据投资者的出资数额和企业实现利润的多少来计算的，企业经营状况较好和盈利较多时，支付的报酬就多，所以资金成本较高。

（2）容易分散企业控制权。采用吸收投资方式筹集资金，投资者一般都要求有相适应的经营管理权。吸收新的外部投资者会削弱原股东对企业的控制，甚至使其失去控制权，这是吸收投资的不利因素。

二、发行股票

发行股票是股份有限公司筹集权益资金的基本方式。股票是股份有限公司为筹集自有资金而发行的有价证券，是投资人（股东）获取公司所有权以及分取股利的凭证。

（一）股票的分类

1. 按股东权利和义务的不同分类

按股东权利和义务的不同分类，可将股票分为普通股票和优先股票。

普通股票简称普通股，是股份公司依法发行的具有平等的权利、义务、股利不固定的股票。普通股具备股票的最一般特征，是股份公司资本的最基本部分。

优先股票简称优先股，是股份公司发行的，相对于普通股具有一定优先权的股票。这种优先权主要体现在股利分配和剩余财产分配的权利上。

2. 按股票票面是否记名分类

按股票票面是否记名分类，可将股票分为记名股票和无记名股票。

记名股票是指在股票上载有股东姓名或名称并将其记入公司股东名册的股票。记名股票的转让、继承要办理过户手续。

无记名股票是指在股票上不记载股东姓名或名称，也不将股票姓名或名称记入公司股东名册的股票。凡持有无记名股票，都可以成为公司股东。无记名股票的转让、继承无须办理过户手续，只要将股票交给受让人，就可发生转让效力，移交股权。

我国《公司法》规定，公司向发行人、国家授权投资的机构和法人发行的股票，应当为记名股票；向社会公众发行的股票，可以为记名股票，也可以为无记名股票。

3. 按发行对象和上市地区不同分类

按发行对象和上市地区不同分类，可将股票分为A股、B股、H股和N股等。

A股是国内投资者购买，在上海和深圳上市，以人民币标明票面金额，以人民币认购和交易的股票。

B股是国内外投资者购买，在上海和深圳上市，以人民币标明票面金额，以外币认购和交易的股票。

H股是国外投资者（含我国港、澳、台投资者）购买，在香港上市，以人民币标明票面金额，以外币认购和交易的股票。

N股是国外投资者（含我国港、澳、台投资者）购买，在纽约上市，以人民币标明票面金额，以外币认购和交易的股票。

（二）普通股股东的权利

普通股股票的持有人称为普通股股东，普通股股东一般具有以下权利：

(1)公司管理权。普通股股东的管理权主要体现为在董事会选举中有选举权和被选举权，通过选出的董事会代表所有股东对企业进行控制和管理。具体来说，普通股股东的管理权主要包括投票权、查账权、阻止越权经营的权利。

(2)分享盈余权。即普通股股东经董事会决定后有从净利润中分得股息和红利的权利。盈余的分配方案由股东大会决定，每一会计年度，由董事会根据企业的盈利数额和企业的财务状况决定分发股利的数额，并经股东大会批准通过。

(3)出让股份权。即股东有权出售或转让股票。

(4)优先认股权。即普通股股东拥有优先于其他投资者购买公司增发新股票的权利。优先认购新股票，可以保持股东在公司股份中原来所占的持股比例，从而保证他们对公司的原有控制权。

(5)剩余财产要求权。即当公司解散、清算时，普通股股东对剩余财产有要求权。但是，公司破产清算时，财产的变价收入，首先要用来清偿债务，然后支付优先股股东，最后才能分配给普通股股东。

（三）股票发行

股份有限公司在设立时要发行股票。公司设立后，为扩大经营、改善资本结构，也会增资发行新股。我国股份公司发行股票必须符合《证券法》和《上市公司证券发行管理办法》的规定。

(1)公司公开发行新股，应当符合下列条件：具备健全且运行良好的组织机构；具有持续盈利能力，财务状况良好；最近3年财务会计文件无虚假记载，无其他重大违法行为；经国务院批准的国务院证券监督管理机构规定的其他条件。

(2)上市公司非公开发行新股，应当符合经国务院批准的国务院证券监督管理机构规定的条件，并报国务院证券监督管理机构核准。

(3)股份的发行，实行公开、公平、公正的原则，坚持同股同权、同股同利。

(4)股票的发行方式有公募发行和私募发行，公募发行有自销方式和承销方式，承销方式具体分为包销和代销。

(5)每股金额相等。股票发行价格可以按票面金额，也可以超过票面金额，但不低于票面金额，即可以面值发行、溢价发行股票。

（四）股票上市

股票上市，是指股份有限公司公开发行的股票经批准在证券交易所挂牌交易。

1. 股票上市的条件

(1)股票经国务院证券监督管理机构核准已公开发行。

(2)公司股本总额不少于人民币3 000万元。

(3)公开发行的股份达到公司股份总数的25%以上；公司股本总额超过人民币4亿元的，公开发行股份的比例为10%以上。

(4)公司最近3年无重大违法行为，财务会计报告无虚假记载。

证券交易所可以规定高于前款规定的上市条件，并报国务院证券监督管理机构批准。

2. 股票上市的有利影响

(1)有助于改善财务状况。

(2)利用股票收购其他公司。

(3)利用股票市场客观评价企业。

(4)利用股票可激励职员。

(5)提高公司知名度，吸引更多顾客。

3. 股票上市的不利影响

(1)使公司失去隐私权。

(2)限制经理人员操作的自由度。

(3)公开上市需要很高的费用。

（五）普通股筹资的优缺点

1. 普通股筹资的优点

(1)没有固定利息负担。公司有盈余，并认为适合分配股利时，就可以分配股利；公司盈余较少，或虽有盈余但资金短缺或有更有利的投资机会时，就可少支付或不支付股利。

(2)没有固定到期日，不用偿还。利用普通股筹集的是永久性资金，只有公司清算才需偿还。它对保证企业最低的资金需求有重要意义。

(3)筹资风险小。由于普通股没有固定到期日，不用支付固定的股利，此种筹资实际上不存在不能偿付的风险，因此，风险最小。

(4)能增加公司的信誉。普通股本与留存收益构成公司偿还债务的基本保障，因而，普通股筹资既可以提高公司的信用价值，同时也为使用更多的债务资金提供了强有力的支持。

(5)筹资限制较少。利用优先股或债券筹资，通常有许多限制，这些限制往往会影响公司经营的灵活性，而利用普通股筹资则没有这种限制。

2. 普通股筹资的缺点

(1)资金成本较高。一般来说，普通股筹资的成本要大于债务资金。这主要是因为股利要从净利润中支付，而债务资金的利息可在税前扣除。另外，普通股的发行费用也比较高。

(2)容易分散控制权。利用普通股筹资，出售了新的股票，引进了新的股东，容易导致公司控制权的分散。

三、留存收益

(一)留存收益的来源渠道

1. 盈余公积

盈余公积是指公司按照规定从净利润中提取的各种积累资金。一般分为法定盈余公积和任意盈余公积。它是按《公司法》规定从净利润中提取的内部积累资金。

2. 未分配利润

未分配利润是企业未作分配的利润。它在以后年度可继续进行分配,在未进行分配之前,属于所有者权益的组成部分。从数量上来看,未分配利润是期初未分配利润加上本期实现的净利润,减去提取的各种盈余公积和分出的利润后的余额。

未分配利润有两层含义:一是留待以后年度处理的利润;二是未指明特定用途的利润。相对于所有者权益的其他部分来说,企业对于未分配利润的使用有较大的自主权。

(二)留存收益筹资的优缺点

1. 留存收益筹资的优点

(1)资金成本较普通股低。用留存收益筹资,不用考虑筹资费用,资金成本相对普通股低。

(2)保持普通股股东的控制权。用留存收益筹资,不用对外发行股票,由此增加的权益资本不会改变企业的股权结构,不会弱化原有股东的控股权。

(3)增加公司的信誉。留存收益筹资能使企业保持较大的可支配的现金流,可解决企业经营发展的资金需要,又提高企业借债能力。

2. 留存收益筹资的缺点

(1)筹资数额有限制。留存收益筹资最大的数额是企业当期的税后利润加上年未分配利润之和。如果企业亏损,则不存在这一渠道的资金来源。对投资者来说,期望投资得到报酬,因此,要保持一定的股利支付率。留存收益过多,股利支付过少,可能会影响到企业今年的外资再筹资。

(2)资金使用受限制。对于盈余公积的用途有规定,对法定盈余公积只能用于弥补亏损和转增资本。

项目小结

企业筹资就是根据企业的生产经营、对外投资或资本结构调整的需要,利用一定的筹资方式,选择适当的筹资渠道,获取所需资金的一种财务活动。企业筹集资金是资金运动的起点,它会影响乃至决定企业资金运动的规模及效果。其中,筹资渠道,是指筹措资金来源的方向与通道,体现资金的来源与流量。筹资方式,是指企业筹集资金所采用的具体形式。目前我国企业的筹资方式主要有吸收直接投资、发行股票、利用留存收益、向银行借款、利用商业信用、发行公司债券和融资租赁。其中可以分为短期资金筹集和长期资金筹集;也可分为负债性资金筹集和权益性资金筹集。各类不同的资金筹集方式有不同的优缺点,企业应根据实际情况选择恰当的筹资方式,以降低筹资风险,提高筹资效益。

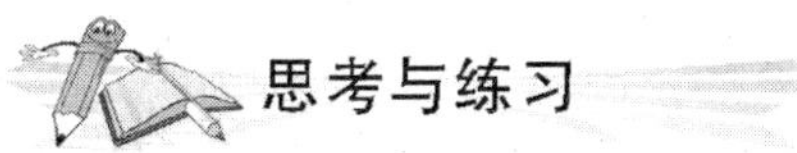

思考与练习

一、案例分析

中宏公司向友利公司购买原材料，友利公司开出的付款条件为“2/10，n/30”。中宏公司的财务经理王洋查阅公司记录发现，会计人员对此项交易的处理方式是：一般在收到货物后15天支付款项。当王洋询问公司会计为什么不争取现金折扣时，负责该项交易的会计不假思索地回答道，这一交易的资金成本仅为2%，而银行贷款成本却为12%。

请思考以下问题：

(1)何谓现金折扣，他与企业的销售折让、销售退回有何关系？

(2)会计人员错在哪里？他在观念上混淆了什么？丧失现金折扣的实际成本有多大？

(3)如果中宏公司无法获得银行贷款，而被迫使用商业信用资金(使用推迟付款商业信用筹资方式)，为降低年利息成本，你应向财务经理王洋提出何种建议？

(4)现金折扣的表达式如何理解？

二、思考题

1. 主要的筹资渠道与筹资方式有哪些？筹资渠道与筹资方式有何关系？
2. 筹资的原则是什么？筹资必须考虑的因素有哪些？
3. 简述银行借款筹资的优缺点。
4. 简述债券票面利率与市场利率的关系及其对债券发行价格的影响。
5. 简述不同筹资组合对企业风险与收益的比较。

三、单项选择题

1. 企业的筹资渠道有(　　)。

A. 国家资金　　B. 发行股票　　C. 发行债券　　D. 银行借款

2. 企业的筹资方式有(　　)。

A. 民间资本　　B. 外商资本　　C. 国家资本　　D. 融资租赁

3. 我国目前各类企业最为重要的资金来源渠道是(　　)。

A. 国家财政资金　　B. 银行信贷资金　　C. 居民个人资金　　D. 企业自留资金

4. 银行借款筹资与发行债券筹资相比，其特点是(　　)。

A. 利息能抵税　　B. 筹资灵活性大　　C. 筹资费用大　　D. 债务利息高

5. 某公司拟发行5年期债券进行筹资，债券票面金额为100元，票面利率为12%，而当时市场利率为10%，那么，该公司债券发行价格应为(　　)元。

A. 93.22　　B. 100　　C. 105.35　　D. 107.58

6. 某企业需借入资金300万元，由于银行要求将贷款数额的20%作为补偿性余额，故企业需向银行申请的贷款数额为(　　)万元。

A. 600　　B. 375　　C. 750　　D. 672

7. 某企业按年利率10%向银行借款20万元，银行要求保留20%的补偿性余额。那么，企业该项借款的实际利率为（　　）。

A. 10%　　B. 12.5%　　C. 20%　　D. 15%

8. 某周转信贷协议额度300万元，承诺费率为0.5%，借款企业年度内使用了250万元，尚未使用的余额为50万元，则企业应向银行支付的承诺费用为（　　）。

A. 3 000元　　B. 3 500元　　C. 2 500元　　D. 15 000元

9. 下列哪项不属于负债资金的筹措方式（　　）。

A. 利用留存收益　　B. 向银行借款　　C. 利用商业信用　　D. 融资租赁

10. 银行要求企业借款时在银行中保留一定数额的存款余额，这种信用条件被称为（　　）。

A. 补偿性余额　　B. 信用额度　　C. 周转信用协议　　D. 借款额度

11. 商业信用是指商品交易中以延期付款或预收货款方式进行购销活动而形成的（　　）。

A. 买卖关系　　B. 信用关系　　C. 票据关系　　D. 借贷关系

12. 出租人既出租某项资产，又以该项资产为担保借入资金的租赁方式是（　　）。

A. 经营租赁　　B. 售后回租　　C. 杠杆租赁　　D. 直接租赁

四、多项选择题

1. 企业筹资的渠道包括（　　）。

A. 国家资金　　B. 银行资金　　C. 民间资金　　D. 外商资金

2. 吸收直接投资中的出资方式，主要有（　　）。

A. 以货币资金出资　　B. 以实物出资　　C. 以工业产权出资　　D. 以土地使用权出资

3. 企业的短期资本一般是通过（　　）等方式来融通的。

A. 短期借款　　B. 商业信用　　C. 发生融资券　　D. 发行债券

4. 企业内部筹资的资金来源是（　　）。

A. 发行股票　　B. 发行债券　　C. 计提折旧　　D. 留用利润

5. 银行借款的特点包括（　　）。

A. 限制性条款多，因此融资速度较慢

B. 借款灵活性大

C. 借款成本低

D. 借款成本高

6. 商业信用筹资的优点包括（　　）。

A. 筹资简单方便　　B. 放弃现金折扣要付出较高机会成本

C. 筹资限制少　　D. 没有实际成本发生

7. 影响债券发行价格的因素包括（　　）。

A. 债券面额　　B. 票面利率　　C. 市场利率　　D. 债券期限

8. 属于普通股筹资特点的有（　　）。

A. 没有固定的利息负担　　B. 筹资数量有限

C. 资金成本较高　　D. 能增强公司信誉

9. 能够被视为“自然融资”的项目有（　　）。

A. 短期借款　　B. 应付账款　　C. 应付水电费　　D. 应付债券

10. 补偿性余额的约束使借款企业所受的影响有（　　）。

A. 减少了可用资金 B. 增加了筹资费用 C. 减少了应付利息 D. 增加了应付利息

五、判断题

1. 企业资金的来源只有两种：投资人提供的权益资金、债权人提供的负债资金。（ ）
2. 同一筹资方式往往适用于不同的筹资渠道。（ ）
3. 企业对股权资本依法享有经营权、在企业存续期内，投资者除依法转让外，还可以随时抽回其投入的资本。（ ）
4. 债权资本和股权资本的权益性质不同，因此两种资本不可以相互转换。（ ）
5. 凡具有一定规模，经济效益良好的企业均可发行债券。（ ）
6. 所有者权益是企业可以使用的资本，因此所有者权益就是资本金。（ ）
7. 补偿性余额的约束，有助于降低银行贷款风险，企业借款的实际利率与名义利率相同。（ ）
8. 根据我国公司法规定，发行普通股股票可以按票面金额等价发行，也可以偏离票面金额按溢、折价发行。（ ）
9. 票据贴现是一种担保贷款，因此企业把应收票据贴现后是没有任何风险的。（ ）
10. 债券利息和优先股股利都作为财务费用在所得税前支付。（ ）

六、实训

实训一

意达企业发行5年期企业债券，面值为10 000元，票面利率为10%，每年年末付息一次。分别计算市场利率为8%、10%、12%时债券的发行价格。

实训二

意达企业为扩大经营规模融资租入一台机床，该机床的市价为200万元，租期10年，期满转让价为10万元，年利率为10%，手续费为设备原价的5%。

要求：

(1)如果采用等额年金法，每年年末支付，则每期租金为多少？

(2)如果采用等额年金法，每年年初支付，则每期租金为多少？

实训三

意达企业按(3/20，2/30，n/60)的条件购买一批商品，价格100万元。

要求：

(1)计算如果该企业在20天内付款，可获得的免费信用额。

(2)计算如果该企业在30天内付款，则该企业承担的放弃折扣成本。

(3)计算如果该企业至60天付款，则该企业承担的放弃折扣成本。

实训四

意达公司于2011年9月1日按面值发行公司债券，每张面值1 000元，票面利率为10%，发行期限为3年期，每年9月1日付息，到期一次还本。

要求：某投资者能接受的投资报酬率为8%，2011年9月1日该债券按1 040元发行，该投资者是否会购买？

实训五

意达企业按(2/20,n/50)条件购入一批货物,即企业如果在 20 日内付款,可享受 2%得现金折扣,倘若企业放弃现金折扣,货款应在 50 天内付清。

要求:

(1)计算企业放弃该项现金折扣的机会成本。

(2)若另一家供应商提出(3/30,n/60)的信用条件。计算放弃折扣的机会成本,若企业准备要享受现金折扣,应选择哪一家供应商有利?

实训六

意达公司在 2011 年 1 月 1 日采购了一批发票价格为 600 000 元的材料,发票上标明的付款条件为(2/20,n/50),甲公司暂时资金比较紧张,如果要还材料款,需要向银行借款,银行借款利率为 12%,而且要求公司在银行中保留 20%的补偿性余额。

试问:

(1)该公司如果在 1 月 21 日付款,则需要支付多少元?

(2)该公司如果在 2 月 20 日付款,是否比 1 月 21 日付款合算,为什么?

项目四

资本结构决策

学习目标

- 能计算简单项目的资本成本
- 能运用杠杆知识进行企业风险测算
- 能判断最优资本结构

知识要点

- 资本成本的含义和内容
- 个别资本成本和综合资本成本的计算
- 经营杠杆和财务杠杆的含义
- 经营杠杆和财务杠杆的计算
- 每股收益分析法

案例导入

荣事达集团资本运作的成功之路

荣事达集团是中国知名的家电企业集团，集团产品涉及白色家电、黑色家电、系列小家电、新型能源、汽车配件、包装、电动自行车、太阳能热水器、新型建材等多个产业。荣事达集团拥有“中国名牌”和“中国驰名商标”——“荣事达－Royalstar”。2006 年经中国品牌研究院评估，“荣事达”品牌价值超过 26 亿元，位居中国最具价值驰名商标排行榜第 54 位，名列中国白色家电行业前茅。

荣事达集团在 20 世纪 80 年代中期以固定资产 306 万元抵押借贷 2 700 万元，引进了当时最先进的日本三洋双桶洗衣机生产技术和设备，进入了发展的快车道。在企业赢得一定份额后，又将股份的 49％出让给港商詹培忠，从而获得资金 1.04 亿元，这时企业资产已比当时市值翻了 4 倍。在 1994 年，荣事达以这 1.04 亿元与日本三洋等 4 家企业合资建立了合肥三洋荣事达电器有限公司，引来了日方 1 个多亿的资金，资本又翻了两倍。在 1996 年，荣事达又以 1.55 亿元的价格回购了之前出让给港商的 49％的股份，与美国美泰克公司、香港爱瑞公司以 49％、49.5％、1％的比例合资，共成立了 6 个企业，引进外资 8 200 万美元，总注册资本 13.4 亿人民币，短短 2 年，资本价值翻了一倍。集团又在 1998 年引入民营资金 2 000 万元，2004 年与韩国佳优公司合资。2004 年 5 月，美国美泰克公司在境外将其所持有的荣事达中美合资公司 50.5%的股份转让给美的集团，美的集团成为荣事达集团新的合作方。2004 年 7 月 27 日，合肥荣事达三洋公司 A 股在上海证券交易所正式挂牌上市，成为中国首家合资家电上市企业。2005 年 7 月，荣事达中美合资公司股权重组顺利完成。

在 20 多年的发展中，荣事达集团先后和国内、外多家知名大企业合资、合作，共同设立了 9 家合资企业，其主导产品洗衣机、电冰箱产销量一直稳居行业前 3 和前 10 位的位置，资产达百亿元以上。

荣事达通过寻找多元化融资渠道，快速实现了资本的保值和增值，展示了一条资本运作的成功之路。

请思考：

(1)荣事达是如何实现资本的快速增长的？

(2)荣事达的资本运作有何特点？对你有何启发？

任务一　计算资本成本

资本是维持企业正常生产经营活动的物质基础，企业需通过各种筹资渠道筹措生产经营所需的资本，但筹资方式的不同使得其所付出的成本也不相同，企业青睐的是筹资成本最低的筹资方式。筹资成本必须低于拟投资项目的预期收益率是企业进行筹资决策时最基本的条件之一。

一、资本成本的概念

资本成本是指企业为筹集和使用资金而付出的代价。企业筹集和使用任何资金，无论是长期的还是短期的，都必须付出一定的代价，这个代价就是资本成本。狭义的资本成本仅指筹集和使用长期资金，如股票融资、债券融资等，人们习惯将长期资金称为资本，因此，长期资金的成本就称为资本成本。资本成本表达了投资人对投入企业的资本所要求的收益率，同时也是企业评估投资项目的最低收益率，是决定投资取舍的重要标准。

资本成本分为资金筹集费和资金占用费两部分。资金筹集费是指取得资本所付出的代价，如发行债券、股票的印刷费、发行手续费、评估费、律师费、公证费、担保费和广告费等。它通常是在筹措资金时一次性发生，而使用过程中不再发生。在计算资本成本时可将资金筹集费作为筹资金额的一项扣除；资金占用费是企业使用资本所支付的费用，如股利、借款利息等。它在资本的使用过程中会多次发生，资本使用时间越长，资金占用费就越多，它是资本成本的主要组成内容。

在实际经济生活中，资本成本的高低取决于多方面因素，其中主要有总体经济环境、证券市场条件、企业内部的经营和融资状况、融资规模等。

二、个别资本成本的计算

一般情况下，资本成本以其相对数即资本成本率表示。资本成本率是指企业在一定时期内(通常是一年)使用资本所发生的费用与筹资净额的比率。更准确地说，资本成本率实质上是企业在一年内每使用一元资本所负担的费用。资本成本有不同的表现形式，具体可以分为：个别资本成本、综合资本成本和边际资本成本。在比较各种筹资方式时，需要使用个别资本成本；在进行资本结构决策时，需要使用综合资本成本；在追加筹资决策时，需要使用边际资本成本。

(一)个别资本成本

个别资本成本是指使用各种长期资金的成本。如长期借款成本、债券成本、优先股成本、普通股成本和留存收益成本。前两者是债务资本成本，后三者是权益资本成本。

1. 长期借款成本

长期借款的资本成本由借款利息和筹资费用构成。借款利息可以在税前正常列支，具有抵税作用。因此企业实际负担的利息为：利息×(1－税率)。一次还本、分期付息的借款资本成本计算公式为

$$K_l=\frac{I_l(1-T)}{L(1-F_l)},\tag{4-1}$$

式中，K_l 为长期借款资本成本；I_l 为长期借款年利息额；T 为所得税率；L 为长期借款筹资额；F_l 为长期借款筹资费用率。其中：$I_l=L\times R_L$

则上式也可以改为

$$K_l=\frac{R_L(1-T)}{1-F_l},\tag{4-2}$$

式中，R_L 为长期借款的利率。若长期借款的筹措费用(主要是借款的手续费)很少时，可以忽略不计。

【例 4-1】 某企业从银行取得 3 年长期借款 100 万元，年利率为 10%，每年付息一次，到期一次还本，假定筹资费用率为 0.2%，企业所得税率为 25%。则其借款成本为多少？

解
$$K_l=\frac{I_l(1-T)}{L(1-F_l)}=\frac{100\times10\%\times(1-25\%)}{100\times(1-0.2\%)}\approx7.52\%,$$

或

$$K_l=\frac{R_L(1-T)}{1-F_l}=\frac{10\%\times(1-25\%)}{1-0.2\%}\approx7.52\%。$$

2. 债券成本

债券的主要成本是债券利息和筹资费用。债券利息可以在税前正常列支，和长期借款利息一样，具有抵税作用。应以税后的债务成本为计算依据。债券的筹资费用一般比较高，不可在计算资本成本时省略。按照一次还本、分期付息的方式，债券资本成本的计算公式为

$$K_b=\frac{I_b(1-T)}{B(1-F_b)},\tag{4-3}$$

或

$$K_b=\frac{R_b(1-T)}{1-F_b}。\tag{4-4}$$

式中，K_b 为债券资本成本；I_b 为债券年利息；B 为债券筹资额；F_b 为债券筹资费用率；R_b 为

债券利率。

【例 4-2】 某公司发行总面额为 1 000 万元的 5 年期债券，票面利率为 5%，发行费用率为 5%，公司所得税率为 25%。该债券的成本是多少？

解 $$K_b=\frac{I_b(1-T)}{B(1-F_b)}=\frac{1\ 000\times 5\%\times(1-25\%)}{1\ 000\times(1-5\%)}\approx 3.95\%,$$

或

$$K_b=\frac{R_b(1-T)}{1-F_b}=\frac{5\%\times(1-25\%)}{1-5\%}\approx 3.95\%。$$

若债券是溢价或折价发行，应以实际发行价格作为债券筹资额。

【例 4-3】 假定某公司发行总面额为 1 000 万元的 5 年期债券，票面利率为 5%，发行费用率为 5%，发行价格为 1 200 万元，公司所得税率为 25%。该债券的成本是多少？

解 $$K_b=\frac{I_b(1-T)}{B(1-F_b)}=\frac{1\ 000\times 5\%\times(1-25\%)}{1\ 200\times(1-5\%)}\approx 3.29\%。$$

3. 优先股成本

优先股股息与长期借款相似，通常是定期、定额地支付，但优先股股息属于利润分配，在税后分派，没有抵税收益，其计算公式为

$$K_P=\frac{D}{P(1-F_P)}, \tag{4-5}$$

式中，K_P 为优先股资本成本率；D 为优先股每股年股利；P 为优先股发行价格；F_P 为优先股筹资费用率。

【例 4-4】 某公司拟发行一批优先股，每股面值 1 元，500 000 股，年股利率为 5%，发行价格每股 5 元，发行费用为股金总额的 3%，测算该优先股资本成本。

解 $$K_P=\frac{D}{P(1-F_P)}=\frac{1\times 500\ 000\times 5\%}{5\times 500\ 000\times(1-3\%)}\approx 1.03\%。$$

4. 普通股成本

普通股的资本成本就是普通股股东的投资报酬率。普通股的股利率会随着企业每年的盈利情况而变化，没有一个固定的比率。计算普通股的资本成本主要有以下 3 种方法。

(1)股利增长模型法。

这种方法的前提是假定股利每年是以固定的年增长率递增的，则普通股资本成本的计算公式为

$$K_P=\frac{D_1}{P_c(1-F_c)}+G, \tag{4-6}$$

式中，K_P 为普通股资本成本；D_1 为预期第 1 年股利额；P_c 为普通股市价；F_c 为普通股筹资费用率；G 为普通股利年增长率。

【例 4-5】 A 公司拟发行一批普通股，发行价格 20 元，发行费率 5%，估计年增长率为 8%，预期第 1 年股利为 2 元。计算普通股的资本成本。

解 $$K_P=\frac{D_1}{P_c(1-F_c)}=\frac{2}{20\times(1-5\%)}+8\%\approx 18.53\%。$$

(2)资本资产定价模型法。

资本资产定价模型法又称贝他系数法，按照资本资产定价模型，普通股资本成本的计算

公式为

$$K_S=R_S=R_F+\beta(R_m-R_F), \tag{4-7}$$

式中，K_S 为普通股资本成本；R_S 为普通股的收益率；R_F 为无风险报酬率；R_m 为平均风险股票必要报酬率；β 为个别股票的贝他系数。

【例 4-6】 A 公司的普通股 β 值为 2，市场无风险报酬率为 4%，股票市场平均必要报酬率为 10%。计算其普通股股票的资本成本。

解 $$K_S=R_F+\beta(R_m-R_F)=4\%+2\times(10\%-4\%)=16\%。$$

(3)收益风险溢价法。

根据风险报酬原理，项目的风险越大，要求的报酬率越高。普通股股东对公司的投资风险大于债权人的债券投资风险，因而股东会在债券投资者要求的收益率上再要求一定的风险溢价。依照这一理论，普通股的资本成本计算公式为

$$K_S=K_b+RP_c, \tag{4-8}$$

式中，K_b 为债务成本；RP_c 为股东承担更大风险所要求的风险溢价。

【例 4-7】 C 公司债券成本为 10%，风险溢价 4%，计算其普通股的资本成本。

解 $$K_S=K_b+RP_c=10\%+4\%=14\%。$$

债务成本可以计算得到，而风险溢价可以凭借经验估计。一般认为，某企业普通股风险溢价对其自己发行的债券来讲，在 3%～5%之间，当市场利率达到历史性高点时，风险溢价通常较低，在 3%左右；当市场利率处于历史性低点时，风险溢价通常较高，在 5%左右；通常情况下，常常采用 4%的平均风险溢价。

5. 留存收益成本

企业不会将所有的收益都以股利的形式分配给股东，因此，留存收益是企业资金的一种重要来源。留存收益是企业盈余公积和未分配利润之和，其所有权属于普通股股东，它的实质是股东对企业的追加投资。股东要求这部分资本有等同于普通股股本的收益率，期望从中得到更高的投资回报。如果达不到预期收益率，股东就会要求分配留存收益，转为其他投资。因此，留存收益也存在成本，其计算方法与普通股成本基本相同。因留存收益是企业利润累积所得，不产生筹资费用，所以留存收益资本成本略低于普通股资本成本。

计算留存收益成本可采用普通股成本的计算方法。如使用股利增长模型法，留存收益资本成本的计算公式为

$$K_r=\frac{D_1}{P_r}+G, \tag{4-9}$$

式中，K_r 为留存收益的资本成本；P_r 为留存收益筹资额的市价。

【例 4-8】 A 公司目前的普通股市价 30 元，今年已发放股利每股 2 元。估计年增长率为 5%，计算其留存收益的资本成本。

解 $$K_r=\frac{D_1}{P_r}+G=[2\times(1+5\%)]/30+5\%=12\%。$$

在市场经济条件下，企业破产时股东权益求偿权在债权人权益之后，股东的投资风险要大于债权人的投资风险，因此股利率一般要大于债券的利息率，权益资本成本要大于债务资本成本。一般情况下，各种筹资方式的资本成本由小到大依次为：国库券＜长期借款＜长期

债券<优先股<留存收益<普通股。

（二）综合资本成本

为了降低筹资风险，以及各方面因素的制约，企业往往会通过多种方式筹集资金。为正确进行筹资和投资决策，必须计算企业的总筹资成本，即综合资本成本。综合资本成本指企业全部长期资金的总成本，也叫加权平均资本成本。综合资本成本一般是以各种资金占全部资本的比重为权数，对个别资本成本进行加权平均确定的，其计算公式为

$$K_W = \sum_{t=1}^{n} K_j W_j, \tag{4-10}$$

式中，K_W 为综合资本成本；K_j 为第 j 种筹资方式的个别资本成本；W_j 为第 j 种筹资方式的个别资本成本占全部资金的比重（权数）。

【例 4-9】 D 企业长期资本共 800 万元，其中，长期借款 300 万元，应付长期债券 100 万元，普通股 200 万元，留存收益 200 万元，其个别资本成本分别为 4.22%、6.15%、10.82%、9.3%，该企业的综合资本成本率是多少？

解 $K_W = 300/800 \times 4.22\% + 100/800 \times 6.15\% + 200/800 \times 10.82\% + 200/800 \times 9.3\% \approx 7.38\%$。

个别资本的比重，可按账面价值确定，因为相关资料易于取得。但当资金的账面价值与市场价值差别较大时，譬如股票证券类的市场价格发生较大变动时，计算结果会与实际有较大差距，进而影响决策的正确性。因此，个别资金占全部资金比重的确定还可以按市场价值或目标价值来确定，分别称为市场价值权数和目标价值权数。

从上例可以看出，采用多种筹资方法，可以有效地降低企业的综合资本成本。

（三）边际资本成本

企业无法以某一固定的成本来筹集到无限的资金，一定的成本只能筹集到一定的资金，当筹集的资金超过一定限度时，原来的资本成本就会增加。在进行筹资决策时，需要了解一定成本的可筹资限额，以及追加筹资额所引起的资本成本的变化，这样才能使筹资成本降到最低。

边际资本成本是指资金每增加一个单位而增加的成本。边际资本成本是追加筹资时所用的加权平均成本。

边际资本成本计算步骤如下：

（1）确定公司的资本结构。一般认为，公司目前的资金结构是最优的，应保持现有的资本结构不变。

（2）确定各种筹资方式在不同筹资规模下的资本成本。

（3）计算筹资突破点。筹资突破点是指保持某资本成本的条件下可以筹集到的资金总限度。在筹资分界点范围内筹资，原来的资本成本不会改变；一旦筹资额超过突破点，即使维持现有的资本结构，资本成本也会增加。筹资突破点计算公式为

$$\text{筹资突破点} = \frac{\text{可用某一特定成本筹集到某种资金最大额}}{\text{该种资金在资金结构中所占的比重}}, \tag{4-11}$$

在企业的筹资组合中会有多种筹资方式，也会产生多个筹资突破点。

（4）计算边际资本成本。

下面举例说明边际资本成本的计算过程。

【例 4-10】 某企业拥有长期资金 400 万元，其中长期借款 60 万元，资本成本 3%；长期债券 100 万元，资本成本 10%；普通股 240 万元，资本成本 13%。平均资本成本为 10.75%。由于扩大经营规模所需要，拟筹集新资金。经分析，认为筹集新资金后仍应保持目前的资本结构，即长期借款占 15%，长期债券占 25%，普通股占 60%，并测算出了随筹资的增加各种资本成本的变化，如表 4-1 所示。

表 4-1　增加筹资额后各种资本成本的变化

资金种类	目标资本结构	新筹资额	资本成本
长期借款	15%	45 000 元以内 45 000～90 000 元 90 000 元以上	3% 5% 7%
长期债券	25%	200 000 元以内 200 000～400 000 元 400 000 元以上	10% 11% 15%
普通股	60%	300 000 元以内 300 000～600 000 元 600 000 元以上	13% 14% 15%

(1)计算筹资突破点。

在发生 3%资本成本时，取得的长期借款筹资限额为 45 000 元，其筹资突破点为

$$45\ 000/15\%=300\ 000\text{ 元。}$$

在发生 5%资本成本时，取得的长期借款筹资限额为 90 000 元，其筹资突破点为

$$900\ 000/15\%=600\ 000\text{ 元。}$$

以此类推，可得到各种情况下的筹资突破点，计算结果如表 4-2 所示。

表 4-2　各种情况下的筹资突破点的计算

资金种类	资本结构	资本成本	新筹资额	筹资突破点
长期借款	15%	3% 5% 7%	45 000 元以内 45 000～90 000 元 90 000 元以上	300 000 元 600 000 元
长期债券	25%	10% 11% 12%	200 000 元以内 200 000～400 000 元 400 000 元以上	800 000 元 1 600 000 元
普通股	60%	13% 14% 15%	300 000 元以内 300 000～600 000 元 600 000 元以上	500 000 元 1 000 000 元

(2)计算边际资本成本。

任何项目的边际成本是该项目增加一个产出量相应增加的成本。达到筹资突破点后，企业即使只多筹措 1 元资金，也会使得成本上升。边际资本成本就是取得 1 元新资本的成本，筹措的资金增加时边际资本成本会上升。

根据表 4-2,可以得到 7 组筹资总范围:①30 万元以内;②30 万～50 万元;③50 万～60 万元;④60 万～80 万元;⑤80 万～100 万元;⑥100 万～160 万元;⑦160 万元以上。对以上 7 组筹资范围分别计算加权平均资本成本,即可得到各种筹资范围的加权平均成本。计算结果如表 4-3 所示。

表 4-3　各种筹资范围的加权平均成本

筹资总额范围	资金种类	资本结构	资本成本	加权平均资本成本
300 000 元以内	长期借款 长期债券 普通股	15% 25% 60%	3% 10% 13%	3%×15%=0.45% 10%×25%=2.5% 13%×60%=7.8% 10.75%
300 000～500 000 元	长期借款 长期债券 普通股	15% 25% 60%	5% 10% 13%	5%×15%=0.75% 10%×25%=2.5% 13%×60%=7.8% 11.05%
500 000～600 000 元	长期借款 长期债券 普通股	15% 25% 60%	5% 10% 14%	5%×15%=0.75% 10%×25%=2.5% 14%×60%=8.4% 11.65%
600 000～800 000 元	长期借款 长期债券 普通股	15% 25% 60%	7% 10% 14%	7%×15%=1.05% 10%×25%=2.5% 14%×60%=8.4% 11.95%
800 000～1 000 000 元	长期借款 长期债券 普通股	15% 25% 60%	7% 11% 14%	7%×15%=1.05% 11%×25%=2.75% 14%×60%=8.4% 12.2%
1 000 000～1 600 000 元	长期借款 长期债券 普通股	15% 25% 60%	7% 11% 15%	7%×15%=1.05% 11%×25%=2.75% 15%×60%=9% 12.8%
1 600 000 元以上	长期借款 长期债券 普通股	15% 25% 60%	7% 12% 15%	7%×15%=1.05% 12%×25%=3% 15%×60%=9% 13.05%

企业可依以上结果作出追加筹资的规划。筹集的资本应首先用于内含报酬率大的项目,剩余的资本再用于投资报酬率次之的项目,然后才再依次类推。只有内含报酬率高于其筹资的边际资本成本的项目才是可取的。

任务二　杠杆价值的应用

阿基米德说过："给我一个支点，我就能撬动地球。"成语中也有"四两拨千斤"的说法，这些都是对杠杆作用的描述。在财务管理中也有这样的杠杆效应，就是经营杠杆和财务杠杆效应。销量的变化、负债率的变化会不同程度地影响到企业税后收益的水平，从而影响到企业综合风险和总收益。

一、经营杠杆

经营风险是指企业因经营上的原因导致利润变动的风险。影响企业经营风险的主要因素有：市场需求的变化、销售价格的变化、产品成本的变化、调整价格的能力、固定成本的比重和所处行业的性质。市场需求变化小，则经营风险低；调整价格的能力强，则经营风险小；固定成本的比重越小，经营风险也就越低，这种作用因素就是经营杠杆。

（一）经营杠杆的定义及作用

经营杠杆是指在某一固定成本比重的作用下，销售量变动对利润产生的作用。由于固定成本的存在，在企业经营的其他因素不变时，企业的息税前盈余升降幅度会大于销售量的升降幅度，也就是说，销售额有少许变动就可能导致利润的大幅度变动，这就是经营杠杆效应。

企业息税前盈余（EBIT）是指企业计算利息和所得税之前的盈余，它的大小取决于销量和单位销售额息税前盈余两个因素。当销量增加时，单位边际贡献不变，而分摊到单位的固定成本减少，单位销售额息税前盈余就会提高，由于销量和单位销售额息税前盈余同时提高，息税前盈余的增长幅度就会高于销量的增长幅度；而当销量减少时，单位边际贡献不变，而分摊到单位的固定成本增加，单位销售额息税前盈余就会降低，由于销量和单位销售额息税前盈余同时下降，息税前盈余的下降幅度就会高于销量的下降幅度。

企业利用经营杠杆，一方面可以大幅度提高息税前盈余，获得经营杠杆收益；另一方面，也可能导致息税前盈余大幅度下降，承受经营杠杆损失。因此，经营杠杆越大，企业的经营风险也就越大，对企业来说，经营杠杆是一把"双刃剑"。

（二）经营杠杆系数

经营杠杆对息税前盈余的影响可用经营杠杆系数（DOL）来度量。经营杠杆系数是息税前盈余变动率与销售额变动率之间的比率，表明息税前盈余变动率为销售额变动率的倍数。其计算公式为

$$\mathrm{DOL}=\frac{\text{EBIT 变动百分比}}{\text{销售量变动百分比}}=\frac{\Delta \mathrm{EBIT}/\mathrm{EBIT}}{\Delta Q/Q}, \tag{4-12}$$

式中，DOL 为经营杠杆系数；ΔEBIT 为息税前盈余变动额；EBIT 为变动前息税前盈余；ΔQ 为销售变动量；Q 为变动前销售量。

【例 4-11】 已知 A 公司 2010 年和 2011 年的销售额分别为 800 万元和 1 000 万元，息税前盈余分别为 200 万元和 350 万元，测算该企业的经营杠杆系数。

解 $$DOL=\frac{(350-200)/200}{(1\ 000-800)/800}=3。$$

由结果可知,该企业息税前盈余变动率为销售额变动率的3倍,也就是说,销售额每变动一个单位,息税前盈余就会变动3倍。

上述公式是计算经营杠杆系数的基本公式,该公式还可以进行推导,通过销售额和成本来表示,公式如下:

$$DOL=\frac{Q(P-V)}{Q(P-V)-F}=\frac{P-V}{P-V-F} \quad 即 \quad DOL=\frac{基期边际贡献}{基期息税前盈余} \tag{4-13}$$

式中,P为产品单价;Q为产品销售量;V为产品单位变动成本;F为总固定成本。

【例4-12】 W公司生产A产品,固定成本为120万元,变动成本率为40%,当企业的销售额分别为600万元、300万元、200万元时,计算其经营杠杆系数。

解 $DOL_1=(600-600\times40\%)/(600-600\times40\%-120)=1.5$,

$DOL_2=(300-300\times40\%)/(300-300\times40\%-120)=3$,

$DOL_3=(200-200\times40\%)/(200-200\times40\%-120)=\infty$。

上述结果说明:

(1)当企业的固定成本不变,经营杠杆系数说明了销售额增长(减少)引起的利润增长(减少)的幅度。DOL_1说明当销售额为600万元时,销售额的增长(减少)会引起利润1.5倍的增长(减少);DOL_2说明当销售额为300万元时,销售额的增长(减少)会引起利润3倍的增长(减少)。

(2)当企业的固定成本不变,销售额越大,经营杠杆系数越小,经营风险也就越小,同时经营收益也越小;反之,销售额越小,经营杠杆系数越大,经营风险也就越大,同时经营收益也越大。当销售额为600万元时,经营杠杆系数是1.5,而当销售额为300万元时,经营杠杆系数是3,后者利润受销售额的影响明显大于前者,说明后者的经营风险远远大于前者。

(3)当销售额大于盈亏临界点时,经营杠杆系数随销售额增加递减,表明企业的经营风险也越小;当销售额小于盈亏临界点时,经营杠杆系数随销售额增加而递增,表明企业的经营风险也越大;当销售额处于盈亏临界点时,息税前盈余为零,企业的经营杠杆系数趋向无穷大,表明此时企业的经营风险也是无穷大。例题中当销售额为200万元时,经营杠杆系数是无穷大,此时企业经营只能保本,如果销售额稍有增加就可盈利,若销售额稍有减少就会亏损。因此,这说明了为什么有的企业会出现“越卖越亏”的怪现象,如果在采取了各项措施之后,销量还是无法达到盈亏临界点的话,这时明智的做法应该是暂停销售。

企业可通过增加销售额,降低产品单位变动成本,调整固定资产投资规模,降低固定成本比重等措施来使经营杠杆系数下降,降低经营风险。

二、财务杠杆

财务风险是指全部资本中债务资本比率的变化带来的风险,它是负债产生的风险。当债务资本比例较高时，股东要负担沉重的债务成本，以及因债务带来的对企业收益影响的冲击。企业生存有两个条件，一个是以收抵支，一个是到期偿债，如果债务资本比例偏高，财务风险过大，将会给企业带来破产的风险。货币政策的调整、银行利率的变动、企业资信的变动和资金结构的调整等都会带来财务风险。

（一）财务杠杆的定义及作用

企业在生产经营过程中总会发生借入资金，而支付给债权人的债务利息是相对固定不变的。于是，当企业利润增加时，每一元利润所负担的利息便会相应减少，利润越高，所分摊的利息就越少，可供股东分配的利润就越多，这样，股东权益报酬率就越高。这种债务对投资者收益的影响称为财务杠杆。

财务杠杆还可称为融资杠杆、资本杠杆，是企业对债务筹资的适当利用。财务杠杆使股东可以"借鸡生蛋"，只需支付固定的利息费用，便可以控制远远大于其投入资本的数量的资金，并可享受超额利润的分配。运用财务杠杆，企业可以在不增加权益资本投资的情况下，获取更多的利润，得到一定的财务杠杆利益，给企业所有者带来额外收益，但同时也承受相应的财务风险。

与经营杠杆不同的是，财务杠杆影响企业的税后利润。

（二）财务杠杆系数

财务杠杆的利用程度，是采用财务杠杆系数（DFL）来衡量的。财务杠杆是指在企业一定时期预期或实际确定其息税前盈余金额的条件下，普通每股净收益变动率相当息税前盈余变动率的倍数。财务杠杆系数越大，表明财务杠杆作用越大，财务风险也就越大；财务杠杆系数越小，表明财务杠杆作用越小，财务风险也就越小。财务杠杆的计算公式为

$$\mathrm{DFL}=(\Delta\mathrm{EPS}/\mathrm{EPS})/(\Delta\mathrm{EBIT}/\mathrm{EBIT}),$$

因为

$$\mathrm{EPS}=(\mathrm{EBIT}-I)(1-T)/N,$$

$$\Delta\mathrm{EPS}=\Delta\mathrm{EBIT}(1-T)/N,$$

所以

$$\mathrm{DFL}=\mathrm{EBIT}/(\mathrm{EBIT}-I)。\tag{4-14}$$

式中，DFL 为财务杠杆系数；N 为流通在外普通股股数；EPS 为基期普通股每股收益；ΔEPS 为每股收益变动额，I 为债务资本利息。

在有优先股的条件下，还应减去优先股的股息。计算公式为

$$\mathrm{DFL}=\frac{\mathrm{EBIT}}{\mathrm{EBIT}-I-\mathrm{PD}/(1-T)},\tag{4-15}$$

式中，PD 为优先股股利。

【例 4-13】 企业 2010 年的息税前盈余为 60 万元，长期负债总额 100 万元，债务资本利率 10%，税率为 25%，计算其财务杠杆系数。

解

$$\mathrm{DFL}=\frac{\mathrm{EBIT}}{\mathrm{EBIT}-I}=\frac{60}{60-100\times10\%}=1.2。$$

【例 4-14】 A、B、C 为 3 家经营业务相同的公司，它们 2010 年有关情况如表 4-4 所示，3 个公司的 2010 年的息税前盈余均为 200 000 元，2011 年的息税前盈余增加 1 倍，分别分析其财务杠杆对每股收益的影响。

表 4-4　A、B、C 三公司每股收益比对表

项目＼公司	A	B	C
普通股股本	2 000 000 元	1 500 000 元	1 000 000 元
发行股数	20 000	15 000	10 000
债务(利率 8%)	0	500 000 元	1 000 000 元
资本总额	2 000 000 元	2 000 000 元	2 000 000 元
息税前盈余	200 000 元	200 000 元	200 000 元
债务利息	0	40 000 元	80 000 元
税前盈余	200 000 元	160 000 元	120 000 元
所得税(税率 25%)	50 000 元	40 000 元	30 000 元
税后盈余	150 000 元	120 000 元	90 000 元
财务杠杆系数	1	1.25	1.67
每股普通股收益	7.5 元	8 元	9 元
息税前盈余增加	200 000 元	200 000 元	200 000 元
债务利息	0	40 000 元	80 000 元
税前盈余	400 000 元	360 000 元	320 000 元
所得税(税率 25%)	100 000 元	90 000 元	80 000 元
税后盈余	300 000 元	270 000 元	240 000 元
每股普通股收益	15 元	18 元	24 元

解　表 4-4 说明：

(1)财务杠杆系数表明的是息前税盈余增长所引起的每股收益的增长幅度。比如,A 公司的息前税前盈余增长 1 倍时,其每股收益增长 1 倍(15/7.5－1);B 公司的息前税前盈余增长 1 倍时,其每股收益增长 1.25 倍(18/8－1);C 公司的息前税前盈余增长 1 倍时,其每股收益则增长 1.67 倍(24/9－1);

(2)在资本总额、息前税前盈余相同的情况下,负债比率越高,财务杠杆系数越高,财务风险越大,但预期每股收益(投资者收益)也越高。比如,B 公司比起 A 公司来负债比率高(B 公司资本负债率为 500 000/2 000 000×100%＝25%,A 公司资本负债率为 0),财务杠杆系数大(B 公司为 1.25,A 公司为 1),财务风险大,但每股收益也高(B 公司为 8 元,A 公司为 7.5 元);C 公司比起 B 公司来,负债比率高(C 公司资本负债率为 1 000 000/2 000 000×100%＝50%),财务杠杆系数越高(C 公司为 1.67),财务风险大,但每股收益也高(C 公司为 9 元)。

综上所述,负债比率是可以控制的。企业应该通过合理安排资本结构,适度负债经营,使财务杠杆利益抵消风险最大所带来的不利影响。

三、总杠杆

(一)总杠杆的定义及作用

经营杠杆通过销售额变动引起息税前盈余变动,而财务杠杆通过息税前盈余变动引起每股收益变化,两者最终都影响到普通股每股收益。既然经营杠杆的变动会引起息税前盈余变动,而息税前盈余变动又引起每股收益的变动,因此,如企业合理地综合运用经营杠杆和财务杠杆,那么即使销售量较小的变化最终也会引起每股收益较大幅度的变动。

总杠杆又叫复合杠杆,它是用来衡量每股收益随产销量的变动而随之发生变动的幅度。因此总杠杆综合了经营杠杆和财务杠杆的共同影响作用。一个企业如果同时利用经营杠杆

和财务杠杆，这种影响作用会更大。

（二）总杠杆系数

总杠杆系数（DTL）是指每股收益的变动率相对于产销量变动的倍数。其计算公式为

$$DTL=\frac{\Delta EPS / EPS}{\Delta Q/Q}。\tag{4-16}$$

如果不便于得到每股收益的变动额和产销量的变动额等有关资料，还可以根据下面的公式计算总杠杆系数。

$$DOL=\frac{\Delta EPS / EPS}{\Delta EBIT/EBIT}=\frac{\Delta EBIT/EBIT}{\Delta Q/Q}=DOL\times DFL,\tag{4-17}$$

即总杠杆系数等于经营杠杆系数与财务杠杆系数的乘积。

此外，根据经营杠杆系数与财务杠杆系数的公式，可以推导出下列公式：

$$DTL=\frac{S-VC}{S-VC-F-I},\tag{4-18}$$

式中，DTL 为总杠杆系数；S 为销售额；VC 为变动成本总额；F 为总固定成本；I 为债务利息及优先股股息。

【例 4-15】 某企业产品单价为 50 元，单位变动成本为 30 元，固定成本总额为 100 000 元，债务利息为 80 000 元，发行在外的普通股股数为 200 000 股，计算其销量分别为 10 000 件、15 000 件、50 000 件、100 000 件时的总杠杆系数。

解 $DTL_{(10\ 000)}=[(50-30)\times 10\ 000]/[(50-30)\times 10\ 000-100\ 000-80\ 000]=10,$

$DTL_{(15\ 000)}=[(50-30)\times 15\ 000]/[(50-30)\times 15\ 000-100\ 000-80\ 000]=2.5,$

$DTL_{(50\ 000)}=[(50-30)\times 50\ 000]/[(50-30)\times 50\ 000-100\ 000-80\ 000]\approx 1.22,$

$DTL_{(100\ 000)}=[(50-30)\times 100\ 000]/[(50-30)\times 100\ 000-100\ 000-80\ 000]\approx 1.10。$

从例题可以看出，总杠杆系数越大，企业面临的总体风险越大。随着销量逐步增大，总杠杆系数会越来越小，企业所面临的总体风险也越来越小；当销量达到一定的程度后，它的变动对每股收益的影响会越来越小，不再是影响每股收益的主要因素了，这时，企业应考虑其他的方法来提高企业的每股收益。

经营杠杆系数用来衡量经营风险，财务杠杆系数用来衡量财务风险，总杠杆系数用来衡量总体风险。为了达到某一总杠杆系数，经营杠杆和财务杠杆可以有很多不同的组合。比如，经营杠杆程度高的企业，可以运用低程度的财务杠杆；经营杠杆程度低的企业，可以运用高程度的财务杠杆。企业可以综合考虑运用经营杠杆和财务杠杆来减小总杠杆系数，从而来降低企业的整体风险。

任务三　最优资本结构

一、资本结构概念

资本结构是指企业各种长期资金筹集来源的构成和比例关系。在通常情况下，企业的

资本结构由长期债务资本和权益资本构成，资本结构就是指长期债务资本与权益资本各占的比例。

资本结构是企业筹资决策的核心问题。成功的筹资不仅要求在总量上满足企业经营需要，更要求在资本的构成和比例上符合企业经营活动的特点，以保证企业的综合资本成本合理，财务风险小，实现企业价值最大化的管理目标。

二、最优资本结构的确认

最优资本结构是指公司在适度风险的条件下，使预期的综合资本成本最低，企业价值达到最大化的资本结构。它必须是能降低企业风险，提高企业效益，有弹性的资本结构。

要确认企业资本结构合理与否，可通过息税前盈余－每股收益分析法（EBIT－EPS 分析法）来帮助判断。该方法是通过分析每股收益的变化来衡量资本结构的合理性，即能提高每股收益的资本结构是合理的；反之则不够合理。每股收益的高低不仅受资本结构的影响，还受到销售水平的影响，处理以上三者的关系，可以运用融资的每股收益分析的方法。

息税前盈余－每股收益分析法是利用每股收益的无差别点进行的。所谓每股收益无差别点，指能使两个筹资方案每股收益相等的息税前利润点。根据每股收益无差别点，可以分析判断在适加筹资量的条件下，应选择何种方式来进行资本筹资，并合理安排和调整资本结构。运用该方法的前提假设是企业债务永久存在，企业随时可以借入新债以偿还旧债，无须考虑债务本金的归还问题，每股收益 EPS 的计算公式为

$$\mathrm{EPS}=\frac{(S-VC-F-I)(1-T)}{N}=\frac{(\mathrm{EBIT}-I)(1-T)}{N}, \tag{4-19}$$

式中，S 为销售额；VC 为变动成本；F 为固定成本；I 为债务利息；T 为所得税率；N 为流通在外普通股股数；EBIT 为息税前盈余。

在每股收益无差别点上，无论是采用负债融资，还是采用权益融资，每股收益都是相等的。若以 EPS_1 代表负债融资，以 EPS_2 代表权益融资，有

$$\mathrm{EPS}_1=\mathrm{EPS}_2 \tag{4-20}$$

即，$\dfrac{(\mathrm{EB2T}-I_1)(1-T)}{N_1}=\dfrac{(\mathrm{EB2T}-I_2)(1-T)}{N_2}=\mathrm{EPS}$

1. 当预计息税前利润等于无差别点息税前利润时，选择权益筹资与选择负债筹资都是一样的。

2. 当预计息税前利润大于无差别点息税前利润时，制定加负债筹资更有利。

3. 当预计息税前利润小于无差别点息税前利润时，则增加权益资本筹资更有利。

【例 4-16】 已知某公司当前资本结构如下：长期债券（年利率 8%）为 1 000 万元，普通股（4 500 万股）为 4 500 万元，留存收益为 2 000 万元。因生产发展需要，公司年初准备增加资金 2 500 万元，现有两个方案，甲方案为增发 1 000 万股普通股，每股市价 2.5 元；乙方案按面值发行每年年末付息、票面利率为 10%的公司债券 2 500 万元。假定股票与债券的发行费用均可忽略不计，适用所得税率 25%。

要求：

(1)计算两种方案的每股收益无差别点。

(2)如果预计采用新方案后的 EBIT 分别为 1 200 万元和 1 600 万元时，指出该公司应

采用的筹资方案。

解　将上述资料中的有关数据代入条件公式

$$\frac{(EBIT-1000\times8\%)\times(1-25\%)}{4500+1000}=\frac{(EBIT-1000\times8\%-2500\times10\%)\times(1-25\%)}{4500},$$

得 EBIT＝1455 万元。

此时的每股收益为

$$\frac{(1455-1000\times8\%)\times(1-25\%)}{4500+1000}\text{元}=0.1875\text{元}。$$

当 EBIT 为 1 200 万元时，运用权益筹资可获得较高的每股收益；当 EBIT 为 1 600 万元时，运用负债筹资可获得较高的每股收益。

除了资本成本和财务风险以外，还有一些因素对资本结构的决策有着十分重要的影响。如企业的成本与销售的稳定性、企业管理人员和理财人员的态度、获利能力和举债能力、偿债能力和现金流量状况、资产结构、贷款银行与信用评估机构的态度和税收因素等。

项目小结

本项目主要介绍了资本成本的含义、种类和计算方法；经营杠杆、财务杠杆和总杠杆的含义及计算；常见的资本结构理论，以及利用每股收益分析方法来确定最优资本结构；不良资本结构的表现形式、危害及防范措施。

资本成本是指企业为筹集和使用资金而付出的代价，它表达了投资人对投入企业的资本所要求的收益率。资本成本有不同的表现形式，具体可以分为：个别资本成本、加权平均资本成本和边际资本成本。在实际经济生活中，资本成本的高低取决于多方面因素的综合作用。

经营杠杆是指在某一固定成本比重的作用下，销售量变动对利润产生的作用，是息税前盈余变动率与销售额变动率之间的比率。经营杠杆越大，经营杠杆收益越大，企业的经营风险也就越大。财务杠杆是指在企业一定时期预期或实际确定其息税前盈余金额的条件下，普通每股净收益变动率相当息税前盈余变动率的倍数。财务杠杆系数越大，财务杠杆收益越大，财务风险也就越大。经营杠杆和财务杠杆的综合叫总杠杆，它是用来衡量每股收益随产销量的变动而随之发生变动的幅度。

资本结构有多种理论，资本结构优化的目标是实现企业价值最大化。用来确定最优资本结构的方法是息税前盈余－每股收益分析法（EBIT－EPS 分析法），它通过计算无差异点的息税前盈余，以能产生更高每股收益的融资方式为最优的资本结构。

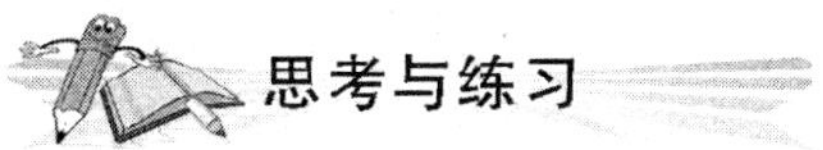

思考与练习

一、案例分析

麦道克的债务危机

《泰晤士报》创刊于 1785 年，是英国历史最长、影响最大的报纸，一向以消息准确、社论严肃闻名。很长时间内，该报的知名度一直较高。广播电视问世后，历史悠久的《泰晤士报》逐渐走入低谷，到了20世纪70年代末期，该报发行骤减，亏损严重。1981年5月，“传媒大王”麦道克以1 200万英镑收购了《泰晤士报》。

麦道克堪称传媒界奇人。他从澳大利亚办一份小报起家，并陆续涉足杂志、电视、电影业，逐渐组成新闻集团，目前已成为世界上由个人控制的最大的媒介集团，美国《时代周刊》甚至把麦道克与比尔·盖茨、克林顿并列为20世纪最后3个世界名人。

1988年，对于报业王国麦道克来说是丰收的一年，麦道克通过施展铁腕，一举集资20多亿美元，把美国极有影响的一座电视网买下。至此，麦道克已背负24亿美元的债务。像滚雪球一样，债务越滚越大，事业也越滚越大。在1990年西方经济衰退以前，麦道克凭借各银行的支持、良好的信誉、超人的胆识和独特的经营，最终建立了年收入达60亿美元的报业王国。它控制了澳大利亚70%的新闻业，45%的英国报业，还把美国的一部分电视网络置于他的名下。

但有谁可以把握市场的瞬息万变呢？一旦企业负债过大，债主过多，对付起来也实属不易，一发牵动全身，投资风险极高。哪怕是碰到企业财务管理上的失误，或是一种始料未及的灾难，就可能使企业陷入财务危机。此时，企业负债越高，到期还款付息的压力也越大。用他人的资金为自己赚钱当然具有很强的诱惑力，但其产生的严重后果将影响未来很长一段时期内的商业信用、再融资能力，甚至将直接导致企业的倒闭。

事实证明，当麦道克的流动资金不足以偿还到期的区区1 000万美元贷款时，各家银行、金融公司也因为种种原因不再贷款给他，麦道克走到了生死攸关的边缘。虽然，我们不能说这是其根本原因，但它直接导致了结果的产生，只要美国匹兹堡的这家小银行把麦道克不能到期偿还其1 000万美元的事闹到法庭，他就失去了商业上的信誉。不管你的报表上有多少利润，你规划的前景有多么美好，接下去就会有145家银行索还贷款。就是具有最佳支付能力的企业也受不了债权人联手要钱。这样一来，麦道克只有变卖资产以偿还债务，真的走到了事业的尽头。幸运的是，麦道克找到了他最大的债主——花旗银行，因为一旦麦道克的集团倒下，损失最大的就是花旗银行，所以他们只能相互帮助而不是相互拆台。最后花旗银行同意派出一个调查小组，对麦道克的报业王国进行调查，将资产负债情况做全面的评估，最后再做出结论。最终，根据小组的评估报告，得出结论支持麦道克，这时距离贷款的最后期限只有几个小时。

麦道克和花旗银行都明白唇亡齿寒的道理，才没有让悲剧发生。通过这次事件，麦道克也意识到了财团在支付能力上的弱点。在之后的半年时间里，他充分调整了财团的财务结构，使财团的支付能力有了很大的改善，终于摆脱了经济危机。如今的麦道克已经位列澳大利亚富豪榜首。

请分析：

(1)负债经营的优势表现在哪些方面？

(2)如何合理运用财务杠杆？

二、思考题

1. 什么是资本成本？资本成本有何作用？
2. 什么是筹资突破点？它的计算有何意义？

3. 什么是经营杠杆、财务杠杆、总杠杆？它们分别有什么作用？

4. 什么是资本结构？如何优化资本结构？

5. 什么是不良资本结构？它有何危害？如何对其进行治理？

三、单项选择题

1. 在个别资本成本的计算中，不必考虑筹资费用影响因素的是（　　）。

A. 长期借款成本　　B. 债券成本　　C. 留存收益成本　　D. 普通股成本

2. 不存在财务杠杆作用的筹资方式是（　　）。

A. 银行借款　　B. 发行普通股　　C. 发行优先股　　D. 发行债券

3. 某公司全部债务资本为 100 万元，负债利率为 10%，销售额为 100 万元，息税前利润为 30 万元，则财务杠杆系数为（　　）。

A. 0.8　　B. 1.2　　C. 1.5　　D. 3.1

4. 如果企业的资金来源全部为自有资金，且没有优先股存在，则企业财务杠杆系数应该（　　）

A. 大于 1　　B. 小于 1　　C. 等于 1　　D. 等于 0

5. 不影响经营杠杆系数的是（　　）。

A. 产品单价　　B. 销量　　C. 固定成本　　D. 利息费用

6. 某公司的经营杠杆系数为 1.8，财务杠杆系数为 1.5，则该公司销售额每年增长 1 倍的话，就会造成每股收益增加（　　）

A. 1.3 倍　　B. 1.2 倍　　C. 1.5 倍　　D. 2.7 倍

7. 每股收益无差别点是指在两种筹资方式下，使普通股每股收益相等的（　　）

A. 成本总额　　B. 筹资总额　　C. 利润总额　　D. 息税前利润总额

8. 调整企业的资本结构，并不能（　　）

A. 降低财务风险　　B. 降低经营风险　　C. 降低资金成本　　D. 增加财务杠杆作用

9. 只要企业存在固定成本，那么经营成本系数必定（　　）

A. 恒大于 1　　B. 与销量成正比　　C. 与风险成反比　　D. 与固定成本成正比

10. 下述个别资本成本，不属于权益成本的是（　　）。

A. 普通股成本　　B. 优先股成本　　C. 债券成本　　D. 留存收益成本

四、多项选择题

1. 下列属于资金成本中资金占用费用的是（　　）。

A. 股东支付的股利　　B. 向债权人支付的利息

C. 向银行借款的手续费　　D. 发行股票支付的发行费

2. 下列关于各杠杆系数的说法，正确的是（　　）。

A. 经营杠杆系数越大，企业的经营越稳定

B. 经营杠杆系数随固定成本的变化呈同方向变化

C. 企业的资金规模、资金结构等都会影响企业的财务杠杆系数

D. 复合杠杆系数越大，财务杠杆系数就越大

3. 已知某企业经营杠杆系数等于 2，预计息税前利润增长 10%，每股利润增长 30%，下

列说法正确的是(　　)。

A. 产销业务量增长率5%　　B. 财务杠杆系数等于3

C. 复合杠杆系数等于6　　D. 财务杠杆系数等于6

4. 影响经营杠杆系数变动的因素有(　　)。

A. 销售价格　　B. 销售量　　C. 固定成本　　D. 固定利息

5. 确定最佳资金结构的方法包括(　　)。

A. 每股利润无差别点法　　B. 公司价值分析法

C. 边际资金成本法　　D. 比较资金成本法

6. 当财务杠杆系数为1时,下列说法不正确的是(　　)。

A. 息税前利润增长为0

B. 息税前利润为0

C. 普通股每股利润变动率等于息税前利润变动率

D. 固定成本为0

7. 下列关于资金成本的说法中,正确的有(　　)。

A. 资金成本的本质是企业为筹集和使用资金而发生的代价

B. 资金成本并不是企业筹资决策中要考虑的唯一因素

C. 资金成本必须用相对数表示,即用资费用与实际筹得资金的比例

D. 资金成本是研究最优资金结构的主要参数

8. 某企业以发行股票、发行债券的方式筹集资金,在发生的下列费用中属于资金筹集费用的有(　　)。

A. 债券利息　　B. 股票承销的佣金　C. 资金占用费　　D. 债券印刷费

9. 资金成本的作用有(　　)。

A. 是选择资金来源,确定筹资方案的重要依据

B. 是决定筹资时间选优的标准

C. 是评价投资项目,决定投资取舍的重要标准

D. 是决定筹资条件选优的标准

10. 最佳资金结构是指(　　)的资金结构。

A. 企业价值最大　　B. 加权平均资金成本最低

C. 每股收益最大　　D. 净资产值最大

五、判断题

1. 在其他因素不变的情况下,固定成本越小,经营杠杆系数也就越小,而经营风险则越大。(　　)

2. 由于经营杠杆的作用,当息税前盈余下降时,普通股每股盈余会下降得更快。(　　)

3. 假设其他因素不变,销售量超过盈亏临界点后,销售量越大则经营杠杆系数越小。(　　)

4. 财务杠杆是通过扩大销售来影响每股收益的。(　　)

5. 企业最优资本结构是在一定条件下,使企业筹资能力最强、财务风险最小的资本结构。(　　)

6. 资本成本就是资本的占用费用支出。(　　)

7. 留存收益不产生筹资费用。(　　)

8. 治理不良资本结构的最好方法是收缩企业的业务规模。(　　)

9. 不良资本结构主要是由于过度负债引起的。(　　)

10. 企业的资本结构一旦确定,应保持长期不变,以保证稳定性。(　　)

六、实训

实训一

某企业计划筹集资金 100 万元,所得税税率为 25%。有关资料如下:

(1)向银行借款 10 万元,借款年利率为 7%,手续费为 2%。

(2)按溢价发行债券,债券面值 14 万元,溢价发行价格为 15 万元,票面利率为 9%,期限为 5 年,每年支付一次利息,其筹资费率为 3%。

(3)发行普通股 40 万元,每股发行价格 10 元,筹资费率为 6%。预计第一年每股股利 1.2 元,以后每年按 8%递增。

(4)其余所需资金通过留存收益取得。

要求:

(1)计算个别资本成本。

(2)计算该企业加权平均资本成本。

实训二

设甲公司股票的 β 系数等于 0.5,乙公司股票的 β 系数等于 1,如果无风险收益率为 5%,市场期望的收益率为 10%,那么甲公司股票和乙公司股票的成本率各为多少?

实训三

已知某公司当前资本结构如下:长期债券(年利率 10%)为 1 000 万元,普通股(4 500 万股)为 4 500 万元,留存收益为 2 000 万元。因生产发展需要,公司年初准备增加资金 2 000 万元,现有两个方案:甲方案为增发 1 000 万股普通股,每股市价 2 元;乙方案按面值发行每年年末付息、票面利率为 15%的公司债券 2 000 万元。假定股票与债券的发行费用均可忽略不计,适用所得税率 25%。

要求:

(1)两种方案的每股收益无差别点的 EBIT。

(2)分别计算处于每股收益无差别点时甲、乙方案的财务杠杆系数。

(3)如果预计采用新方案后的 EBIT 为 2 100 万元时,指出该公司应采用的筹资方案。

实训四

某公司目前的资本来源包括每股面值 1 元的普通股 800 万股和平均利率为 10%的 3 000 万元债务。该公司现在拟投产一个新项目,该项目需要投资 4 000 万元,预期投产后每年可增加营业利润(息税前盈余)400 万元。该项目备选的筹资方案有 3 个:

(1)按 11%的利率发行债券。

(2)按面值发行股利率为 12%的优先股。

(3)按 20 元/股的价格增发普通股。该公司目前的息税前盈余为 1 600 万元,公司适用的所得税率为 25%,证券发行费可不计。

要求：

(1)计算按不同方案筹资后的普通股每股收益。

(2)计算增发普通股和债券筹资的每股(指普通股，下同)盈余无差别点，以及增发普通股和优先股筹资的每股盈余无差别点。

(3)计算筹资前的财务杠杆和按3个方案筹资后的财务杠杆。

(4)根据以上计算结果分析，该公司应当选择哪一种筹资方式?

项目五

流动资产管理

学习目标

- 能做简单的最佳现金持有量决策
- 能做简单的应收账款信用政策决策
- 能做简单的存货最佳进货批量决策

知识要点

- 企业持有现金的动机
- 现金管理方法
- 应收账款信用政策的内容和制定方法
- 应收账款管理方法
- 存货的成本和存货经济批量模型
- 存货管理方法

案例导入

公司最佳现金流管理的典范

"我们已削减了成本,增加了损失储备金,改善了现金流状况,并强化了管理流程……资金分配的优先重点是确保安全,为此,我们将继续按照'AAA'要求运营公司,包括采用充足的资金、低杠杆比率、稳定的收入和保守性融资等。"在2009年给投资者的信中,GE公司董事长兼首席执行官伊梅尔特这样说道。

这不仅仅是2008年盈利高达180亿美元的GE公司的担心。在中国上市的制造业公司年报中,同样可以看到相似的表述——降低成本、强化管理、改善现金流状况。即便一季度的宏观数据显示了些许回暖的气息,2009年仍可能是一个充满不确定性的寒季。在寒季,现金是企业维持肌体活性最重要的资产。

经济衰退时期的现金流管理,最简单的原则就是开源节流,比如减少应收、存货,增加应付,缩减费用,以及由此衍生的各式各样的技巧。重要的是审慎的周期判断、果断的战略调整,持续的管理改进,才是安全过冬的根本。

请思考：

(1)在金融危机中为什么GE公司盈利高达180亿美元？

(2)现金流管理在企业的财务管理中处于何种地位？

(3)GE公司给了我们什么启示？

任务一 现金管理

现金是企业所拥有的在生产经营过程中暂时处于货币形态的资金，是流动资产的重要组成部分。这里的现金是广义的概念，不仅指库存现金，还包括各种银行存款和其他货币资金。在企业的所有资产中，现金的流动性最强，最有活力，它满足了企业日常生产经营开支的各项需要，还是还本付息、缴纳税费和支付现金股利的保证。现金不足，不仅会影响企业的生产营运，增加成本，还会给企业带来财务风险，甚至导致破产。但现金的收益性是最差的，过量持有，必然造成企业用资成本增加，利润减少。而且现金是通用性货币，保管不当的话，极易发生短缺和偷盗现象，引发舞弊行为。因此，对现金的有效管理是流动资产管理的首要内容。

一、持有现金的动机

(一)交易动机

交易动机是指企业为了应付日常经营中的交易需要而应该保持一定量的现金。这些现金是用来满足日常业务支付需要的，譬如，购买原材料、支付工资、缴纳税款、支付利息、归还贷款和派发现金股利等。企业经常得到现金收入，也经常发生现金支出，在现实中两者很少同步同量。当收入多于支出时，形成现金置存；当收入小于支出时，形成现金短缺，需要借入资金。现金不足，势必影响到企业正常生产经营活动的开展，企业必须维持适当的现金余额，以保证日常交易的顺利进行。交易动机是企业持有现金的主要动机。

(二)预防性需要

预防动机是指企业为了预防意外支付而需要保持一定数量的现金。由于市场行情瞬息万变，企业很难对未来现金流入与流出量做出准确的预期。特别是对一些大的投资项目，或大额到期贷款，一旦预期与实际情况发生偏差，很可能给企业造成巨大的经营风险和财务风险。因此，为保证正常经营的继续进行，必须持有一定量的现金，并保留适当的余额。企业现金流量的不确定性越大，预防性现金的数量就应越大；企业现金流量的可预测性越强，预防性现金的数量就越少。如果企业资信良好，很容易随时借到短期资金，则可以减少预防性现金的数额；反之，就应扩大预防性数额。

(三)投机性需要

投机动机是指企业置存现金用于不寻常的购买机会。比如，在2008年金融危机中，中国企业纷纷出击收购国外企业，这就需要大量的现金。有足额的现金，企业可以得到廉价优质原材料的临时性采购机会，可以适时购买超跌证券，从而获得高额收益。但投机性动机只是企业确定现金持有量时应考虑的次要因素。

企业持有现金时,应综合考虑上述3种动机。3种动机所需保持的现金并不一定完全是货币形态,它们可以是能够随时变现的有价证券和其他形态。

二、现金管理的基本目标

企业必须保持一定数量的现金,以满足正常经营活动的需要。如果现金持有数量不足,企业将不能维持日常业务开支需要,因而蒙受损失,还有可能使企业面临巨大的财务风险。然而,现金盈利性不足,如果企业置存过量的现金,又会因这些资金闲置,不能投入周转,无法盈利而遭受另外的损失。企业面临着现金短缺和现金过量两方面的威胁。因此企业现金管理目标是:既要满足企业各种业务往来的需要,保持现金的流动性,又要能降低现金的占用量,并从暂时闲置的货币资金中获取最大的投资收益。在现金的流动性和盈利能力之间寻找最佳平衡点,以获取最大的长期利润。

三、现金管理的内容

现金管理的主要内容有国家对现金管理的有关规定、现金收支预算管理、最佳现金持有量的确认和现金的日常管理等。

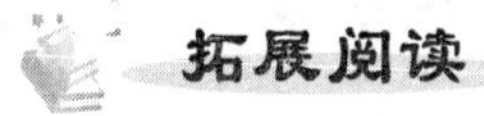

现金管理的有关规定

国务院在《现金管理暂行条例》中对使用现金作了如下主要规定:

(1)规定了现金的使用范围。

这里的现金指人民币现钞。单位只可在下列范围内使用现金:

①职工工资、各种工资性津贴;②个人劳务报酬,包括稿费和讲课费及其他专门工作报酬;③支付给个人的各种奖金,包括根据国家规定颁发给个人的各种科学技术、文化艺术、体育等各种奖金;④各种劳保、福利费用以及国家规定的对个人的其他现金支出;⑤收购单位向个人收购农副产品和其他物资支付的价款;⑥出差人员必须随身携带的差旅费;⑦结算起点以下的零星支出;⑧中国人民银行确定需要现金支付的其他支出。

(2)规定了现金结算起点。结算起点为1 000元,需要增加时由中国人民银行总行确定后,报国务院备案。

(3)规定了库存现金限额。企业由其开户银行根据企业的实际需要核定限额,一般以3天至5天的日常零星开支为限。边远地区和交通不发达地区的企业的库存现金限额可以适当放宽,但最多不得超过15天的日常零星开支。

(4)不得坐支现金。即企业不得从本单位的人民币现钞收入中直接支付交易款。现钞收入应于当日终了时送存开户银行。

(5)不得出租、出借银行账户。

(6)不得签发空头支票和远期支票。

(7)不得套用银行信用。

(8)不得保存账外公款,包括不得将公款以个人名义存入银行和保存账外现钞等各种形式的账外公款。

(一)最佳现金持有量的确定

要控制好现金的持有规模,需要确定适当的现金持有量。常用的有成本分析模式、存货模式两种确定方法。

1. 成本分析模式

成本分析模式是通过对持有现金的成本的分析,以持有成本最低的现金持有量作为最佳现金持有量的一种方法。企业持有现金,通常会发生以下四种成本:

(1)持有成本。现金的持有成本是指企业因保留一定现金而丧失的投资收益,即持有现金的机会成本。

现金的持有是一种资金占用形式。这种持有非但不会产生任何收益,还会带来占用成本,持有的时间越长,金额越大,现金的机会成本就越大。因此,为降低机会,现金余额须保持在较低水平上。企业需要持有一定的现金来维护生产经营的需要,但如果现金拥有量过多,机会成本就会大幅上升。

(2)管理成本。企业持有现金,会发生管理费用,这些费用就是现金的管理成本。例如管理人员的工资、安全防范措施费用、保管费用等。管理成本是一种固定成本,和现金持有量的高低没有明显的比例关系。

(3)转换成本。转换成本是指企业把现金转换为有价证券,或把有价证券转换为现金时付出的交易费用,譬如委托买卖佣金、委托手续费、证券过户费、实物交割手续费等。转换成本分为决策相关成本和决策无关成本,相关成本是每次转换时发生的固定性费用,如证券过户费等;无关成本是在证券总额既定的条件下,无论变现次数怎样变动,依据委托成交额计算的转换成本不变。这样,与证券变现次数密切相关的转换成本便只包括其中的固定性交易费用。固定性转换成本与现金持有量成反比例关系。

(4)短缺成本。现金的短缺成本是指由于缺乏必要的现金,不能满足业务开支所需,而使企业蒙受损失或为此付出的代价。例如:由于现金短缺无法购入足额的原材料,停工待料,无法按时交货等,从而给企业造成损失;或者因不能按时付货款而丧失企业信誉;无法及时缴纳税款而产生滞纳金等。现金的短缺成本随现金持有量的增加而下降;反之,现金持有量越小,短缺成本越高。

上述成本之和最低的现金持有量即为最佳现金持有量。

【例 5-1】 某企业有 4 种持有现金方案,各自的持有成本、管理成本和短缺成本如表 5-1 所示,不发生转换成本。要求确定最佳现金持有量。设企业资金成本率为 10%。

表 5-1 现金持有方案 万元

项目 \ 方案	甲	乙	丙	丁
现金持有量	50	100	150	200
资金成本	5	10	15	20
管理成本	8	8	8	8
短缺成本	14	8	2	0

4 种方案的总成本计算如表 5-2 所示。

表 5-2　现金持有总成本　　万元

项目 \ 方案	甲	乙	丙	丁
资金成本	5	10	15	20
管理成本	8	8	8	8
短缺成本	14	8	2	0
总成本	27	26	25	28

上述 4 种方案中丙方案总成本最低，所以企业最佳现金持有量为 150 万元。

2. 存货模式

存货模型是由美国经济学家 William・J・Baumol 于 1952 年首先提出来的，又称鲍曼模型。他认为企业最佳现金持有量在许多方面与存货最佳进货量相似，存货经济批量模型可用于确定最佳现金持有量，因此建立了鲍曼模型。

运用存货模式确定最佳现金持有量有下列假设条件：

(1)企业所需现金均可通过有价证券变现取得，且证券变现的不确定性很小。

(2)企业预算期内现金需求总量可以预测。

(3)现金的支出过程稳定，波动小，而且每当现金余额降至零时，均可通过变现部分证券迅即补充。

(4)证券的利率、报酬率以及每次发生的固定性交易费用可以获悉。

(5)现金短缺成本为零。

存货模型没有考虑现金的管理成本和短缺成本，决策的相关成本是现金的持有成本和转换成本。因此，在存货模型中只考虑现金的持有机会成本和转换成本。如果现金持有量大，现金的持有成本就越高，但证券变现次数减少了，转换成本也就越小；而减少现金可以降低现金的持有成本，但证券变现次数增加了，转换成本也就增加。因此，能使现金管理的总成本保持最低的现金持有量，即为最佳现金持有量。即

现金管理总成本＝持有成本＋转换成本，

$$TC=Q/2\times K+R/Q\times F, \tag{5-1}$$

式中，Q 为最佳现金持有量；TC 为现金管理总成本；$Q/2$ 为平均现金持有量；K 为有价证券的利息率；R/Q 为现金与有价证券间的转换次数；F 为每次交易的固定费用。

对上述公式求导可得出最佳现金持有量为

$$Q=\sqrt{2RF/K}。 \tag{5-2}$$

将上式中的 Q 代入现金管理总成本的公式可得到此时的最低总成本

$$TC=\sqrt{2RFK}。 \tag{5-3}$$

【例 5-2】 A 企业预计全年需要现金支出 8 000 000 元，现金与有价证券的转换成本为每次 1000 元，每次支出很均衡，有价证券的年利率为 10%，用存货模型求其最佳现金持有量、现金管理总成本、平均现金持有量、全年转换交易次数。

解　　$Q=\sqrt{2RF/K}=\sqrt{2\times 8\ 000\ 000\times 1\ 000/10\%}=400\ 000$ 元，

$$TC=\sqrt{2RFK}=\sqrt{2\times 8\ 000\ 000\times 1\ 000\times 10\%}=40\ 000\text{ 元},$$

$$Q/2=400\ 000/2=200\ 000\text{ 元},$$

$$R/Q=8\ 000\ 000/400\ 000=20\text{ 次}。$$

(二)现金的日常管理

现金日常管理的目的是在维护现金安全的前提下尽量提高现金使用效率。

1. 力争货币资金流量同步

企业尽量使它的货币资金流入与流出发生的时间趋于一致,这样就可以使所持有的交易性现金余额降到最低水平,这就是现金流量同步。

2. 合理使用货币资金浮游量

货币资金浮游量指从企业开出支票,收款人收到支票并存入银行,至银行将款项划出企业账户的这段时间内,企业可占用的现金数。这段时间内,尽管企业已开出了支票,但仍可动用在活期存款账户上的这笔资金。不过,在使用货币资金浮游量时一定要控制好使用时间,否则会发生银行存款的透支。

3. 加速收款

加速收款主要指企业采取各种措施,缩短应收账款的收回时间,以尽早收回货币资金。加速收款方法可以根据企业的具体情况而定,一方面尽可能缩短信用期;另一方面使用现金折扣,或其他有效的收款政策,促使客户及早付款。收款方式有以下几种主要方式:

(1)邮政信箱法。邮政信箱法又称锁箱法,是西方企业加速现金流转的一种常用方法。企业可以在各主要城市租用专门的邮政信箱,并要求客户在收到发票后及时开具支票,同时将支票送到企业指定的加锁信箱中。企业可授权当地的代理银行及时开箱取走支票,然后将货款存入企业在该银行的账户中,由银行将收款情况通知企业并将这些资金划转入其主要开户银行。这种方法成本较高,因为被授权开启邮寄信箱的当地银行除了要求扣除相应的补偿性余额外,还要收取办理额外服务的劳务费,导致成本增加。

(2)银行业务集中法。这是一种通过建立多个收款中心来加速现金流转的方法。在这种方法下,除企业所在地以外的其他地区,根据客户分布情况及收款量情况分别设立收款中心,企业预告通知该地区客户将货款直接寄往该中心,中心在接到汇票后,立即存入当地银行。分散在各地的银行通过票据交换后将款项转给集中收款银行(通常为企业总部所在地的银行)。采用这种方法须在多处设立收账中心,增加了相应的费用支出。

(3)分散收账。对于那些比较分散而且额度较大的货款,企业可派专人将大额票据收回并且直接送到付款银行提出交换,交换后立即存入企业存款账户。

(4)网上银行结算方式。随着通信技术和网络技术的迅猛发展,各大银行都推出了网上银行功能。企业可以选择电子银行的结算方式,无论距离多远、金额多大,都可以实现即时到付。电子银行结算方式目前已越来越多地成为企业的首选结算方式。采用这种方法成本较高,系统的技术支持及网络安全维护尤其重要。

4. 推迟应付账款的支付

推迟应付账款的支付是指企业在不影响自己信誉的条件下,尽可能地推迟应付账款的支付期,充分运用供货方所提供的信用优惠。如企业急需资金,甚至可以放弃供货方所提供的优惠,在信用期的最后一天付款。

5. 成立内部结算中心

结算中心通常是由企业集团财务部门下设立，是一个独立运行的职能机构，办理内部各成员单位现金收付和往来结算业务。在集团内部实行收支两条线和资金的有偿使用，收入由资金结算中心统一支配，支出则根据集团资金情况由资金结算中心统一安排；通过动态的现金流量预算和资金收支计划实现对资金的精确调度。

该方法的优点是把集团企业分散的资金集中起来，统一筹划集团内部资金的使用，及时调剂余缺，盘活了子公司的存量资金，使资金的使用趋于合理，加速资金周转，提高资金使用率，并且减少银行贷款规模，节约了财务费用，提高企业的信用等级和信誉，同时还可以监控资金使用。

任务二　应收账款管理

应收账款是指企业因销售产品、材料或提供劳务等原因，应向购货单位或接受劳务的单位收取的款项。在市场经济条件下，企业之间互相提供商业信用的行为非常普遍，应收账款也在企业流动资产中占了相当大的比例。

一、应收账款的管理目标

（一）应收账款的成因

应收账款产生的原因主要有两个：

(1)商业竞争。这是产生应收账款的主要原因。市场经济条件下，企业的商品生产和经营活动面临着激烈的竞争。这种竞争机制迫使企业千方百计扩大销售。除了依靠产品质量、价格、售后服务、广告等外，赊销也是扩大销售的手段之一。对于同等的产品价格、类似的质量水平、同样的售后服务，实行赊销的产品或商品的销售额将大于现销的产品或商品的销售额。为了扩大销售、在激烈的市场竞争中获胜，企业不得不以赊销或其他优惠方式招揽顾客，于是就产生了应收账款。

(2)销售和收款的时间差距。商品成交的时间和收到货款的时间不一致，也导致了应收账款的产生。对批发和大量生产的企业来讲，发货时间和收到时间往往不能同步。因为货款结算需要时间，并且结算手段越是落后，结算所需时间越长。销售企业只能在这段时间垫付资金。由于销售和收款的时间差而造成的应收账款，不属于商业信用，也不是应收账款的主要内容。

（二）应收账款的成本

应收账款成本是指企业持有应收账款而付出的代价。应收账款成本主要包括机会成本、管理成本和坏账成本。

(1)机会成本。应收账款的机会成本是指企业的资金投放在应收账款上而放弃的投资于其他方面的收益。这种成本一般按资金成本率或有价证券利率确定。其计算公式为

应收账款占用的机会成本＝应收账款平均占用额×资金成本率

＝每日赊销占用应收账款额×平均收账期×资金成本率

$$=（年赊销收入×变动成本率）/360×平均收账期 ×资金成本率。 \quad (5\text{-}6)$$

（2）管理成本。应收账款的管理成本是用于应收账款的各种管理费用，譬如对客户的资信调查费用、应收账款账簿记录费用、收账费用以及其他费用等。通常可视为固定成本，可通过预测加以确定，无须计算。

（3）坏账成本。应收账款的坏账成本是指企业的应收账款不能及时收回而给企业造成的损失。这一成本一般同企业的应收账款数量成正比，即应收账款越多，坏账损失也越多。它可用下列公式计算：

应收账款的坏账成本＝赊销收入×实际或预期坏账损失率。　　(5-7)

（三）应收账款的管理目标

企业对应收账款进行管理的目标，就是要在扩大销售与增加成本之间进行权衡，以选择最佳的信用政策，用较小的成本、较低的风险获取更大的收益。

二、信用政策的确定

信用政策即应收账款的管理政策，是企业对应收账款进行规划和控制的基本原则与行为规范。企业的信用政策是否合理，直接影响到企业的经济效益。它主要包括信用标准、信用额度、信用条件和收账政策四部分内容。

（一）信用标准

信用标准是企业给予客户赊销的最低条件。它表示企业可以接受的信用风险水平。在严格的信用标准下，企业只向信用卓越的客户给予赊销，这样，可以降低企业的信用风险水平，减少成本占用；反之，如果放宽信用标准，企业的销量会扩大，但坏账风险也随之加大。因此，在信用标准确定之前，首先应对客户的资信进行分析。

1. 调查客户信用

客户信用状况的评定，是建立在可靠的资料基础之上的。所以，在评价客户信用状况之前，必须搜集客户的有关信息资料，对客户进行信用调查。

2. 评定客户的信用状况

通过对搜集来的信用资料加以整理、分析，对客户信用状况做出评定。常用的有“五C”评估法。即从信用品质(character)、偿债能力(capacity)、资本(capital)、抵押品(collateral)、经济环境(conditions)五个方面评估客户信用定性分析。这五个方面英文的首写字母都是C，故称为“五C”评估法。

信用品质是指客户履约偿还其债务的可能性，这是决定客户信用的首要因素，主要通过了解客户以往的付款履约记录进行评估；偿债能力是对客户偿债付款能力所作的主观判断，它取决于其资产特别是流动资产的数量、变现能力及其与流动负债的结构关系；资本是指对客户总资产、有形资产等的测定，它反映了客户的经济实力与财务状况的优劣，是偿付债务的最终保证，一般从财务报表中获得；抵押品是指客户获得信用可能提供的资产；经济环境指能够影响客户偿债能力的经济发展一般趋势，包括特定区域、特定行业的经济发展趋势。

五个方面的信用资料可以通过直接查阅、采访与观看客户的财务状况及财务报表获得，也可以间接通过银行提供的客户信用资料以及与该客户的其他供应商交换有关信用资料来取得。获得资料后，着手进行评估分析，并将客户的信用资料转化为信用等级，来判断信用的大小，并决定是否给予信用优惠。

（二）信用额度

信用额度是指给予客户赊销的最大额度。这个信用额度代表了企业对客户愿意接受的最高风险。由于风险是变化的，现在可以接受的风险并不意味着将来可以接受，因此，信贷额度需要定期重新评估，经常检查，做必要的变动。

（三）信用条件

信用条件是指企业要求客户应付赊销款项的条件。主要包括信用期间和现金折扣两个方面。

1. 信用期间

信用期间是企业要求客户付款的最长期限，或者说是企业给予客户的信用持续期间，只要客户在此期限内付款，便认为客户没有违约。较长的信用期间，意味着给客户以更优越的信用条件，从而会刺激客户的购货热情，吸引更多的客户，扩大销售量。但较长的信用期间也会使应收账款的变现天数变长，给企业带来更大风险；相反，较短的信用期间，虽然减少了持有应收账款相关的成本，但直接影响到企业的销售规模，增加了库存压力。因此，在一个持续经营的企业，进行信用期间的确定时，要分析改变现行信用期对收入和成本的影响，将改变现行信用期是否会给企业带来净收益，作为确定其合适的信用期间的判断依据。

【例 5-4】 A 企业现在采用（n/30）的信用政策，拟将采用（n/60）的新信用期，该公司的资金成本率为 12%，其他有关数据如表 5-3 所示，该决策是否可行？

表 5-3　A 公司信用条件

信用期 / 项目	30 天	60 天
销售量/件	100 000	120 000
销售额/元（单价 10 元）	1 000 000	1 200 000
销售成本：		
变动成本/元（每件 6 元）	600 000	720 000
固定成本总额/元	50 000	50 000
可能发生的收账费用/元	3 000	5 000
可能发生的坏账损失/元	4 000	6 000

根据以上资料，分析应否改变信用期。

在分析时，先计算放宽信用期得到的收益，然后计算增加的成本，最后根据两者比较的结果做出判断。

（1）增加的收益为

增加的销售额×单位贡献毛益＝（1 200 000－1 000 000）×（10－6）＝800 000 元。

（2）增加的成本为

①应收账款占用资金的应计利息增加（机会成本）：

应收账款应计利息＝应收账款占用资金×资本成本，

应收账款占用资金＝应收账款平均余额×变动成本率，

应收账款平均余额＝日销售平均余额×平均收账期，

则　　30天信用期应计利息＝1 000 000/360×30×6/10×12％＝6 000元，

60天信用期应计利息＝1 200 000/360×60×6/10×12％＝14 400元，

应计利息增加＝14 400－6 000＝8 400元。

②收账费用增加＝5 000－3 000＝2 000元。

③坏账费用增加＝6 000－4 000＝2 000元。

(3)改变信用期的净损益为

增加的收益－增加的成本＝800 000－(8 400＋2 000＋2 000)＝787 600元。

由于增加的收益大于增加的成本，故应采用60天的信用期。

2. 现金折扣

现金折扣是为了吸引客户在一定的日期内支付货款而给予的扣除额。企业为客户提供现金折扣，一方面是为了吸引一批想要获得折扣的客户，从而提高销售数量，增加销售总额；另一方面，是为了让这些客户为取得折扣而更快地付款，从而缩短平均的应收账款占用期，减少资金成本。

现金折扣表示为(2/10，1/30，n/60)，含义是：2/10表示10天内付款可享受2％的折扣；1/30表示30天内付款可享受1％的折扣；60天内付清，没有折扣。企业应当核定多长的现金折扣期限，以及应给予客户多大程度的现金折扣率，必须与信用期间及加速收款所得到的收益与付出的现金折扣成本结合来分析。如果实行现金折扣政策所带来的收益能够补偿现金折扣成本，企业就可以实行现金折扣政策；如果实行现金折扣政策所带来的收益不能补偿现金折扣成本，企业则不宜实行现金折扣政策。

【例5-5】　承上题，假设现在拟将方案修订为(2/10，1/30，n/60)，估计会有50％的客户选择10天内付款，20％的客户选择30天内付款，其他条件均不变，问是否应该采用新方案？

(1)增加的收益为

增加的销售量×单位贡献毛益＝(1 200 000－1 200 000)×(10－6)＝0。

(2)增加的成本为

①应收账款占用资金的应计利息增加(机会成本)：

无现金折扣的60天信用期应计利息＝1 200 000/360×60×6/10×12％＝14 400元，

有现金折扣时的平均收账期＝10×50％＋30×20％＋60×30％＝29(元)

则，应计利息$=\frac{1\ 200\ 000}{360}\times 29\times\frac{6}{10}\times 12\%\approx 6\ 960$(元)

应计利息增加＝6 960－14 400＝－7 440元。(或减少14 400－6 960＝7 440元)

②财务费用增加＝1 200 000×2％×50％＋1 200 000×1％×20％＝14 400元。

(3)改变信用期的净损益为

7440－14 400＝－6 960元。

由于改变信用期的净损益小于增加的成本，故应采用(n/60)的信用政策。

(四)收账政策

收账政策指当客户违反信用条件，拖欠甚至拒付账款时企业所采取的收账策略与措施。

在企业向客户提供商业信用时，必须考虑3个问题：①客户是否会拖欠或拒付账款，程度如何；②怎样最大限度地防止客户拖欠账款；③一旦账款遭到拖欠甚至拒付时，企业应采取怎样的对策。前两个问题主要靠信用调查和严格信用审批制度;第 3 个问题则必须通过制定完善的收账方针,采取有效的收账措施予以解决。

从理论上讲,履约付款是客户不容置疑的责任与义务,债权企业有权通过法律途径要求客户履约付款。但如果企业对所有客户拖欠或拒付账款的行为均付诸法律解决,往往并不是最有效的办法,因为企业解决与客户账款纠纷的目的,主要不是争论谁是谁非,而在于怎样最有成效地将账款收回。实际上,各个客户拖欠或拒付账款的原因是不尽相同的,许多信用品质良好的客户也可能因为某些原因而无法如期付款。此时,如果企业直接向法院起诉,不仅需要花费相当数额的诉讼费,而且除非法院裁决客户破产,否则效果往往也不很理想。所以,通过法院强行收回账款一般是企业不得已而为之的最后的办法。基于这种考虑,企业如果能够同客户友好商量一个折中的方案,也许能够将大部分账款收回。

通常的步骤是:当账款被客户拖欠或拒付时,企业应当首先分析现有的信用标准及信用审批制度是否存在纰漏;然后重新对违约客户的资信等级进行调查、评价。将信用品质恶劣的客户从信用名单中删除,对其所拖欠的款项可先通过信函、电信或者派人前往等方式进行催收,态度可以越来越显强硬,并提出警告。当这些措施无效时,可考虑通过法院裁决。对于信用记录正常的客户,在去电、去函的基础上,不妨派人与客户直接进行协商,彼此沟通意见,达成谅解妥协,既可密切相互间的关系,又有助于较为理想地解决账款拖欠问题。当然,如果双方无法妥协时,也只能付诸法律进行最后裁决。

企业对拖欠的应收账款,无论采用何种方式进行催收,都需要付出一定的代价,即收账费用,如收款所花的邮电通信费、派专人收款的差旅费和不得已时的法律诉讼费等。通常,企业为了扩大销售,增强竞争能力,使得客户的逾期未付款项拖延时间长,对企业不利;收账政策过严,催收过急,又可能伤害无意拖欠的客户,影响企业未来的销售和利润。因此,企业在制定收账政策时,要权衡利弊,掌握好宽严界限。

收账政策中的一个重要因素是收账费用。一般来说,在其他情况不变时增加收账费用,应收账款及坏账损失都会降低。因此,如何权衡收账费用的增加(减少)与坏账损失以及占用应收账款的机会成本的减少(增加)之间的利弊得失就成为收账政策的中心内容。

企业在制定信用政策时,一般会考虑以下几种因素:

(1)销售净收益。企业信用政策制定的好坏,是否可行,主要取决于销售净收益是否长期稳定增长等因素。销售净收益的大小是决定企业信用政策是否可行的最根本的因素,也就是说,赊销效果好坏反映在利润率的高低上,而不在于坏账额度的大小。这就要求企业有关部门对各种信用政策方案进行认真分析和测算,得出每种方案的销售收入、应收账款总体持有水平及应收账款成本等计算数据,依此确定最合适的信用政策。

(2)政策稳定性。企业在制定信用政策时,必须考虑到政策的相对稳定性,保持条款在一定的时间内基本不变。信用政策稳定,既显示企业的实力,又显示企业自身的信誉和成熟程度。

(3)生产经营能力。企业在制定信用政策时,必须充分考虑到自身的生产经营能力。由于企业的生产能力并非可以任意扩大的,企业能否扩大再生产、有没有足够的资金和人力来扩大生产、市场需求是否能容纳企业增产的规模等因素都要给予充分考虑。

(4)外部经济环境。外部经济环境包括市场变化情况、资本市场状况、竞争对手的信用政策等,企业在制定信用政策时,必须加以考虑。企业需在外部环境许可的范围内,做出最佳的信用政策选择。

三、应收账款的日常管理

制定合理的收账政策，优化应收账款结构，是提高应收账款收现率，降低坏账损失的保障。在此基础上，企业还应进一步强化应收账款的日常管理和控制。主要包括以下内容。

1. 建立客户档案

企业通常都建有客户档案。客户档案的建档范围不仅包括欠款客户，也包括信誉良好的客户。档案内容包括：客户的法定代表人、法定地址、联系电话等工商登记情况；业务经办人情况；银行账户情况；交易合同、协议情况；双方历次对账情况；客户信用记录；客户对其债务偿还的承诺情况等。

所有档案材料尽可能用原件，即便是复印件也要有对方确认的记录。考虑到客户档案是企业的重要商业机密，企业一般都指定专人妥善保管。

2. 加强应收账款追踪分析

为达到足额收回应收账款这一目的，企业往往在收账之前，对该项应收账款的运行过程进行追踪分析。分析的重点放在客户的信用品质、现金持有量以及现金的可调剂程度等基本内容上。尤其要对那些金额较大或信用品质较差的客户进行分析。如发现客户信誉不佳或现金匮乏等，应立即采取相应的措施，促使应收账款的收回。

通过对应收账款进行追踪分析，企业可以准确预期应收账款发生坏账风险的可能性，研究和制定合理的收账政策，从而提高收账效率，减少坏账损失。

3. 建立应收账款坏账准备制度

企业无法收回的应收账款称为坏账，由此而造成的损失称为坏账损失。无论企业采取怎样严格的信用政策，只要存在着商业信用行为，坏账损失就不可避免。

建立坏账准备金制度，提取坏账准备金，处理好坏账损失，能够缓解坏账损失对企业正常经营秩序造成的冲击，正确反映各期财务成果的真实水平，加速企业营运资金周转。

任务三　存货管理

存货是指企业在生产经营过程中为销售或者耗用而储备的物资，包括原材料、燃料、包装物、低值易耗品、修理用备件、在产品、半成品、产成品、外购商品等。在流动资产中存货所占的比重是最大的，特别对制造企业来说，该比例可能达到60%以上，因此存货管理水平高低直接影响到企业的收益。因此，存货管理在整个流动资产管理中具有重要地位。

一、存货管理的目标

(一)企业持有存货的动机

存货是企业流动资产中获利能力最强的资产，然而却是流动性最弱的资产，企业储备存货主要有以下动机。

(1)保证企业生产经营和销售活动的正常进行。企业持有一定数量的原材料和在产品，主要是为了保证生产活动的顺利进行。实际上,企业很难做到随时购入生产和销售所需的各种物资,即使是市场供应量充足的物资也是如此。这不仅因为不时会出现某种材料的市场断档,还因为企业距供货点较远而需要必要的途中运输及可能出现的运输故障。企业持有必要的产成品,不仅可以成批地销售产品,节约销售费用,而且也便于应付市场上临时的订货需求。

(2)便于组织均衡生产,降低产品成本。有的企业生产活动具有比较明显的季节性,有的企业产品需求很不稳定。如果企业根据市场需求状况时高时低地进行生产,就会出现低谷时生产能力不能充分利用,高峰时超负荷生产,这些情况都会使生产成本上升。为了降低生产成本,实现均衡生产,就要储备一定的产成品存货和相应的原材料存货。

(3)防止意外事件发生造成的损失。采购、运输、生产和销售过程中,都可能发生意外事故,因而企业还需要保留一定数量的各种存货作为保险储备,以减少或避免意外事故带来的损失。

(二)存货的成本

企业持有一定数量的存货,必然会发生一定的代价或成本。存货的成本主要有取得成本、储存成本和缺货成本。

1. 取得成本

取得成本是指为取得某种存货而支出的费用,取得成本又分为订货成本和进价成本。

(1)订货成本是指为取得订单而发生的成本,如办公费、差旅费、邮资、电报电话费等支出,也称为进货费用。订货成本有一部分与订货次数无关,如常设采购机构的基本开支等,称为订货固定成本,另一部分与订货次数呈正比例变化的成本,称为订货变动成本。如为订货而发生的差旅费、邮资等。

(2)进价成本是指存货本身的价值,通常是购货发票中所标明的金额,经常用数量与单价的乘积来确定。

订货成本加进价成本,就等于存货的取得成本。那些不随进货次数变化的进价成本及订货固定成本属于经济批量决策的无关成本,而订货变动成本则属于经济批量决策的相关成本。

2. 储存成本

储存成本指企业为持有存货而发生的成本费用支出,主要包括存货占用资金所应计的利息(若企业用自有资金购买存货,便失去了将现金存入银行或投资于证券应取得的利息,为“放弃利息”,即机会成本。若企业借款购买存货,便要支付利息费用,为“付出利息”。)仓库费用、存货的破损和变质损失、存货的保险费用等。储存成本也分为固定成本和变动成本。固定成本与存货数量的多少无关,如仓库折旧、仓库职工的固定月工资等;变动成本与存货的数量有关,如存货占用资金应计利息、存货的破损和变质损失、存货的保险费用等。

一般而言,大部分储存成本随存货进货量的增减,进而是储存量的增减而呈正比例的变化,即储存成本属于经济批量决策的相关成本。

3. 缺货成本

缺货成本指因存货不足而给企业造成的损失,主要包括材料供应中断造成的停工损失,产成品库存缺货造成的拖欠损失和丧失销售机会的损失,还应包括需要主观估计的商誉损失。如果生产企业以紧急采购代用材料解决库存材料中断之急,那么缺货成本表现为紧急购入替代材料的额外开支,缺货成本因其计量十分困难常常不予考虑,但如果缺货成本能够准确计量的话,也可以在存货决策中考虑缺货成本。

（三）存货的管理目标

存货管理的目的主要是为了解决购料与生产不相配合的困难。周密和完善的生产计划和物资供应系统可使原材料、零部件的供应和生产过程完全衔接并及时满足市场对产品的需求。这时企业对存货的需求益量小。但生产和销售是一个动态系统，它必须随着市场的变化而变化，总是会产生波动。若生产一时扩大而原材料供应不上，则会使生产中断。若市场销售量增加而公司无产成品库存，则会影响企业的销售和声誉，造成一定的损失。因此，企业基于内、外部的主客观环境和条件的影响，无法全面推行“适时生产系统”，存货的存在是不可避免的。

所以，存货管理的目标就是在满足经营所需存货的条件下，存货的成本最低。为此，企业应做出科学的存货数量规划，使存货维持在最佳的水平上。

二、存货管理的方法

实现存货管理的目标，关键在于确定一个最佳的存货数量，对存货数量加以控制，使存货的总成本最低。在企业存货管理和控制的实践过程中，逐步形成了一些有效的存货数量规划控制方法，主要包括存货经济批量模型、再订货点控制及保险储备量的计算。

（一）经济批量模型

经济进货批量是指能使一定时期存货的总成本达到最低点的进货数量。通过上述对存货成本分析可知，订货固定成本和储存固定成本与进货数量没有直接的关系，是决策无关成本，可以不予考虑，进价成本是指存货本身的价值，在一定时期进货总量既定的条件下，无论企业采购次数如何变动，存货的进价成本通常是保持相对稳定的（假设物价保持不变且无商业折扣），因而也属于决策无关成本。决定存货经济批量的成本因素主要包括订货变动成本、储存变动成本以及允许缺货时的缺货成本。不同的成本项目与进货批量呈现着不同的变动关系。减少进货批量，增加进货次数，可降低储存成本，但会导致订货成本与缺货成本的提高；相反，增加进货批量，减少进货次数，尽管有利于降低进货费用与缺货成本，但同时会影响储存成本的高低。因此，如何协调各项成本间的关系，使其总和保持在最低水平，是企业组织进货过程需解决的主要问题。

1. 经济进货批量的基本模型

基本经济批量模型是以如下假设为前提的：

(1)一定时期的进货总量可以准确预测。

(2)存货的单价不变，不存在数量折扣。

(3)企业能及时补充存货，存货的供应比较充足。

(4)能集中到货，而不是陆续入库，存货的耗用或者销售比较均衡。

(5)不允许缺货。

在满足以上假设的前提下，存货的进价成本、订货固定成本和储存固定成本均为常量，因为不存在缺货，短缺成本也不是决策的相关成本。此时，经济批量考虑的仅仅是使订货变动成本（简称订货成本）与储存变动成本（简称储存成本）之和最低。

即　　存货成本＝订货成本＋储存成本。

订货成本、储存成本与存货总成本的关系可用图 5-1 来表示。

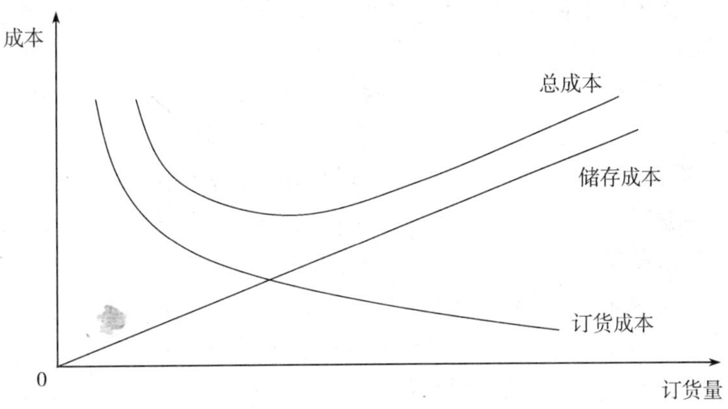

图 5-2　经济批量模型示意图

此时，经济进货批量可以用公式来确定，公式推导过程中假设有关符号如下：

A 为存货全年需要量；Q 为每批订货量；F 为每次订货成本；C 为单位存货年储存成本；TC 为全年总成本。

则有

$$订货批数=\frac{A}{Q}；$$

$$平均库存量=\frac{Q}{2}；$$

$$全年订货成本=\frac{A}{Q}\times F；$$

$$全年储存成本=\frac{Q}{2}\times C；$$

$$全年总成本(TC)=\frac{Q}{2}\times C+\frac{A}{Q}\times F。$$

若 TC 值最小，对 TC 求一阶导数，并令一阶导数等于零，此时的批量则称为最佳经济进货批量。

$$Q=\sqrt{\frac{2AF}{C}} \tag{5-8}$$

根据这一公式可进一步推导出存货最低总成本：

$$TC=\sqrt{2AFC} \tag{5-9}$$

【例 5-6】 B 企业 2011 年需耗用某材料 80 000kg，平均每次订货成本为 900 元，单位储存成本为 4 元，计算经济进货批量、经济进货批次及最低年存货总成本。

解

$$Q=\sqrt{\frac{2AF}{\text{C}}}=\sqrt{\frac{2\times 80\ 000\times 900}{4}}=6\ 000\ \text{kg},$$

$$A/Q=80\ 000/6\ 000\approx 13.33(次)$$

$$TC=\sqrt{2AFC}=\sqrt{2\times 80\ 000\times 900\times 4}=24\ 000\ 元。$$

在实际工作中，不可能符合那么多的假设条件，每一个假设条件的打破，都意味着基本经济批量模型的修正(注意：改变一个假设条件均假定其他假设条件仍不变)。因此，企业必须同时结合实际工作中的不同情况进行具体的分析，灵活地运用经济批量模型。

2. 有数量折扣下的经济批量模型

基本模型中有“单价不变，不存在数量折扣”的假设，事实上，为了鼓励客户购买更多的商品，销售公司通常给予不同程度的价格优惠，即实行商业折扣，即买得越多，价格优惠越大。这时，企业的进价成本与每次进货数量的大小发生关系，进价成本由无关成本变成了相关成本。因此，企业必须对基本模型进行修正，在确定经济批量的相关存货总成本时，不仅要考虑订货成本和储存成本，而且要考虑进价成本，即

全年存货总成本＝进价成本＋订货成本＋储存成本，

$$TC=P\times Q+A/Q\times F+Q/2\times C, \tag{5-10}$$

式中，P 为存货单价（价格随进货量的不同而不同）。

具体计算时，可采用以下步骤：

首先，计算出不考虑数量折扣下按基本模型确定的经济批量，以此作为进货量的第一选择，按此进货数量计算出相关存货总成本（包括进价成本）；其次，以销售公司提供的享受价格折扣的下限作为进货量的第2、第3乃至更多的选择，按照这些不同的进货数量及相应的价格分别计算出相关的存货总成本（包括进价成本）；再次，比较不同进货数量下的存货总成本，确定出总成本最低的进货批量，该进货批量即为有数量折扣下的经济进货批量。

【例5-7】 某企业甲材料的全年需求量为800kg，单价8元/kg，每次进货费用500元，单位储存成本为5元，供应商规定一次购货量在500kg以上的可享受2%的数量折扣，在600kg以上的可享受3%的数量折扣，求该企业的经济批量。

解 （1）最佳经济批量下的存货总成本为

$$Q=\sqrt{2AF/C}=\sqrt{2\times800\times500/5}=400\text{kg},$$

$$TC_1=400\times8+800/400\times500+400/2\times5=5\ 200\text{ 元。}$$

（2）购货量为500kg的存货总成本

$$TC_2=500\times8\times(1-2\%)+800/500\times500+500/2\times5=5\ 970\text{ 元。}$$

（3）购货量为600kg的存货总成本

$$TC_3=600\times8\times(1-3\%)+800/600\times500+600/2\times5\approx6\ 823\text{ 元。}$$

因为，TC_1 最小，所以该企业的经济批量为400kg。

（二）再订货点控制

经济进货批量模型是假设企业的存货能够随时补充，即每当存货数量降为零时，企业及时订货，下一批存货就能马上一次到位。但实际上，任何企业都不会等到存货全部用光再去采购，而需要在没有耗用完之前提前订货，否则，生产或销售可能出现中断。那么，究竟在上一批存货还有多少时，订购下一批货物呢？这就是订货点的控制问题。所谓再订货点，就是订购下一批存货时本批存货的储存量。用公式表示为

再订货点（不含保险储备量）＝交货时间×平均耗用量，

式中，交货时间为订货日期至到货日期之间相隔的天数；平均耗用量是平均每日的需要量。

再订货点示意图如图5-2所示。

【例5-8】 假定A企业某材料的经济批量为1 225kg，每年订货8次，假设交货时间为10天，平均每日需要量5kg，则再订货点为

再订货点＝5×10＝50kg，

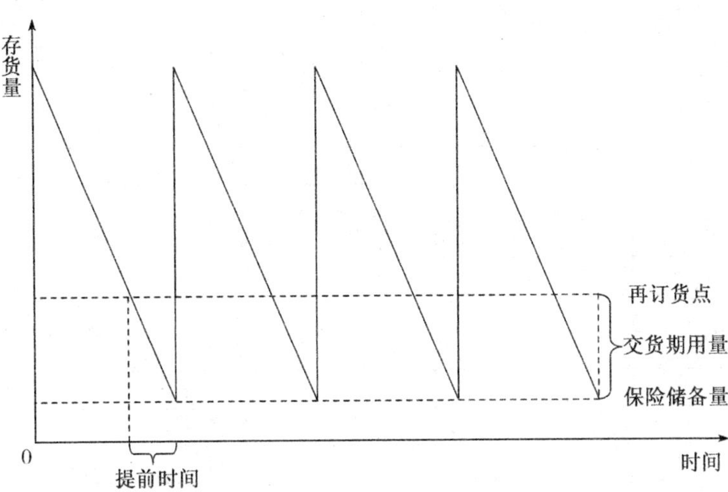

图 5-2　再订货点示意图

即企业在尚存材料 50kg 时，就应当再次订货，等到下批订货到达时，即再次发出订单 10 天后，原有库存刚好用完。此时，有关存货的每次订货量、订货次数、订货间隔时间等并未发生变化。

再订货点对企业的经济订货批量并无任何影响，它使企业订货更接近实际。当企业的存货达到再订货点时，就要发出订单，而不能等到存货用光后再去订货。以避免缺货造成生产经营中断。

三、存货的日常管理

存货日常管理的目标是在保证企业生产经营正常进行的前提下，尽量减少存货占用，提高存货的使用效率。实践中形成了许多行之有效的管理方法，ABC 管理法即是其中之一。

企业存货品种繁多，尤其是大中型企业多达上万种甚至数十万种。实际上，不同的存货对企业财务目标的实现具有不同的作用。有的存货尽管品种数量很少，但金额巨大，如果管理不善，将可能给企业造成极大的损失。相反，有的存货虽然品种数量繁多，但金额微小，即便管理当中出现一些问题，也不至于对企业产生较大的影响。因此，无论是从能力还是从经济角度，企业均不可能也没有必要对所有的存货加以同等对待。ABC 分类管理正是基于这一考虑提出的，ABC 管理法就是根据存货的重要程度，把存货分成 A、B、C 三类，分不同情况加以控制的一种方法。其目的在于使企业分清主次、突出重点、兼顾一般、提高存货资金管理的整体效果。

ABC 管理法有两个步骤：①对存货进行分类；②对存货进行管理。

（一）存货分类

存货 ABC 分类的标准主要有金额标准和品种数量标准。其中金额标准是最基本的，品种数量标准仅作为参考。一般来说，A 类存货品种少但资金占用大，其品种数约占全部品种数的 10％左右，其累计资金约占库存资金总额的 70％左右；B 类存货的品种数约占全部品种数的 20％～30％，其累计资金约占库存资金总额的 20％；C 类存货的品种数约占全部品种数的 70％左右，其累计资金约占库存资金总额的 10％左右。

【例 5-9】 某企业存货的有关资料如表 5-4 所示。

表 5-4 某企业存货的有关资料

材料序号	金额/万元	百分比/%	分类
1	245	20.69	A
2	203	17.15	A
3	185	15.63	A
4	106	8.95	A
5	63	5.32	B
6	59	4.98	B
7	52	4.39	B
8	47	3.97	B
9	46	3.89	B
10	40	3.38	B
11	38	3.21	B
12	30	2.53	B
其余 44 种	70	5.91	C
合计	1184	100.00	

制作 ABC 分类表，如表 5-5 所示。

表 5-5 ABC 分类表

因素类别	品种数量	品种构成/%	金额/万元	金额构成/%
A	4	7.14	739	62.42
B	8	14.29	375	31.67
C	44	78.57	70	5.91
合计	56	100.00	1 184	100.00

（二）存货管理

在对存货进行 ABC 分类之后，接着便是根据企业的经营策略对不同类别的存货进行不同的管理和控制。

1. A 类存货

A 类存货数量虽少但对企业最为重要，需要严格管理和控制其库存。企业一般对 A 类存货要定时盘点，详细记录其存量增减、品质维持等信息，加强进货、发货、运送管理，在满足企业内部需要和客户需要的前提下维持尽可能低的日常存货量和保险储备量，加强与供应链上下游企业的合作，加快存货周转率。

2. B 类存货

B 类存货属于一般重要的存货，其管理强度介于 A 类存货和 C 类存货之间。对 B 类存货一般进行正常的例行管理和控制。

3. C 类存货

C 类存货数量最大但对企业的重要性最低，因而被视为不重要的存货。对于这类存货一般进行简单的管理和控制。比如，减少这类存货的管理人员和设施，延长检查时间间隔，采用抽查方式等。

对各类存货的具体管理方式如表 5-6 所示。

表 5-6　ABC 分类管理

项目	A 类	B 类	C 类
管理要求	严格控制	一般控制	简单控制
控制对象	按品种	按类别	按总金额
进出记录	详细记录	一般记录	简单记录
库存量计算	依存货模型详细计算	一般计算	简单计算或不计算
采购方式	按计划	一般掌握	按需要
检查方式	经常检查	定期检查	必要时抽查
领用方式	限额领料	一般掌握	一般掌握

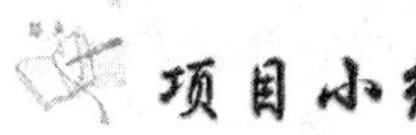

项目小结

本项目主要介绍现金、应收账款以及存货等流动资产的管理。

现金的流动性最强，最有活力，但收益性最差，对现金的有效管理是流动资产管理的首要内容。企业持有现金的动机主要是交易性、预防性和投机性动机。在现金的流动性和盈利能力之间寻找最佳平衡点，以获取最大的长期利润，是现金管理的目标。现金管理的主要内容有国家对现金管理的有关规定、现金收支预算管理、最佳现金持有量的确认和现金的日常管理等。可通过成本分析模式、存货模式和随机模式等方法来确定最佳现金持有量。

应收账款进行管理的目标是要在扩大销售与增加成本之间进行权衡，以选择最佳的信用政策，用较小的成本、较低的风险获取更大的收益。应收账款的成本是机会成本、管理成本和坏账成本。应收账款信用政策的确定主要包括信用标准、信用额度、信用条件和收账政策四部分内容。

存货的成本有取得成本、储存成本和缺货成本。存货管理的目标是要在存货的成本与收益之间进行利弊权衡，实现两者的最佳组合。实现存货管理的目标，关键在于确定一个最佳的存货数量，对存货数量加以控制。计算存货数量的方法是存货经济批量模型。存货日常管理主要有 ABC 分类法。

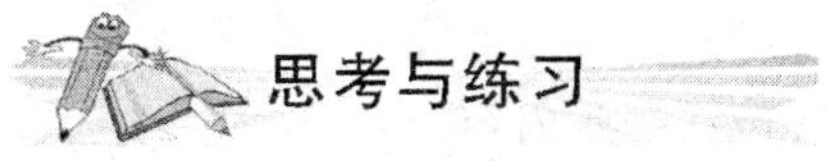

思考与练习

一、案例分析

2009 年上市公司应收账款大幅增长

根据上海证券报资讯统计显示，2009 年上市公司应收账款共计 8 450.90 亿元，较 2008 年度的 6 720.08 亿元增长 25.76%。两市 1 836 家上市公司中有 1 090 家公司 2009 年应收账款同比增加，占比为 59.37%。

以门类行业来看，生产性行业应收账款增长明显。其中，采掘业上市公司应收账款共计 870.62 亿元，同比增长 49.43%。信息技术业应收账款共计 674.62 亿元，同比增长

43.83%。此外，制造业、建筑业和电力、煤气及水生产供应行业都有一定的涨幅。长期受益于政策扶持的农林牧渔业则表现得相对稳定。2009年度农林牧渔业应收账款共计39.20亿元，仅比上年增长0.85%。

此外，还有部分公司成功实现应收账款下降。其中，太钢不锈、中煤能源、中海集运三家公司减少应收账款10亿元以上。

一般情况下，应收账款与营业收入之间应保持一个相对稳定的适度的比值，若该比值过大，则显示账面利润的真实价值值得怀疑；若应收账款与主营业务收入的比值过小，也应该对其主营业务收入的真实性持慎重态度。如果销售收入确实为虚构的话，不管该公司现金流量表中显示的现金流量状况多么好，其真实的现金存量肯定不充裕，必然在报告中留下需另辟渠道筹资的痕迹。

上海证券报资讯统计显示，所有上市公司中有77家营收账款占营业收入的比重超过50%，其中16家公司营收账款占营业收入比超过80%。甚至有11家公司应收账款额大于营业额。最为甚者应收账款额为营业额的184.29倍。

以门类行业来看，信息技术业和制造业的应收账款占营业收入比值较高，分别为40.97%和36.82%。其中，27家信息技术业上市公司应收账款占营业收入比高于行业平均水平，占全行业上市公司总数的20.61%。119家制造业上市公司应收账款占营业收入比高于行业平均水平，占全行业上市公司总数的11.31%。另外，批发零售业、采掘业和综合类上市公司应收账款占营业收入比较低，分别为5.15%、8.56%和8.81%。

值得注意的是，有79家公司3年以上应收账款占全部应收账款的50%以上，财务风险较大。例如中兴商业5年以上应收账款213.44万元，公司已作坏账计提处理。又如ST宝利来，公司3年以上应收账款合计193.31万元，均已作计提减值准备。

请思考：

(1)上市公司应收账款大幅增长会给企业带来什么影响？

(2)请结合资料谈谈你对应收账款和应收账款管理的理解。

二、思考题

1. 分析企业持有现金的动机是什么？
2. 企业应收账款的持有成本有哪些？
3. 如何确定经济订货批量？
4. 存货的ABC管理方法包括哪些内容？

三、单项选择题

1. 企业评价客户等级，决定给予或拒绝客户信用的依据是(　　)。

A. 信用标准　　B. 收账政策　　C. 信用条件　　D. 信用政策

2. 持有现金的相关成本不包括(　　)。

A. 机会成本　　B. 沉没成本　　C. 短缺成本　　D. 管理成本

3. 持有过量现金可能导致的不利后果是(　　)。

A. 财务风险加大　　B. 收益水平下降　　C. 偿债能力下降　　D. 资产流动性下降

4. 企业为使其持有的交易性现金余额降到最低，可采取(　　)。

A. 与现金流量同步
B. 使用现金浮游量
C. 加速收款
D. 推迟应付款的支付

5. 在信用期限现金折扣的决策中，必须考虑的因素是（ ）。
A. 贷款结算需要的时间差
B. 所得税税率
C. 应收账款占用资金的应计利息
D. 销售增加引起的存货资金增减变化

6. 现金管理的目的是（ ）。
A. 权衡流动性和收益性
B. 权衡流动性和风险性
C. 权衡风险性和收益性
D. 权衡风险性、收益性、流动性

7. 企业在进行现金管理时，可利用的现金浮游量是指（ ）。
A. 企业账户所记存款余额
B. 银行账户所记企业存款余额
C. 企业账户与银行账户所记存款余额之差
D. 企业实际现金余额超过最佳现金持有量之差

8. 在对存货实行 ABC 分类管理的情况下，ABC 三类存货的金额比重大致为（ ）。
A. 0.7∶0.2∶0.1　B. 0.1∶0.2∶0.7　C. 0.5∶0.3∶0.2　D. 0.2∶0.3∶0.5

9. 存货的成本不包括（ ）。
A. 转换成本　B. 取得成本　C. 缺货成本　D. 储存成本

10. 现金的持有动机中，属于应付未来现金流入和流出随机波动的动机是（ ）。
A. 预防性动机　B. 投机性动机　C. 长期投资性动机　D. 交易性动机

四、多项选择题

1. 企业持有现金的机会成本（ ）。
A. 与现金余额成正比
B. 等于有价证券的利息率
C. 是决策的无关成本
D. 与持有时间成反比

2. 为提高现金使用效率，企业应当（ ）。
A. 加速收款
B. 及早付款
C. 使用现金浮游量
D. 力争现金流入与流出同步

3. 下列属于持有现金动机的是（ ）。
A. 预防性动机　B. 投机性动机　C. 交易性动机　D. 降低成本的动机

4. 下列属于应收账款成本的是（ ）。
A. 机会成本　B. 取得成本　C. 坏账成本　D. 管理成本

5. 应收账款的信用政策包括（ ）。
A. 信用标准　B. 信用条件　C. 信用额度　D. 收账政策

6. 现金折扣有下列特点（ ）。
A. 加速收款
B. 没有强制性
C. 所有客户均可享受
D. 减少销售收入

7. 下面属于存货储存成本的是（ ）。
A. 存货占用的资金的应计利息
B. 存货的变质损失
C. 紧急额外购入成本
D. 存货的保险费用

8. 缩短信用期间有可能会使(　　)。

A. 销售额降低　　B. 应收账款机会成本降低

C. 坏账损失增加　　D. 收账费用降低

五、判断题

1. 现金是流动性最强,同时也是收益性最低的资产。(　　)

2. 企业采用从紧的信用政策,会使得应收账款的周转率提高,将有利于增加企业利润。(　　)

3. 如果现金供应不足,即使满足有关的基本假设条件,也不能利用经济订货批量基本模型。(　　)

4. 计算应收账款机会成本时所使用的资金成本,应该是企业同等风险投资的最低报酬率。(　　)

5. 赊销是扩大销售的有力手段之一,企业应该放宽信用条件,增加赊销量,从而增加企业利润。(　　)

6. 企业持有流动资金越多越好。(　　)

7. 存货年需要量、单位存货年储存变动成本和单价的变动会引起经济订货量占用资金同方向变动;每次订货的变动成本变动会引起经济订货量占用资金反方向变动。(　　)

8. 在确定信用标准时,只要提供商业信用增加的成本低于销售增加的收益,企业就可以进一步提供商业信用。(　　)

六、实训

实训一

A 企业有下列三种持有现金方案可供选择,企业资金成本率为 10%,如表 5-7 所示。

表 5-7　A 企业持有的现金方案　　万元

项目＼方案	甲	乙	丙
现金持有量	50	100	150
资金成本	5	10	15
管理成本	8	8	8
短缺成本	14	8	2

表 5-8　最佳现金持有量方案　　万元

项目＼方案	甲	乙	丙
资金成本	5	10	15
管理成本	8	8	8
短缺成本	14	8	2
总成本	27	26	25

要求：填写表 5-8，并确定最佳现金持有量方案。

实训二

B 企业预计一个月需要现金 100 000 元，企业现金支出比较均衡，每次转换成本 100 元，有价证券年利率为 8%。

要求：计算最佳现金持有量。

实训三

C 企业只生产销售一种产品，每年赊销额为 600 万元，该企业产品变动成本率为 80%，资金成本率为 10%。企业现有 A、B 两种信用政策可供选用，赊销额不变。有关资料如表 5-9 所示。

表 5-9　信用政策及决策

项　目	A 政策	B 政策
平均收账期/天	60	45
坏账损失率/%	3	2
应收账款平均余额/万元	100	75
收账成本/万元	1	0.8
应收账款机会成本/万元	8	6
坏账损失/万元	18	12
年收账费用/万元	2	4
成本合计/万元	29	22.80

要求：

(1)填列表中空白部分(一年按 360 天计算)。

(2)对上述信用政策进行决策。

实训四

D 企业目前的信用标准是对预计坏账率 10‰以内的客户给予赊销优惠，信用条件为(2/10，n/30)，预计有 40%的客户在 10 天内付款，有 60%的客户在 30 天内付款。全年赊销收入净额为18 000万元，管理成本 20 万。如果企业改变信用标准，对预计坏账率 15‰的客户给予赊销优惠，信用条件为(2/10，1/30，n/60)，估计有 30%的客户在 10 天内付款，50%的客户在 30 天内付款，20%的客户在 60 天内付款。改变信用条件会使销售收入增加 10%，管理成本提高 10 万元，设企业销售利润率 12%，变动成本率 60%，资金成本率 10%。

要求：判断改变信用条件是否有利。

实训五

E 企业每年需耗用甲零件 640 000 kg，平均每次订货成本为 900 元，单位储存成本为 2 元。

要求：

(1)该零件的经济订货批量是多少？

(2)全年最佳订货次数是多少？

(3)全年最低存货总成本是多少？

实训六

F企业全年需耗用甲零件3 600件，日耗用量为10件。如果外购的话，单价4元，一次采购成本为100元，年单位储存成本为8元。如果自制的话，产品成本3元，每次生产准备成本为800元，年单位储存成本为5元，日产量为50件。

要求：请决策F企业甲零件是自制的还是外购的。

项目六

项目投资管理

学习目标

● 能应用财务决策指标进行投资决策分析

● 能把握净现金流量的计算

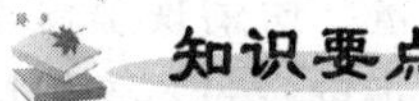

知识要点

● 项目投资管理的概念、原理

● 现金流量、净现值、净现值率、现值指数、内涵报酬率的计算与应用

● 风险投资决策方法

案例导入

春都与双汇为何两重天

曾经生产出中国第一根火腿肠的"春都第一楼",如今是人去楼空,落寞无声;而在几百里开外的双汇,厂内机器开足马力,厂外排着等货的长长车队。

春都与双汇,双双抓住了上市融资的艰难机遇,却催生出两种不同的结果,原因何在?双汇和春都,几乎是前后脚迈入资本市场。1998 年底双汇发展上市,1999 年初春都 A 上市,分别募集到 3 亿多元和 4 亿多元。然而,从上市之初,春都和双汇的目的就大不相同:一个是为了圈钱还债,一个意图扩大主业。

春都 A 董事长贾洪雷说:"春都在上市之前,由于贪大求全,四处出击,已经背上了不少债务,上市免不了圈钱还债。"春都集团作为独立发起人匆匆地把春都 A 推上市,然后迫不及待地把募集的资金抽走。春都 A 上市仅 3 个月,春都集团就提走募股资金 1.8 亿元左右,以后又陆续占用数笔资金。春都集团及其关联企业先后占用的资金相当一部分用来还债,补过去的资金窟窿,其余的则盲目投入到茶饮料等非主业项目中。春都 A 被大量"抽血",至 2000 年底终于力不能支,跌入亏损行业。

与春都不同,双汇希望凭借股市资金快速壮大主业。双汇发展董事长万隆说过,双汇使用募集资金有两条原则:一是股民的钱要"落地有声",二是不该赚的钱坚决不赚。他们信守承诺,把募集资金全部投资到上市公司肉制品及其相关项目上。上市 3 年间,双汇发展兼并了华北双汇食品有限公司，完成了3万吨"王中王"火腿肠的技术改造，建设双汇食品肉制品系列工程，产业链条不断完善，产品得到更新，企业实力显著增大。双汇集团和双汇发展的销售收入分别增加了30亿元和10亿元。投资者也得到了丰厚的回报。

请分析：

(1)春都与双汇是如何运用从资本市场募集到的4亿多元和3亿多元进行投资的？对各自公司的经营业绩有何影响？

(2)简要说明长期投资决策的重要性及其决策程序。

任务一　现金流量的计算

一、现金流量的含义

在进行项目投资决策时，首要环节就是估计投资项目的预算现金流量。所谓现金流量是指投资项目在其计算期内因资金循环而引起的现金流入和现金流出增加的数量。这里的"现金"概念是广义的，包括各种货币资金及与投资项目有关的非货币资产的变现价值。

现金流量包括现金流入量，现金流出量和现金净流量三个具体概念。

(一)现金流入量

现金流入量是指投资项目实施后在项目计算期内所引起的企业现金收入的增加额，简称现金流入。包括以下几个方面。

(1)营业收入。营业收入是指项目投产后每年实现的全部营业收入。为简化核算，假定正常经营年度内，每期发生的赊销额与回收的应收账款大致相等。营业收入是经营期主要的现金流入量项目。

(2)固定资产的余值。固定资产的余值是指投资项目的固定资产在终结报废清理时的残值收入，或中途转让时的变价收入。

(3)回收流动资金。回收流动资金是指投资项目在项目计算期结束时，收回原来投放在各种流动资产上的营运资金。

固定资产的余值和回收流动资金统称为回收额。

(4)其他现金流入量。其他现金流入量是指以上三项指标以外的现金流入量项目。

(二)现金流出量

现金流出量是指投资项目实施后在项目计算期内所引起的企业现金流出的增加额，简称现金流出。包括以下几个方面。

(1)建设投资(含更改投资)。建设投资包括固定资产投资和无形资产投资。固定资产投资是指固定资产的购置成本、建造成本、运输成本、安装成本等。建设投资是建设期发生的主要现金流出量。

(2)垫支的流动资金。垫支的流动资金是指投资项目建成投产后为开展正常经营活动而投放在流动资产(存货、应收账款等)上的营运资金。

建设投资与垫支的流动资金合称为项目的原始总投资。

(3)付现成本(或经营成本)。付现成本是指在经营期内为满足正常生产经营而需用现金支付的成本。它是生产经营期内最主要的现金流出量。其计算公式为

付现成本＝变动成本＋付现的固定成本＝总成本－折旧额(包括摊销额)。　(6-1)

(4)所得税额。所得税额是指投资项目建成投产后,因应纳税所得额增加而增加的所得税。

(5)其他现金流出量。其他现金流出量是指不包括以上内容中的现金流出项目。

(三)净现金流量

净现金流量是指投资项目在项目计算期内现金流入量和现金流出量的净额,由于投资项目的计算期超过一年,且资金在不同的时间具有不同的价值,所以本项目所述的净现金流量是以年为单位的。

净现金流量的计算公式为

净现金流量(NCF)＝年现金流入量－年现金流出量,　(6-2)

当流入量大于流出量时,净现金流量为正值;反之,净现金流量为负值。

二、项目现金流量的估算

为简化起见,在投资项目现金流量估算中,把投资和筹资分开考虑,先评价项目本身的经济价值而不管筹资方式如何。如果投资项目有正的净现值,再去处理筹资的细节问题。这也就意味着,归还借款利息和本金不作现金流出。

按是否将所得税视为现金流出,现金流量有所得税前现金流量和所得税后现金流量两种形式。从企业或法人投资主体的角度看,所得税是一项现金流出。因此,除非特别注明,本项目所述的现金流量均为所得税后现金流量。

为了便于估算,通常把投资项目的现金流量按时段特征,分为初始现金流量、营业现金流量和终结现金流量。

(一)初始现金流量

初始现金流量是指从投资建设开始到完工投产这段时间,即建设期发生的现金流量。在这段时间中,没有现金流入,只有现金流出。因此,初始现金流量等于负的原始投资,其估算公式为

建设期某年的净现金流量＝－该年的原始投资。

原始投资包括固定资产投资、无形资产投资、其他资产投资和流动资金投资四项内容。固定资产投资按项目规模和投资计划所确定的各项建设工程费用、设备购置费用和安装工程费用等来估算。无形资产投资和其他资产投资,根据需要和可能,逐项按有关资产的评估方法和计价标准进行估算。流动资金投资是经营期内长期占用并周转使用的营运资金,又称垫支流动资金或营运资金投资,可按以下公式进行估算:

某年流动资金投资额＝本年流动资金需用数－上年流动资金需用数,　(6-3)

本年流动资金需用数＝该年流动资产需用数－该年流动负债可用数。　(6-4)

【例 6-1】 通海公司某一投资项目投产第 1 年预计流动资产需用额为 50 万元,流动负债可用额为 15 万元;投产后第 2 年预计流动资产需用额为 80 万元,流动负债可用额为 30 万元。计算投产第 1 年和第 2 年流动资金投资额。

解　投产第 1 年流动资金投资额＝50－15＝35 万元,

投产第2年流动资金投资额＝80－30－35＝15万元。

(二)营业现金流量

营业现金流量又称经营现金流量，是指投资项目投入生产经营后，在其寿命周期内生产经营所带来的现金流入和流出的差额。

营业现金流量＝营业收入－付现成本－所得税额 ①

＝营业收入－(营业成本－非付现成本)－所得税额

＝净利润＋非付现成本 ②(6-5)

由式(6-5)可知非付现成本并不是现金流出，它之所以会对投资项目的现金流量产生影响，是由于所得税的存在引起的。

在新准则下，非付现成本主要包括固定资产折旧、无形资产摊销、开办费摊销、资产减值损失等。通常，在项目投资决策现金流量估算中，主要考虑固定资产折旧、无形资产摊销和开办费摊销三项非付现成本。固定资产折旧和无形资产摊销要按税法规定的净残值、使用年限和折旧摊销货方法估算，开办费的摊销期按规定不少于3年。

在式(6-5)中式①很少使用，因为，要知道所得税额，须先算出利润总额。在已知利润总额的情况下，可直接用式②计算营业现金流量，式②容易理解，所得税对营业现金流量的影响在计算净利润时一并考虑了。

【例6-2】 通海公司有一固定资产投资项目，其分析与评价资料如下：该投资项目投产后每年的营业收入为1 000万元，付现成本为500万元，固定资产的折旧为200万元，该公司的所得税税率为25%。估算该项目的营业现金流量。

解 营业现金流量＝净利润＋非付现成本

＝(1000－500－200)×(1－25%)＋200＝425万元。

(三)终结现金流量

终结现金流量是指投资项目寿命周期结束时发生的现金流量。它主要包括固定资产报废或出售的现金流入和收回垫支的流动资金。

终结现金净流量计算公式为：

终结现金净流量＝营业现金流量＋固定资产残值收入＋回收垫支流动资金 (6-6)

三、净现金流量的计算

(一)现金流量的假设

由于项目投资的现金流量的确定是一项很复杂的工作，为了便于确定现金流量的具体内容，简化现金流量的计算过程，本项目特作以下假设：

(1)全投资假设。假设在确定项目的现金流量时，只考虑全部投资的运动情况，不论是自有资金还是借入资金等具体形式的现金流量，都将其视为自有资金。

(2)建设期投入全部资金假设。项目的原始总投资不论是一次投入还是分次投入，均假设它们是在建设期内投入的。

(3)项目投资的经营期与折旧年限一致假设。假设项目主要固定资产的折旧年限或使用年限与其经营期相同。

(4)时点指标假设。现金流量的具体内容所涉及的价值指标，不论是时点指标还是时期指标，均假设按照年初或年末的时点处理。其中，建设投资在建设期内有关年度的年初发生；垫支的流动资金在建设期的最后一年末即经营期的第一年初发生；经营期内各年的营业收入、付现成本、折旧（摊销等）、利润、所得税等项目的确认均在年末发生；项目最终报废或清理（中途出售项目除外），回收流动资金均发生在经营期最后一年末。

(5)确定性假设。假设与项目现金流量估算有关的价格、产销量、成本水平、所得税率等因素均为已知常数。

（二）净现金流量的计算

1. 单纯固定资产投资项目的净现金流量计算

【例 6-3】 已知某企业拟购建一项固定资产，需投资 100 万元，按直线法折旧，使用寿命 12 年，期末有 8 万元净残值。在建设起点一次投入借入资金 100 万元，建设期为一年，发生建设期资本化利息 10 万元。预计投产后每年可获营业利润 10 万元。在经营期的头 4 年中，每年归还借款利息 11 万元（假定营业利润不变，不考虑所得税因素）。

解 根据资料计算有关指标如下：

固定资产原值＝固定资产投资＋建设期资本化利息＝100＋10＝110 万元；

固定资产年折旧额$=\dfrac{\text{固定资产原值}-\text{净残值}}{\text{固定资产使用年限}}=\dfrac{110-8}{12}=8.5$ 万元；

项目计算期＝建设期＋经营期＝1＋12＝13 年；

建设期某年初净现金流量＝－该年发生的原始投资额，则

$$NCF_0=-100\text{ 万元},$$

$$NCF_1=0\text{ 万元};$$

终结点回收额＝8＋0 万元＝8 万元；

经营期某年净现金流量＝该年利润＋该年折旧＋该年摊销额＋该年利息费用＋该年回收额，则经营期各年净现金流量分别为

$$NCF_{2\sim5}=10+8.5+11+0=29.5\text{ 万元},$$

$$NCF_{6\sim12}=10+8.5+0+0+0=18.5\text{ 万元},$$

$$\text{终结点净现金流量}:NCF_{13}=10+8.5+8=26.5\text{ 万元}。$$

2. 完整工业投资项目的净现金流量计算

【例 6-4】 某工业项目需要投资 136 万元，其中固定资产 100 万元，开办费投资 6 万元，流动资金投资 30 万元。建设期为 1 年，建设期资本化利息 10 万元。固定资产投资和开办费投资于建设起点投入，流动资金于完工时（第 1 年年末）投入。该项目寿命期 10 年，固定资产按直线法计提折旧，期满有 10 万元净残值；开办费自投产年份起分 5 年摊销完毕。预计投产后第一年获 8 万元利润，以后每年递增 4 万元；从经营期第 1 年起连续 4 年每年年末归还借款利息 11 万元；流动资金于终结点一次回收。

解 根据所给资料计算有关指标如下：

项目计算期 $n=1+10=11$ 年；

固定资产原值＝100＋10＝110 万元；

固定资年折旧额$=\dfrac{110-10}{10}=10$ 万元；（共 10 年）

开办费年摊销额$=\dfrac{6}{5}=1.2$ 万元；（共 5 年）

投产后每年利润分别为 8,12,16,…,44 万元；(共 10 年)

终结点回收额＝10＋30＝40 万元；

建设期净现金流量分别为

$$NCF_0 = -(100+6) = -106 \text{ 万元},$$

$$NCF_1 = -30 \text{ 万元};$$

经营期净现金流量分别为

$$NCF_2 = 8+10+1.2+11+0 = 30.2 \text{ 万元},$$

$$NCF_3 = 12+10+1.2+11+0 = 34.2 \text{ 万元},$$

$$NCF_4 = 16+10+1.2+11+0 = 38.2 \text{ 万元},$$

$$NCF_5 = 20+10+1.2+11+0 = 42.2 \text{ 万元},$$

$$NCF_6 = 24+10+1.2+0+0 = 35.2 \text{ 万元},$$

$$NCF_7 = 28+10+0+0+0 = 38 \text{ 万元},$$

$$NCF_8 = 32+10+0+0+0 = 42 \text{ 万元},$$

$$NCF_9 = 36+10+0+0+0 = 46 \text{ 万元},$$

$$NCF_{10} = 40+10+0+0+0 = 50 \text{ 万元},$$

终结点净现金流量：$NCF_{11} = 44+10+0+0+40 = 94$ 万元。

【例 6-5】 某项目投资总额为 150 万元，其中固定资产投资 110 万元，建设期为 2 年，于建设起点分 2 年平均投入。无形资产投资 20 万元，于建设起点投入。流动资金投资 20 万元，于投产开始垫付。该项目经营期 10 年，固定资产按直线法计提折旧，期满有 10 万元净残值；无形资产于投产开始分 5 年平均摊销；流动资金在项目终结时可一次全部收回，另外，预计项目投产后，前 5 年每年可获得 40 万元的营业收入，并发生 38 万元的总成本；后 5 年每年可获得 60 万元的营业收入，发生 25 万元的变动成本和 15 万元的付现固定成本。计算该项目投资在项目计算期内各年的现金净流量。

解 根据资料计算有关指标如下：

建设期净现金流量分别为

$$NCF_0 = -550\,000 - 200\,000 = -750\,000 \text{ 元},$$

$$NCF_1 = -550\,000 \text{ 元},$$

$$NCF_2 = -200\,000 \text{ 元};$$

$$\text{固定资产年折旧额} = \frac{1\,100\,000 - 100000}{10} = 100\,000 \text{ 元};$$

$$\text{无形资产年摊销额} = \frac{200\,000}{5} = 40\,000 \text{ 元};$$

经营期净资金流量分别为

$$NCF_{3\sim7} = 400\,000 - 380\,000 + 100\,000 + 40\,000 = 160\,000 \text{ 元},$$

$$NCF_{8\sim11} = 600\,000 - 250\,000 - 150\,000 = 200\,000 \text{ 元};$$

经营期终结净现金流量

$$NCF_{12} = 200\,000 + 100\,000 + 200\,000 = 500\,000 \text{ 元}.$$

【例 6-6】 已知企业拟购建一项固定资产，需在建设起点一次投入全部资金 1 000 万元，按直线法折旧，使用寿命 10 年，期末有 100 万元净残值。建设期为一年，发生建设期资本化利息100万元。预计投产后每年可获息税前利润100万元。计算该项目的所得税前净现金流量。

解 根据资料计算有关指标如下：

固定资产原值=固定资产投资+建设期资本化利息=1 000+100=1 100万元；

$$年折旧额=\frac{固定资产原值-净残值}{固定资产使用年限}=\frac{1100-100}{10}=100万元；$$

项目计算期=建设期+运营期=1+10=11年；

建设期净现金流量分别为

$$NCF_0= -1\,000万元，$$

$$NCF_1=0万元；$$

运营期某年所得税前净现金流量=该年因使用该固定资产新增的息税前利润+该年因使用该固定资产新增的折旧+该年回收的固定资产净残值，则

$$NCF_{2\sim10}=100+100=200万元，$$

$$NCF_{11}=100+100+100=300万元。$$

拓展阅读

如何确定净现金流量

关于项目投资方面的题目，净现金流量的确定是一个基础性的工作。如果净现金流量的确定出现错误，那么，后面的评价指标计算就不可能准确。而净现金流量的确定，由于涉及的年限一般较长，涉及的数据也较多，很容易丢掉某些数据。为了避免出现错误，我们推荐一种做题方法。

(1)首先确定项目计算期。

(2)画一条数轴，标出年限，如图6-1所示。

(3)确定建设期各年的原始投资，并以箭线的形式标注在图中。

(4)判断经营期净现金流量的构成并分项确定经营期各年的净现金流量。一般包括息税前利润、折旧、摊销和终结点的回收额。题目中已经给出的直接标注在图中，没有直接给出的，分项计算，计算后标注在图中。

(5)分年确定各年的净现金流量。“先两头，后中间”。

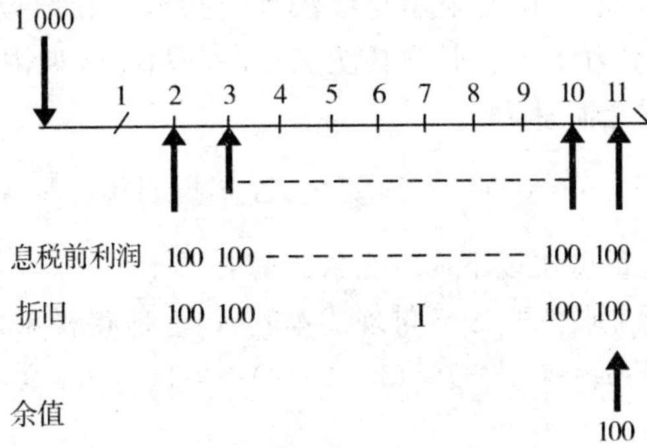

图6-1 确定净现金流量

3. 考虑所得税的固定资产投资项目的净现金流量计算

【例 6-7】 某公司准备上一新项目,经测算,该项目需固定资产投资共 80 万元,第一年年初和第二年年初各投资 40 万元。两年建成投产,投产前(第二年年末)需要垫支流动资金 10 万元。该项目寿命期 5 年,固定资产按直线法折旧,期满有残值 8 万元。预计投产后第一年的产品销售收入 20 万元,以后 4 年每年为 85 万元。第一年的付现成本为 10 万元,以后各年为 55 万元,企业所得税率为 25%,根据以上资料,计算该项目的现金流量。

解 根据资料计算相关指标如下:

项目计算期=2+5=7 年;

年折旧额$=\frac{80-8}{5}=14.4$ 万元;

经营期第 1 年总成本=10+14.4=24.4 万元;

经营期第 2~5 年每年总成本=55+14.4=69.4 万元;

经营期第 1 年营业利润=20-24.4=-4.4 万元;

经营期第 2~5 年每年营业利润=85-69.4=15.6 万元;

经营期第 1 年亏损不交所得税,

经营期第 2~5 年每年应交所得税=15.6×25%=3.9 万元;

经营期第 1 年净利润=-4.4 万元,

经营期第 2~5 年每年净利润=15.6-3.9=11.7 万元;

按简化公式计算的各年净现金流量分别为

$$NCF_0=-40\text{ 万元},$$

$$NCF_1=-40\text{ 万元},$$

$$NCF_2=-10\text{ 万元},$$

$$NCF_3=-4.4+14.4=10\text{ 万元},$$

$$NCF_{4\sim6}=11.7+14.4=26.1\text{ 万元},$$

$$NCF_7=11.7+14.4+8+10=44.1\text{ 万元}。$$

4. 固定资产更新改造项目的净现金流量计算

【例 6-8】 某企业打算变卖一套尚可使用 6 年的旧设备,另行购置一套新设备来替换它。取得新设备的投资额为 24 万元,旧设备的变价收入为 10 万元,到第 6 年末新设备与继续使用旧设备届时的预计净残值相等。使用新设备可使企业在 6 年内每年增加营业收入 7 万元,并增加经营成本 3 万元。设备采用直线法计提折旧。新旧设备的更换不会妨碍企业的正常经营,企业所得税率为 25%。计算该更新设备项目计算期内各年的差量净现金流量。

解 建设期差量净现金流量为

$$\Delta NCF_0=-24-(-10)=-14\text{ 万元};\Delta\text{ 年折旧额}=\frac{14}{6}\approx2.33(\text{万元})$$

经营期差量净现金流量可按以下简算公式计算:

$$\Delta NCF=(\Delta\text{ 年营业收入}-\Delta\text{ 年付现成本})\times(1-\text{所得税率})+\Delta\text{ 年折旧},\text{则}$$

$$\Delta NCF_{1\sim6}=(7-3)\times(1-25\%)+2.33\approx5.33(\text{万元})$$

(四)现金流量的作用

(1)整个投资有效年限内,利润总额与现金流量总计是相等的。因此现金流量可以替代利润作为评价投资盈利性的指标。

(2)利润在各年的分布受折旧方法等人为因素的影响，而现金流量的分布不受这些人为因素的影响，可以保证评价的客观性。

(3)在投资分析中，现金流动状况比盈亏状况更重要。

任务二　项目投资的评价

一、项目投资的定义和特点

对于创造价值而言，投资决策是财务决策中最重要的决策。筹资的目的是投资，投资需求决定了筹资的规模和时间。在一定意义上，投资决策决定着企业的前景，以至于提出投资方案和评价方案的工作已经不是财务人员能单独完成的，需要所有经理人员的共同努力。

(一)投资的定义

投资是指特定的经济主体为了在未来可预见的时期内获得收益，在一定时期向特定的标的物投放一定数额的资金或实物等非货币性资产的经济行为。从特定企业角度看，投资是企业为获取收益而向特定对象投放资金的经济行为；从现金流量看，投资是为了将来更多现金流入而现在付出现金的经济行为。

投资按其对象，可划分为生产性资产投资和金融性资产投资。

1. 生产性资产投资

生产性资产投资是指企业将资金投放于为取得供本企业生产经营使用的生产性资产的一种投资行为。生产性资产是指企业生产经营活动所需要的资产，例如机器设备、存货等。这些资产是企业进行生产经营活动的基础条件。企业利用这些资产可以增加价值，为股东创造财富。

生产性资产又进一步分为营运资产和资本资产。资本资产是指企业的长期资产。资本资产的投资对企业的影响时间长，又称长期投资。营运资产是指企业的流动资产。流动资产对企业影响涉及时间短，又称短期投资。本项目内容中主要讨论与形成资本资产相关的投资，即项目投资(或资本投资)。由于项目投资管理的主要内容是通过投资预算的分析与编制，对投资项目进行评价，因此，也称为“项目投资分析与评价”，或者称“资本预算”。

从投资行为介入程度看，生产性资产投资是一种直接投资。投资后企业并没有失去资产的控制权，投资行为并不改变资金控制权归属，只是指定了企业资金的特定用途。这种投资在企业内部进行的，因此，从投资的方向看，它是一种对内投资。

2. 金融性资产投资

金融性资产投资是指企业为获取收益或套期保值，将资金投放于金融性资产的一种投资行为。金融性资产是指现金或有价证券等可以进入金融交易的资产。金融性资产的典型表现形式是所有权或债权凭证，例如股票、债券等。正因为如此，金融性资产也被称为“证券”，金融性资产投资也被称为“证券投资”。

从投资行为介入程度看，金融性资产投资是一种间接投资。企业进行金融性资产投资，实际上已把资产交给别人支配，以换取某种所有权或债权凭证。在此情形下，虽然资产的所有权仍然属于企业，但资产的实际控制权不再归属于企业，即资产的所有权与控制权已分离。因此，从投资方向看，金融资产投资是一种对外投资。

虽然企业有时也以股权形式投资于其他企业，但这种投资与一般股票投资不同。企业的股权投资通常不以获取直接报酬为主要目的，而是为了控制被投资企业，以便从销售、供应、技术或管理上得到回报。如果直接以获取股利或资本利得为目的，不如让股东自己直接去投资股票，不仅可以节约交易费用，而且企业还能减少税收负担。企业要做的事情，应当是股东自己做不了或做不好的事情。

(二)项目投资的特点

由上述讨论可知，项目投资是指企业与形成资本性资产有关的生产性资产投资。它包含的内容非常广泛，主要有新产品开发、现有产品的规模扩张、设备或厂房的更新、技术研究与开发、勘探及其他(如劳动保护设施建设、购置污染控制装置等)类型。

与其他形式的投资相比，项目投资具有如下特点：

(1)投资内容独特(每个项目都至少涉及一项固定资产投资)。

(2)投资金额大。项目投资，特别是战略性的扩大生产能力投资一般都需要较多的资金，其投资额往往是企业及其投资人多年的资金积累，在企业总资产中占有相当大的比重。因此，项目投资对企业未来的现金流量和财务状况都将产生深远的影响。

(3)影响时间长。项目投资的投资期及发挥作用的时间都较长，往往要跨越好几个会计年度或营业周期，对企业未来的生产经营活动将产生重大影响。

(4)发生频率低。

(5)变现能力差。项目投资一般不准备在一年或一个营业周期内变现，而且即使在短期内变现，其变现能力也较差。因为，项目投资一旦完成，要想改变相当困难，不是无法实现，就是代价太大。

(6)投资风险大。因为影响项目投资未来收益的因素多，加上投资额大、影响时间长和变现能力差，必然造成其投资风险比其他投资大，对企业未来的命运产生决定性影响。无数事例证明，一旦项目投资决策失败，会给企业带来先天性、无法逆转的损失。

二、项目投资的评价指标

为了客观、科学地分析评价各种投资方案是否可行，一般应使用不同的指标，从不同的侧面或角度反映投资方案的内涵。项目投资决策评价指标是衡量和比较投资项目可行性并据以进行方案决策的定量化标准与尺度，它由一系列综合反映投资效益、投入产出关系的量化指标构成。

项目投资决策评价指标按照是否考虑资金时间价值，分为静态评价指标和动态评价指标。

(一)静态评价指标

静态评价指标也称为非贴现指标，即没有考虑资金时间价值因素的指标，主要包括投资利润率、投资回收期等指标。

1. 投资报酬率(ROI)

投资报酬率是指运营期正常年份的年息税前利润或运营期年均息税前利润占项目总投

资的百分比。

投资报酬率的计算公式为

$$投资报酬率(ROI)=\frac{年息税前利润或年均息税前利润}{项目总投资}\times 100\%。\tag{6-7}$$

投资报酬率的计算公式简单,可以反映项目获利能力。其缺点是:①没有考虑资金时间价值因素;②不能正确反映建设期长短及投资方式不同和回收额的有无等条件对项目的影响;③分子、分母的计算口径的可比性较差;④无法直接利用净现金流量信息。

只有投资报酬率指标大于或等于基准投资报酬率指标的投资项目才具有财务可行性。

【例 6-9】 某企业有甲、乙两个投资方案,项目总投资为 10 万元,全部用于购置新的设备,折旧采用直线法,使用期均为 5 年,无残值,其他有关资料如表 6-1 所示。计算甲、乙两方案的投资报酬率。

表 6-1 某企业投资方案 元

项目计算期	甲方案		乙方案	
	利润	净现金流量(NCF)	利润	净现金流量(NCF)
0		(100 000)		(100 000)
1	15 000	35 000	10 000	30 000
2	15 000	35 000	14 000	34 000
3	15 000	35 000	18 000	38 000
4	15 000	35 000	22 000	42 000
5	15 000	35 000	26 000	46 000
合计	75 000	175 000	90 000	190 000

解

$$甲方案投资报酬率=\frac{15\ 000}{100\ 000/2}\times 100\% = 30\%,$$

$$乙方案投资报酬率=\frac{90\ 000}{100\ 000/2}\times 100\% = 36\%。$$

从计算结果来看,乙方案的投资报酬率比甲方案的投资报酬率高 6%(36%−30%),应选择乙方案。

【例 6-10】 有一工业项目原始投资 800 万元,建设期 2 年,建设期发生与购建固定资产有关的资本化利息 200 万元,项目运营期 5 年,项目投资产后每年获息税前利润分别为 100 万元、200 万元、250 万元、300 万元、250 万元。计算该项目的投资报酬率指标。

解

$$投资报酬率=\frac{(100+200+250+300+250)/5}{(800+200)}\times 100\%=22\%。$$

2. 静态投资回收期(PP)

投资回收期是指收回全部投资总额所需要的时间。投资回收期是一个非贴现的反指标,回收期越短,方案就越有利。它的计算可分为两种情况。

(1)经营期年现金净流量相等。其计算公式为

$$投资回收期=\frac{投资总额}{年净现金流量}。\tag{6-8}$$

【例 6-11】 根据例 6-9 资料，计算甲方案的投资回收期。

解 甲方案投资回收期 = 100 000/35 000≈2.86 年。

如果投资项目投产后若干年(假设为 M 年)内，每年的经营现金净流量相等，且有

$M\times$投产后 M 年内每年相等的净现金流量(NCF)≥投资总额，

则可用上述公式计算投资回收期

【例 6-12】 某投资项目投资总额为 100 万元，建设期为 2 年，投产后第 1 年至第 8 年每年净现金流量为 25 万元，第 9 年，第 10 年每年净现金流量均为 20 万元。计算项目的投资回收期。

解 因为 8×25 万元≥投资额 100 万元，所以投资回收期$=2+\frac{100}{25}=6$ 年。

从此例中可知，投资回收期还应包括建设期。

【例 6-13】 有一个投资项目，在第一年年初，固定资产的投资额为 100 万元，假设有 2 年的建设期，在第二年年末项目完工投产时需要垫付流动资金 50 万元，项目预计的使用年限是 4 年，假设每年的现金流量都是 50 万元。计算项目的投资回收期。

解 不包括建设期的投资回收期＝原始投资额/每年的净现金流量＝150/50＝3 年；

包括建设期的投资回收期＝3＋2＝5 年。

(2)经营期年净现金流量不相等。

需要运用各年年末的累计净现金流量的办法计算投资回收期，即先计算逐年累计的净现金流量，直到累计的净现金流量达到原始投资额的那一年止，然后用插入法计算出投资回收期。

【例 6-14】 有一个投资项目，在第一年年初，固定资产的投资额为 100 万元，假设有 2 年的建设期，在第二年年末项目完工投产时需要垫付流动资金 50 万元，项目预计的使用年限是 4 年。每年的净现金流量分别为：$NCF_0=-100$，$NCF_1=0$，$NCF_2=-50$，$NCF_3=30$，$NCF_4=40$，$NCF_5=50$，$NCF_6=60$。计算项目的投资回收期。

解 不包括建设期的投资回收期：

$$\text{投资回收期}=\frac{\text{最后一项为负值的累计}}{\text{净现金流量对应的年数}}+\frac{\text{最后一项为负值的累计净现金流量的绝对值}}{\text{下年净现金流量}}$$

$$=3+\frac{30}{60}=3+0.5=3.5(\text{年})$$

包括建设期的回收期为

$$2+3.5=5.5\text{ 年}$$

【例 6-15】 根据例 6-9 的资料，计算乙方案的投资回收期。

表 6-2 某企业投资乙方案 元

项目计算期	乙方案	
	净现金流量(NCF)	累计净现金流量
1	30 000	30 000
2	34 000	64 000
3	38 000	102 000
4	42 000	144 000
5	46 000	190 000

解　从表 6-2 可得出，乙方案的投资回收期在第 2 年与第 3 年之间，用插入法可计算出：

$$乙方案投资回收期 = 2+\frac{100\ 000-64\ 000}{102\ 000-64\ 000}\approx 2.95\ 年。$$

静态投资回收期能够直观地反映原始投资的返本期限；便于理解，静态指标的计算简单，容易掌握；可以直观地利用回收期之前的净现金流量信息。

其缺点是没有考虑资金时间价值因素；不能正确反映投资方式的不同对项目的影响；不考虑回收期满后继续发生的净现金流量。

静态投资回收期也没有考虑回收期之后的现金净流量对投资收益的贡献，也就是说，没有考虑投资方案的全部现金净流量，所以有较大局限性。因此，该类指标一般只适用于方案的初选，或者投资后各项目间经济效益的比较。包括建设期的回收期≤计算期的 1/2；不包括建设期的回收期≤运营期的 1/2。

（二）动态评价指标

动态评价指标也称为贴现指标，即考虑资金时间价值因素的指标。主要包括净现值、净现值率、现值指数，内部收益率等指标。

1. 净现值（NPV）

净现值是指特定方案未来现金流入的现值与未来现金流出的现值之间的差额。按照这种方法，所有未来现金流入和现金流出都要按预定的贴现率，折算它们的现值，然后再计算它们的差额。所用的贴现率可以是企业的资本成本，也可以是企业所要求的最低报酬率水平。净现值的计算公式为

$$\text{NPV}=各年营业净现金量的现值-初始投资额的现值 \tag{6-9}$$

净现值的计算一般包括以下步骤：

（1）计算投资项目各期的净现金流量。

（2）按行业基准收益率或企业设定的贴现率，将投资项目各期所对应的复利现值系数或年金现值系数通过查表确定下来。

（3）将各期净现金流量与其对应的复利现值系数或年金现值系数相乘，计算出现值。

（4）最后加总各期净现金流量的现值，即得到该投资项目的净现值 NPV。

在计算净现值时，如果 NPV≥0，则表示项目的实际收益率高于或等于折现率，项目可行；如果 NPV<0，则表示项目的实际收益率低于折现率，项目不可行。

净现值法是项目投资评价中常用的方法，其考虑了资金的时间价值，增强了投资经济性评价的实用性；考虑了项目计算期内全部净现金流量，体现了流动性与收益性的统一；考虑了投资风险，项目投资风险可以通过提高贴现率加以控制。

净现值也存在某些缺点，主要有：①净现值是一个绝对数，不能从动态的角度直接反映投资项目的实际收益率，当进行互斥性投资决策时，在投资额不等的情况下，仅用净现值往往无法确定投资项目的优劣；②净现值的计算比较复杂，且较难理解和掌握；③净现值的计算需要有较准确的现金净流量的预测，并且要正确选择贴现率，而实际上净现金流量的预测和贴现率的选择都比较困难。

【例 6-16】　某企业需投资 150 万元引进一条生产线，该生产线有效期为 5 年，采用直线法折旧，期满无残值。该生产线当年投产，预计每年可获净利润 10 万元。如果该项目的行业基准贴现率为 8%，计算其净现值并评价该项目的可行性。

解 $NCF_0=-150$ 万元，

每年折旧额=150/5=30 万元，

则投产后各年相等的净现金流量(NCF_i)=10+30=40 万元，

$$NPV=-150+40\times(P/A,8\%,5)=-150+40\times 3.993=9.72\text{ 万元}。$$

由于该项目的净现值大于 0,所以该项目可行。

【例 6-17】 某企业购入设备一台,价值为 30 000 元,按直线法计提折旧,使用寿命 6 年,期末无残值。预计投产后每年可获得利润 4 000 元,假定贴现率为 12%。计算该项目的净现值。

解 $NCF_0=-30\ 000$ 元，

每年折旧额=30 000/6=5 000 元，

$NCF_{1\sim6}=4\ 000+5\ 000=9\ 000$ 元，

则 $NPV=9\ 000\times(P/A,12\%,6)-30\ 000=9\ 000\times4.1114-30\ 000=7\ 002.6$ 元。

若经营期内各年净现金流量不相等,则净现值的计算公式为

净现值=∑(经营期各年的净现金流量×各年的现值系数)-投资现值。

【例 6-18】 某企业拟建一项固定资产,需投资 55 万元,按直线法计提折旧,使用寿命 10 年,期末有 5 万元净残值。该项工程建设期为 1 年,投资额分别于年初投入 30 万元,年末投入 25 万元。预计项目投产后每年可增加营业收入 15 万元,总成本 10 万元,假定贴现率为 10%。计算该投资项目的净现值。

解 建设期净现金流量

$NCF_0=-30$ 万元，

$NCF_1=-25$ 万元；

经营期营业净现金流量

$$NCF_{2\sim10}=15-10+\frac{55-5}{10}=10\text{ 万元；}$$

经营期终结净现金流量

$NCF_{11}=10+5=15$ 万元；

则
$$\begin{aligned}NPV&=10\times[(P/A,10\%,10)-(P/A,10\%,1)]+15\times(P/F,10\%,11)-\\&\quad[30+25\times(P/F,10\%,1)]\\&=10\times(6.1446-0.9091)+15\times0.3505-(30+25\times0.9091)=4.885\text{ 万元}。\end{aligned}$$

由计算可知,该方案净现值大于零,故方案可行。

2. 净现值率(NPVR)

净现值率是指投资项目的净现值占原始投资现值总和的百分比。计算公式为

$$NPVR=\frac{\text{投资项目净现值}}{\text{原始投资现值}}\times100\%。\qquad(6\text{-}10)$$

当 NPVR≥0,则项目可行;当 NPVR<0,则项目不可行。

净现值率考虑了资金时间价值;可以动态反映项目投资的资金投入与产出之间的关系。其缺点是:①不能直接反映投资项目的实际收益率;②在资本决策过程中可能导致片面追求较高的净现值率,在企业资本充足的情况下,有降低企业投资利润总额的可能。

【例 6-19】 某投资项目的建设期为 1 年,经营期为 5 年,其净现金流量如表 6-3 所示,贴

现率为10%,计算该项目的净现值率,并评价其可行性。

表6-3　某投资项目净现金流量表　　万元

年份	0	1	2	3	4	5
NCF_i	−100	−50	80	80	80	80

解　从表6-3中可以看出,经营期的净现金流量相等,其净现值可以采用年金的方法计算:

$$NPV=-100-50\times(P/F,10\%,1)+80\times(P/A,10\%,5)\times(P/F,10\%,1)$$
$$=-100-50\times0.909+80\times3.791\times0.909\approx130.23\text{ 万元。}$$

则
$$NPVR=\frac{130.23}{100+50\times(P/F,10\%,1)}\times100\%\approx89.4\%\text{。}$$

该项目的净现值率大于0,故可以投资。

【例6-20】　A项目与B项目为互斥方案,它们的项目计算期完全相同。A项目原始投资的现值为150万元,净现值为29.97万元;B项目的原始投资的现值为100万元,净现值为24万元。

要求:

(1)分别计算两个项目的净现值率指标(结果保留两位小数);

(2)分别按净现值法和净现值率法在A项目和B项目之间做出比较决策。

解　(1)A项目的净现值率$=\frac{29.97}{150}\approx0.20$;B项目的净现值率$=\frac{24}{100}=0.24$。

(2)在净现值法下,因为$29.97>24$,所以A项目优于B项目;

在净现值率法下,因为$0.24>0.20$,所以B项目优于A项目。

由于两个项目的原始投资不相同,导致两种方法的决策结论相互矛盾。

3. 现值指数(PI)

现值指数亦称获利指数,是指投产后按行业基准收益率或企业设定贴现率折算的各年营业期现金净流量的现值合计(可简称报酬总现值)与原始投资的现值合计(投资总现值)之比,用公式表示为

$$PI=\frac{\text{未来报酬的总现值}}{\text{原始投资的现值}}\text{。}\tag{6-11}$$

如果$PI\geqslant1$,则该投资项目可行;如果$PI<1$,则该投资项目不可行。如果几个投资项目的现值指数都大于1,那么现值指数越大,投资项目越好。但在进行互斥性投资决策时,正确的选择原则不是选择现值指数最大的项目,而是在保证现值指数大于1的情况下,使追加投资收益最大化。

从净现值率和现值指数的定义可知这两个指标存在以下关系:

$$\text{现值指数(PI)}=1+\text{净现值率(NPVR)}\text{。}\tag{6-12}$$

(1)现值指数法与净现值法的本质相同,特别是在进行投资项目的可行性分析时,采用这两种方法将得到相同的结果。因为如果一个投资项目的$NPV>0$,则一定有$PI>1$。

(2)两者都着眼于现金净流量及其资金时间价值,都需要准确地预测投资项目有效期内的净现金流量。

(3)在原始投资额不同的两个方案之间进行决策分析时,采用现值指数法与净现值法进行评价,所得结果可能不一致。在一般情况下,应以现值指数法为准,选择现值指数较大的投资项目。但如果该投资项目所要求的收益率特别高,企业的资金充裕且无其他更好投向时,则应以净现值法为准。

现值指数法的优缺点与净现值法的优缺点基本相同,但有一重要区别是:现值指数法可以从动态的角度反映投资项目的资金投入与总产出之间的关系,可以弥补净现值法在投资额不同的项目之间不便比较的缺陷。其缺点是除了无法直接反映投资项目的实际收益率外,其计算过程比净现值法的计算过程复杂,计算口径也不一致。

【例 6-21】 根据例 6-20 的资料,计算该项目的现值指数为

$$\mathrm{PI}=\frac{80\times(P/A,10\%,5)\times(P/F,10\%,1)}{100+50\times(P/F,10\%,1)}=\frac{80\times3.791\times0.909}{100+50\times0.909}\approx1.895。$$

由于该项目的现值指数大于 1,所以该项目可行。

【例 6-22】 某企业拟进行一项固定资产投资,该项目的现金流量表(部分)如表 6-4 所示。

表 6-4 现金流量表(部分) 万元

项　目	建设期		运营期					合　计
	0	1	2	3	4	5	6	
净现金流量	−1 000	−1 000	100	1 000	(B)	1 000	1 000	2 900
累计净现金流量	−1 000	−2 000	−1 900	(A)	900	1 900	2 900	—
折现净现金流量	−1 000	−943.4	89	839.6	1 425.8	747.3	705	1 863.3

要求:

(1)计算表 6-4 中用英文字母表示的项目的数值。

(2)计算或确定下列指标:静态投资回收期;净现值;原始投资现值;净现值率;获利指数。

解 (1)(A)=−1 900+1 000=−900;(B)=900−(−900)=1 800。

(2)静态投资回收期:

$$包括建设期的投资回收期=3+\frac{|-900|}{1800}=3.5\text{ 年},$$

$$不包括建设期的投资回收期=3.5-1=2.5\text{ 年}。$$

净现值=89+839.6+1 425.8+747.3+705−1 000−943.4=1 863.3(万元)

原始投资现值=1 000+943.4=1 943.4 万元;

净现值率=(1 863.3/1 943.4)×100%=95.88%;

获利指数=1+95.88%=1.9588≈1.96,或

获利指数=(89+839.6+1425.8+747.3+705)/1 943.4≈1.96。

4. 内部收益率(IRR)

内部收益率又叫内含报酬率,是指投资项目实际可以实现的收益率,亦可将其定义为能使投资项目的净现值等于零时的折现率。

内含报酬率的计算方法通常有特殊方法和一般方法(逐步测试法)两种。

(1)特殊方法。采用特殊方法需满足两个条件:全部投资均于建设起点一次投入,建设期为零;投产后每年净现金流量相等。

计算步骤如下：

①计算年金现值系数。

$$年金现值系数=\frac{初始投资额}{每年现金净流量}$$

②查年金现值系数表，找出在相同期数中与上述现值系数相邻的折现率。

③依据两个相邻的折现率和已计算的现值系数，采用插值法计算出投资方案的内部收益率。

【例 6-23】 某投资项目在建设起点一次性投资 254 580 元，当年完工并投产，投产后每年可获净现金流量 50 000 元，运营期为 15 年。求内部收益率。

0	1	2	3	…	15
-254 580	50 000	50 000	50 000	…	50 000

解 内部收益率是使得项目净现值为零的折现率。如果随意选取一个折现率 i，则净现值可以计算如下

$$NPV=-254\ 580+50\ 000\times(P/A,i,15)。$$

令 NPV＝0，即

$$-254\ 580+50\ 000\times(P/A,\mathrm{IRR},15)=0,$$

所以 $(P/A,\mathrm{IRR},15)=\frac{254\ 580}{50\ 000}=5.091\ 6$。

查 15 年的年金现值系数表 $(P/A,18\%,15)=5.0916$，则

$$\mathrm{IRR}=18\%。$$

【例 6-24】 某投资项目现金流量信息如下：$NCF_0=-100$ 万元，$NCF_{1\sim10}=20$ 万元。判断是否可以利用特殊方法计算内部收益率 IRR，如果可以，试计算该指标。

0	1	2	3	4	5	6	7	8	9	10
100	20	20	20	20	20	20	20	20	20	20

解 因为 $NCF_0=-100$ 万元，$NCF_{1\sim10}=20$ 万元，所以，可以应用特殊方法计算内部收益率 IRR。

令　　$-100+20\times(P/A,IRR,10)=0,(P/A,\mathrm{IRR},10)=100/20=5$。

采用内插法

利率	$(P/A,\mathrm{IRR},10)$
14%	5.2161
IRR	5
16%	4.8332

得

$$\frac{(\mathrm{IRR}-16\%)}{14\%-16\%}=\frac{(5-4.8332)}{(5.2161-4.8332)},$$

则 $IRR=15.13\%$。

(2)逐步测试法。(即每期净现金流量不相等)

即取一个折现率,计算NPV,如果NPV等于0,则所用的折现率即为内部收益率。但这种情况很少见到,多数情况下,NPV或者大于0,或者小于0。这样,就需要再次进行试算。试算的基本程序举例说明如下:

①取10%的折现率进行测试,如果NPV大于0,则说明内部收益率比10%高,因此,需要选取一个比10%高的折现率进行第2次测试。

②取12%的折现率进行第2次测试,如果NPV仍然大于0,则需要进行第3次测试。

③取14%的折现率进行第3次测试,如果NPV小于0,则说明内部收益率低于14%。

测试到此,可以判断出内部收益率在12%~14%之间,具体值为多少,采用内插法确定。

【例6-25】 已知某投资项目的净现金流量为:$NCF_0=-1\ 000$万元,$NCF_1=0$万元,$NCF_{2\sim8}=360$万元,$NCF_{9\sim10}=250$万元,$NCF_{11}=350$万元。计算该项目的内部收益率。

解 $NPV=-1\ 000+360\times(P/A,IRR,7)\times(P/F,IRR,1)+250\times(P/F,IRR,9)+250\times(P/F,IRR,10)+350\times(P/F,IRR,11)$。

根据逐步测试法的要求,自行设定折现率并计算净现值,据此判断调整折现率。经过4次测试,得到以下数据(计算过程略):

测试次数	IRR	NPV
1	10%	918.3839
2	20%	217.3128
3	24%	39.3177
4	26%	−30.1907

利用内插法

24%	39.3177
IRR	0
26%	−30.1907

得
$$\frac{IRR-26\%}{24\%-26\%}=\frac{0-(-30.1907)}{39.3177-(-30.1907)},$$

则 $IRR\approx25.13\%$。

内含报酬率是一个贴现正指标,当内含报酬率≥资金成本率(或预期收益率)时,项目可行;否则项目不可行。当进行多项目互斥决策时,内含报酬率越大越好。

【例6-26】 某投资项目的净现金流量如表6-5所示。

表6-5 投资项目净现金流量表 万元

年份	0	1	2	3	4	5
NCF_t	−200	80	80	80	80	80

如果该项目的资金成本为10%，试用内含报酬率判断该项目投资的可行性。

从投资项目的净现金流量表可知，各年的营业期净现金流量均相等，可以采用简化方法计算该项目的内含报酬率：

$$(P/A,\mathrm{IRR},5)=200/80=2.5。$$

查表得$(P/A,25\%,5)=2.689$；$(P/A,30\%,5)=2.436$。则

$$\mathrm{IRR}=25\%+\frac{2.5-2.436}{2.689-2.436}\times(25\%-30\%)=23.74\%$$

通过计算可知，IRR＝23.74%＞10%，该投资项目可行。

【例 6-27】 某企业拟建一项固定资产，需投资100万元，按直线法计提折旧，使用寿命10年，期末无残值。该项工程当年投产，预计投产后每年可获息税前利润10万元。假定该项目的行业基准折现率为10%。计算内含报酬率。

解　　固定资产原值＝100万元；

固定资产年折旧额＝100/10＝10万元；

项目计算期内各年净现金流量为

$$NCF_0=-100\text{ 万元},$$

$$NCF_{1\sim10}=10+10=20\text{ 万元};$$

$$(P/A,\mathrm{IRR},10)=100/20=5;$$

查10年的年金现值系数表得

$$(P/A,14\%,10)=5.2161>5,$$

$$(P/A,16\%,10)=4.8332<5。$$

由此可得14%＜IRR＜16%，应用内插法得

$$\mathrm{IRR}=14\%+\frac{5-4.8332}{2.2161-4.8332}\times(14\%-16\%)\approx15.13\%。$$

内含报酬率法考虑了资金时间价值；可以反映出投资项目的真实报酬率，且不受行业基准收益率高低的影响，比较客观，有利于对投资额不同的项目的决策。

其缺点主要有：①计算比较复杂，特别是对每年净现金流量不相等的投资项目，一般要经过多次测算才能求得答案；②当经营期大量追加投资时，可能导致多个IRR出现，或偏高或偏低，缺乏实际意义；③再投资收益率假设与实际可能不符。

净现值NPV、净现值率NPVR、现值指数PI和内含报酬率IRR指标之间存在以下数量关系，即（i为投资项目的行业基准利率）

当NPV＞0时，NPVR＞0，PI＞1，IRR＞i；

当NPV＝0时，NPVR＝0，PI＝1，IRR＝i。

当NPV＜0时，NPVR＜0，PI＜1，IRR＜i。

NPV为绝对量指标，其余为相对数指标。

计算净现值NPV、净现值率NPVR和现值指数PI所依据的折现率都是事先设定的行业基准利率（或企业确定的贴现率）；而内含报酬率IRR的计算与折现率的高低无关，是一种比较特别的计算方法。

从它们之间的关系可以看出，在进行单项项目投资决策时，使用不同的贴现方法得出的结论基本是一致的；在进行多个项目的投资决策时，它们得出的结论却可能不一致。这就需

要根据实际情况加以选择。

三、项目投资决策评价指标的应用

计算评价指标的目的，是为了进行项目投资方案的对比与选优，使它们在方案的对比与选优中正确地发挥作用，为项目投资方案提供决策的定量依据。但投资方案对比与选优的方法会因项目投资方案的不同而有区别。

（一）独立投资项目的财务可行性分析

在财务管理中，将一组相互分离、互不排斥的方案称为独立方案。在独立方案中，选择某一方案并不排斥选择另一方案。

1. 独立方案财务可行性评价

对于这方面的决策就是要判断某一个方案是否具备财务可行性。

不同的指标评价结果可能会不一致，这样就会出现评价的财务可行性程度的差异。根据差异的程度，方案的财务可行性有4种情况：评价指标分类如图6-2所示。

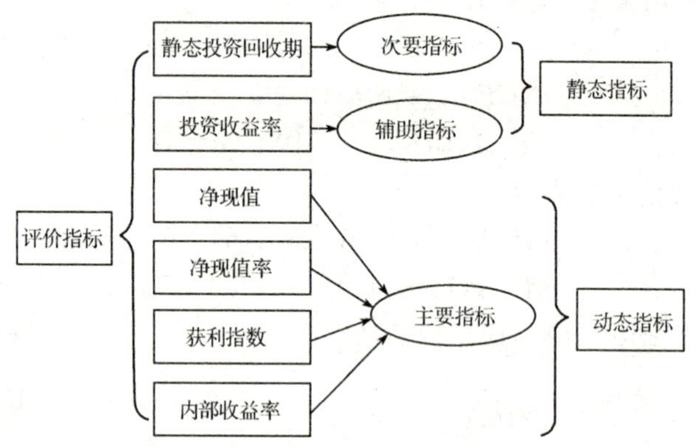

图6-2　指标分类示意图

（1）完全具备财务可行性。

如果某一投资项目的评价指标同时满足以下条件：

净现值 NPV≥0；

净现值率 NPVR≥0；

获利指数 PI≥1；

内部收益率 IRR≥基准折现率；

包括建设期的静态投资回收期 PP≤$n/2$（项目计算期的一半）；

不包括建设期的静态投资回收期 PP′≤$P/2$（运营期的一半）；

投资收益率 ROI≥基准投资收益率 i。

则可以断定该投资项目无论从哪个方面看完全具备财务可行性，应当接受此投资方案。

（2）基本具备财务可行性。

若主要指标结论可行，而次要或辅助指标结论不可行，则基本具备财务可行性。

（3）基本不具备财务可行性。

若主要指标结论不可行，而次要或辅助指标结论可行，则基本不具备财务可行性。

(4)完全不具备财务可行性。

若主要指标结论不可行，次要或辅助指标结论也不可行，则完全不具备财务可行性。

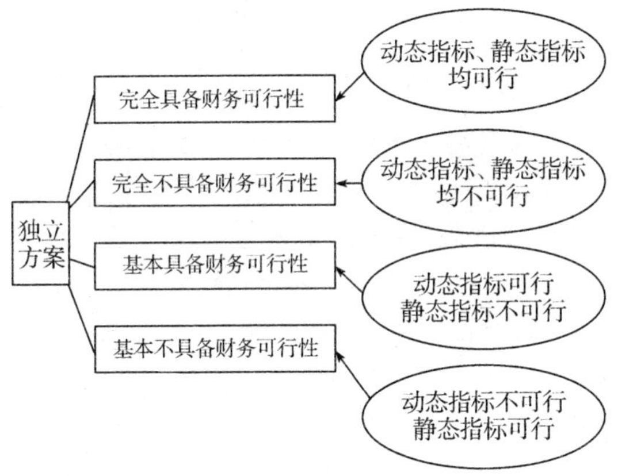

图 6-2　独立方案可行性评价示意图

2. 独立方案的财务可行性与投资决策的关系

只有完全具备或基本具备财务可行性的方案：接受；完全不具备或基本不具备财务可行性的方案：拒绝。

当静态投资回收期(次要指标)或投资利润率(辅助指标)的评价结论与净现值等主要指标的评价结论发生矛盾时，应当以主要指标的结论为准。

可行性评价示意图如图 6-2 所示。

【例 6-28】 某固定资产投资项目只有一个方案，其原始投资为 1 000 万元，项目计算期为 11 年(其中生产经营期为 10 年)基准投资利润率为 9.5%，行业基准折现率 ic 为 10%。有关投资决策评价指标如下：ROI=10%，PP=6 年，PP'=5 年，NPV=16.265 万元，NPVR=17.04%，PI=1.1704，IRR=12.73%。评价该项目的财务可行性。

解　因为

$$\text{ROI}=10\%>i=9.5\%,$$

$$PP=6\text{ 年}>n/2=5.5\text{ 年},$$

$$PP'=5\text{ 年}=P/2,$$

$$\text{NPV}=16.265\text{ 万元}>0,$$

$$\text{NPVR}=17.04\%>0,$$

$$\text{PI}=1.170\,4>1,$$

$$\text{IRR}=12.73\%>ic=10\%,$$

所以该方案基本上具有财务可行性，只是包括建设期的投资回收期较长，有一定的风险。

【例 6-29】 某企业拟引进一条流水线，投资额 110 万元，分 2 年投入。第 1 年初投入 70 万元，第 2 年初投入 40 万元，建设期为 2 年，净残值 10 万元，折旧采用直线法。在投产初期投入流动资金 20 万元，项目使用期满仍可全部回收。该项目可使用 10 年，每年销售收入为 60 万元，总成本 45 万元。假定企业期望的投资报酬率为 10%。计算该项目的净现值、内含报酬率，并判断该项目是否可行。

解 $NCF_0=-70$ 万元，

$NCF_1=-40$ 万元，

$NCF_2=-20$ 万元，

$$\text{年折旧额}=\frac{110-10}{10}=10\text{ 万元},$$

$NCF_{3\sim11}=60-45+10=25$ 万元，

$NCF_{12}=25+(10+20)=55$ 万元，

$$\begin{aligned}NPV &=25\times[(P/A,10\%,11)-(P/A,10\%,2)]+55\times(P/F,10\%,12)\\&\quad-[70+40\times(P/F,10\%,1)+20\times(P/F,10\%,2)]\\&=25\times(6.4951-1.7355)+55\times0.3186-(70+40\times0.9091+20\times0.8264)\\&=13.621\text{ 万元。}\end{aligned}$$

$i=12\%$时，测算 NPV

$$\begin{aligned}NPV &=25\times[(P/A,12\%,11)-(P/A,10\%,2)]+55\times(P/F,12\%,12)\\&\quad-[70+40\times(P/F,10\%,1)+20\times(P/F,10\%,2)]\\&=25\times(5.9377-1.6901)+55\times0.2567-(70+40\times0.8929+20\times0.7972)\\&=-1.3515\text{ 万元。}\end{aligned}$$

用插入法计算 IRR

$$IRR=10\%+\frac{13.621-0}{13.621-(-1.3515)}\times(12\%-10\%)\approx11.82\%>\text{贴现率 }10\%\text{。}$$

计算表明，净现值为 13.621 万元，大于零；内含报酬率 11.82%，大于贴现率 10%，所以该项目在财务上是可行的。一般来说，用净现值和内含报酬率对独立方案进行评价，不会出现相互矛盾的结论。

(二)互斥方案的对比与选优

项目投资决策中的互斥方案是指在决策时涉及的多个相互排斥，不能同时实施的投资方案。互斥方案决策过程就是在每一个入选方案已具备项目可行性的前提下，利用具体决策方法比较各个方案的优劣，利用评价指标从各个备选方案中最终选出一个最优方案的过程。由于各个备选方案的投资额、项目计算期不相一致，因而要根据各个方案的使用期、投资额相等与否，采用不同的方法作出选择。

1. 投资额、项目计算期均相等

互斥方案的投资额、项目计算期均相等时，可采用净现值法或内含报酬率法。分别通过净现值指标的大小和内含报酬指标的大小来选择最优方案的方法。净现值或内含报酬率最大的方案为优。

【例 6-30】 某企业现有资金 100 万元可用于固定资产项目投资，有 A,B,C,D 四个互相排斥的备选方案可供选择，这 4 个方案投资总额均为 100 万元，项目计算期都为 6 年，贴现率为 10%，现经计算：

$NPV_A=8.1253$ 万元，　　$IRR_A=13.3\%$；

$NPV_B=12.25$ 万元，　　$RR_B=16.87\%$；

$NPV_C=-2.12$ 万元，　　$IRR_C=8.96\%$；

$$NPV_D = 10.36\text{万元}, \qquad IRR_D = 15.02\%。$$

决策哪一个投资方案为最优。

解　因为C方案净现值为-2.12万元,小于零,内含报酬率为8.96%,小于贴现率,不符合财务可行的必要条件,应舍去。

又因为A,B,D三个备选方案的净现值均大于零;且内含报酬平均大于贴现率,所以A、B、D三个方案均符合财务可行的必要条件。

且
$$NPV_B > NPV_D > NPV_A,$$
$$IRR_B > IRR_D > IRR_A,$$
所以B方案最优,D方案为其次,最差为A方案,因此应采用B方案。

【例6-31】　某个固定资产投资项目需要原始投资100万元,有A,B,C,D四个互相排斥的备选方案可供选择,各方法的净现值指标分别为228.914万元,117.194万元,206.020万元和162.648万元。A,B,C,D四个方案的项目计算期相同。

要求:

(1)评价每一个方案的财务可行性;

(2)按净现值法进行比较决策。

解　(1)评价方案的财务可行性:

因为A,B,C,D每个备选方案的NPV均大于零,所以这些方案均具有财务可行性。

(2)按净现值法进行比较决策:

因为
$$NPV_A > NPV_C > NPV_D > NPV_B$$
所以A方案最优,其次为C方案,再次为D方案,最差为B方案。

2. 投资额不相等,项目计算期相等

互斥方案的投资额不相等,但项目计算期相等时,可采用差额法。所谓差额法,是指在两个投资总额不同方案的差量净现金流量(ΔNCF)的基础上,计算出差额净现值(ΔNPV)或差额内含报酬率(ΔIRR),并据以判断方案孰优孰劣的方法。

在此方法下,一般以投资额大的方案减投资额小的方案,当$\Delta NPV \geqslant 0$或$\Delta IRR \geqslant i$时,投资额大的方案较优;反之,则投资额小的方案为优。

差额净现值ΔNPV或差额内含报酬率ΔIRR的计算过程和计算技巧同净现值NPV或内含报酬率IRR完全一样,只是所依据的是ΔNCF。

【例6-32】　某企业有甲、乙两个投资方案可供选择,甲方案的投资额为100 000元,每年现金净流量均为30 000元,可使用5年;乙方案的投资额为70 000元,每年现金净流量分别为10 000元、15 000元、20 000元、25 000元、30 000元,使用年限也为5年。甲、乙两方案建设期均为零年,如果贴现率为10%。对甲、乙方案作出选择。

解　因为两方案的项目计算期相同,但投资额不相等,所以可采用差额法来评判。

$$\Delta NCF_0 = -100\,000 - (-70\,000) = -30\,000\text{元},$$
$$\Delta NCF_1 = 30\,000 - 10\,000 = 20\,000\text{元},$$
$$\Delta NCF_2 = 30\,000 - 15\,000 = 15\,000\text{元},$$
$$\Delta NCF_3 = 30\,000 - 20\,000 = 10\,000\text{元},$$
$$\Delta NCF_4 = 30\,000 - 25\,000 = 5\,000\text{元},$$
$$\Delta NCF_5 = 30\,000 - 30\,000 = 0。$$

$$\Delta NPV_{甲-乙} = 20\ 000 \times (P/F,10\%,1) + 15\ 000 \times (P/F,10\%,2) + 10\ 000 \times (P/F,10\%,3) + 5\ 000 \times (P/F,10\%,4) - 30\ 000 元$$
$$= 20\ 000 \times 0.909\ 1 + 15\ 000 \times 0.826\ 4 + 10\ 000 \times 0.751\ 3 + 5\ 000 \times 0.683\ 0 - 30\ 000 元$$
$$= 11\ 506 元 > 0。$$

用 $i=28\%$，测算 ΔNPV：

$$\Delta NPV = 20\ 000 \times (P/F,28\%,1) + 15\ 000 \times (P/F,28\%,2) + 10\ 000 \times (P/F,28\%,3) + 5\ 000 \times (P/F,28\%,4) - 30\ 000 元$$
$$= 20\ 000 \times 0.7813 + 15\ 000 \times 0.610\ 4 + 10\ 000 \times 0.476\ 8 + 5\ 000 \times 0.372\ 5 - 30\ 000 元$$
$$= 1\ 412.5 元 > 0。$$

再用 $i=32\%$，测算 ΔNPV：

$$NPV = 20\ 000 \times (P/F,32\%,1) + 15\ 000 \times (P/F,32\%,2) + 10\ 000 \times (P/F,32\%,3) + 5\ 000 \times (P/F,32\%,4) - 30\ 000$$
$$= 20\ 000 \times 0.7576 + 15\ 000 \times 0.573\ 9 + 10\ 000 \times 0.434\ 8 + 5\ 000 \times 0.329\ 4 - 30\ 000$$
$$= -244.5 元 < 0。$$

用插入法计算△IRR：

$$\Delta IRR = 28\% + \frac{1412.5-0}{1412.5-(-244.5)} \times (32\%-28\%) = 31.41\% > 贴现率\ 10\%。$$

计算表明，差额净现值为 11 506 元，大于零；差额内含报酬率为 31.41%，大于贴现率 10%，应选择甲方案。

3. 投资额不相等，项目计算期也不同

互斥方案的投资额不相等，项目计算期也不相同时，可采用年回收额法。所谓年回收额法，是指通过比较所有投资方案的年等额净现值指标的大小来选择最优方案的决策方法。在此法下，年等额净现值最大的方案为优。

年回收额法的计算步骤如下：

(1)计算各方案的净现值 NPV；

(2)计算各方案的年等额净现值。若贴现率为 i，项目计算期为 n，则

$$年等额净现值\ A = \frac{净现值}{年金现值系数} = \frac{NPV}{(P/A,i,n)}。 \tag{6-14}$$

【例 6-33】 某企业拟投资建设一条新生产线。现有 3 个方案可供选择：A 方案的原始投资为 1 250 万元，项目计算期为 11 年，净现值为 958.7 万元；B 方案的原始投资为 1 100 万元，项目计算期为 10 年，净现值为 920 万元；C 方案的净现值为−12.5 万元。行业基准折现率为 10%。

要求：

(1)判断每个方案的财务可行性；

(2)用年等额净回收额法作出最终的投资决策(计算结果保留两位小数)。

解 (1)判断方案的财务可行性因为 A 方案和 B 方案的净现值均大于零，所以这两个

方案具有财务可行性。

因为C方案的净现值小于零，所以该方案不具有财务可行性。

(2)比较决策

A方案的年等额净回收额$=958.7/(P/A,10\%,11)=147.6$万元；

B方案的年等额净回收额$=920/(P/A,10\%,10)=149.7$万元。

因为$149.7>147.6$，所以B方案优于A方案。

【例6-34】 某企业有两项投资方案，其现金净流量如表6-6所示。如果该企业期望达到最低报酬率为12%，请作出决策。

表6-6　某企业投资方案净现金流量　　元

项目计算期	甲方案		乙方案	
	净收益	净现金流量	净收益	净现金流量
0		(200 000)		(120 000)
1	20 000	120 000	16 000	56 000
2	32 000	132 000	16 000	56 000
3			16 000	56 000

解　计算甲、乙方案的NPV：

$$\begin{aligned}NPV_{甲}&=120\,000\times(P/F,12\%,1)+132\,000\times(P/F,12\%,2)-200\,000\\&=120\,000\times0.8929+132\,000\times0.7972-200\,000=12\,378.4\text{元；}\end{aligned}$$

$$\begin{aligned}NPV_{乙}&=56\,000\times(P/A,12\%,3)-120\,000\\&=56\,000\times2.4018-120\,000=14\,500.8\text{元；}\end{aligned}$$

计算甲、乙方案的年等额净现值：

$$甲方案年等额净现值=\frac{12\,378.4}{(P/A,12\%,2)}=\frac{12\,378.4}{1.690\,1}=7\,324.06\text{元；}$$

$$乙方案年等额净现值=\frac{14\,500.8}{(P/A,12\%,3)}=\frac{14\,500.8}{2.401\,8}\approx6\,037.47\text{元。}$$

因为甲方案年等额净现值>乙方案年等额净现值，所以应选择甲方案。

(三)其他方案的对比与选优

在实际工作中，有些投资方案不能单独计算盈亏，或者投资方案的收入相同或收入基本相同且难以具体计量，一般可考虑采用“成本现值比较法”或“年成本比较法”来作出比较和评价。所谓成本现值比较法是指计算各个方案的成本现值之和并进行对比，成本现值之和最低的方案是最优的。成本现值比较法一般适用于项目计算期相同的投资方案间的对比、选优。对于项目计算期不同的方案就不能用成本现值比较法进行评价，而应采用年成本比较法，即比较年平均成本现值对投资方案作出选择。

【例6-35】 某企业有甲、乙两个投资方案可供选择，两个方案的设备生产能力相同，设备的寿命期均为4年，无建设期。甲方案的投资额为64 000元，每年的经营成本分别为4 000元、4 400元、4 600元、4 800元，寿命终期有6 400元的净残值；乙方案投资额为60 000元，每年的经营成本均为6 000元，寿命终期有6 000元净残值。如果企业的贴现率为8%，试比较两个方案的优劣。

解 因为甲、乙两方案的收入不知道，无法计算 NPV，且项目计算期相同，均为 4 年，所以应采用成本现值比较法。

甲方案的投资成本现值＝64 000＋4 000×$(P/F,8\%,1)$＋4 400×$(P/F,8\%,2)$＋4 600×$(P/F,8\%,3)$＋4 800×$(P/F,8\%,4)$－6 400×$(P/F,8\%,4)$

＝64 000＋4 000×0.925 9＋4 400×0.857 3＋4 600×0.793 8＋4 800×0.735 0－6 400×0.735 0

＝73 951.20 元，

乙方案的投资成本现值＝60 000＋6 000×$(P/A,8\%,4)$－6 000×$(P/F,8\%,4)$

＝60 000＋6 000×3.312 1－6 000×0.735 0

＝ 75 462.6 元。

根据以上计算结果表明，甲方案的投资成本现值较低，所以甲方案优于乙方案。

【例 6-36】 根据例 6-35 所给的资料，假设甲、乙投资方案寿命期分别为 4 年和 5 年，建设期仍为零，其余资料不变。如果企业的贴现率仍为 8%，应选择哪个方案？

解 甲方案项目计算期＝0＋4＝4 年，

乙方案项目计算期＝ 0＋5＝5 年。

因此甲、乙两个方案的项目计算期不相同，不能采用成本现值比较法，而应采用年成本比较法：

(1)计算甲、乙方案的成本现值。

甲方案成本现值＝73 951.20 元；

乙方案成本现值＝60 000＋6 000×$(P/A,8\%,5)$－6 000×$(P/F,8\%,5)$

＝60 000＋6 000×3.992 7－6 000×0.680 6＝79 872.6 元。

(2)计算甲、乙方案的年均成本。

$$甲方案的年均成本＝\frac{73\ 951.20}{(P/A,8\%,4)}=\frac{73\ 951.20}{3.312\ 1}=22\ 327.59\ 元；$$

$$乙方案的年均成本＝\frac{79\ 872.60}{(P/A,8\%,5)}=\frac{79\ 872.60}{3.992\ 7}=20\ 004.66\ 元。$$

以上计算结果表明，乙方案的年均成本低于甲方案的年均成本，因此应采用乙方案。

项目小结

项目投资是对企业内部生产经营所需要的各种资产的投资，其目的是为保证企业生产经营过程的连续和生产经营规模的扩大。项目投资管理是企业财务管理的又一重要内容，它关系着能否将企业资金合理有效的使用，并且在很大程度上决定着企业或投资项目的经济效益。本项目课程内容在对项目投资的种类、特点和程序概述的基础上，重点讲解了以下几方面。

(1)项目投资的决策依据是以现金作为项目财务评价的基础，现金流量是一个与利润不同的概念。

现金流入量是指投资项目实施后在项目计算期内所引起的企业现金收入的增加额，包括营业收入、固定资产的余值和回收流动资金及其他现金流入量。

现金流出量是指投资项目实施后在项目计算期内所引起的企业现金流出的增加额，包括建设投资、垫支的流动资金、付现成本、所得税额及其他现金流出量。

净现金流量是指投资项目在项目计算期内现金流入量和现金流出量的净额，现金净流量可分为建设期的净现金流量和经营期的净现金流量。

(2)从基本原理、决策规则和特点方面介绍了一些比较常用的项目投资财务决策方法：静态投资回收期法、投资收益率法、净现值法、内部收益率法等。

(3)以实例说明项目投资决策方法在固定资产更新决策、资本限量决策、投资期决策等方面的应用。学生应掌握针对不同的项目投资情况，选择使用恰当的项目投资财务决策方法。

(4)现金流量的假设主要分为：全投资假设、建设期投入全部资金假设、项目投资的经营期与折旧年限一致假设、时点指标假设和确定性假设。为了正确计算投资项目的增量现金流量，要注意：沉落成本、机会成本、公司其他部门的影响和净营运资金等因素的影响。

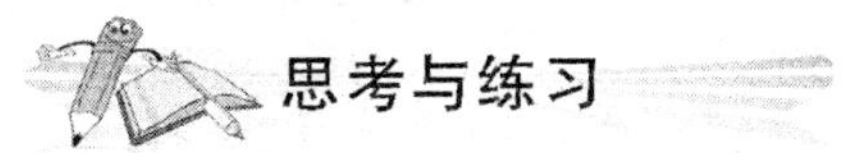

思考与练习

一、案例分析

通海公司现有两个投资项目，现金流量如表 6-7 所示。

表 6-7　某企业投资项目现金流量　　元

年份	A 项目	B 项目
0	－20 000	－20 000
1	8 000	6 900
2	8 000	6 900
3	8 000	6 900
4	8 000	6 900
5	0	6 900

根据以上数据，计算有关指标如表 6-8 所示。

表 6-8　投资项目有关指标

指标	A 项目	B 项目
NPV(15%)	2 840	3 130
PI(15%)	1.142	1.156 5
IRR	21.924%	21.5%

请思考：

通海公司应该选择哪个方案？

二、思考题

1. 简要回答现金流入量包括哪些主要内容？

2. 如何估算一个投资项目的现金流量？

3. 试述投资决策中静态指标的局限性有哪些？

4. 财务管理中的现金流量和会计中的现金流量有何不同？

5. 项目计算期的构成、固定资产净残值的有无和投资方式分别对投资回收期、净现值和内部收益率指标的计算有什么影响？

6. 如何利用投资决策评价指标做出多方案比较决策？

三、单项选择题

1. 某企业计划投资10万元建一生产线，预计投资后每年可获净利1.5万元，年折旧率为10%，则投资回收期为(　　)。

A. 3年　　B. 5年　　C. 4年　　D. 6年

2. 如果某一投资方案的净现值为正数，则必然存在的结果是(　　)。

A. 投资回收期在一年以内　　B. 获利指数大于1

C. 投资报酬率高于100%　　D. 年均净现金流量大于原始投资额

3. 长期投资决策中，不宜作为折现率进行投资项目评价的是(　　)。

A. 活期存款利率　　B. 投资项目的资金成本

C. 投资的机会成本　　D. 行业平均资金收益率

4. 不管其他投资方案是否被采纳和实施，其收入和成本都不因此受到影响的投资与其他投资项目彼此为(　　)。

A. 互斥投资　　B. 独立投资　　C. 互补投资　　D. 不相容投资

5. 某企业投资方案A的年销售收入为180万元，年销售成本和费用为120万元，其中折旧为20万元，所得税率为30%，则该投资净现金流量为(　　)。

A. 42万元　　B. 62万元　　C. 60万元　　D. 48万元

6. 在资本限量情况下，最佳投资方案必然是(　　)。

A. 净现值合计最高的投资组合　　B. 获利指数大于1的投资组合

C. 内部收益率最高的投资组合　　D. 净现值之和大于零的投资组合

7. 经营现金流入的估算应该等于(　　)。

A. 本期现销收入

B. 本期销售收入总额

C. 当期现销收入与回收以前期应收账款的合计数

D. 本期赊销额

8. 不属于净现值指标缺点的是(　　)

A. 不能从动态的角度直接反映投资项目的实际收益率水平

B. 当各项目投资额不等时，仅用净现值法确定投资方案的优劣

C. 净现金流量的测量和折现率的确定比较困难

D. 没有考虑投资的风险性

9. 某投资项目在建设期内投入全部原始投资，该项目的获利指数为 1.25，则该项目的净现值率为（　　）

A. 0.25　　B. 0.75　　C. 0.125　　D. 0.8

10. 原始投资额不同，特别是项目计算期不同的多方案比较决策，最适合采用的评价方法是（　　）。

A. 获利指数法　　B. 内部收益率法

C. 差额投资内部收益率法　　D. 年等额净回收额法

四、多项选择题

1. 下列各项中，属于长期投资决策静态评价指标的是（　　）。

A. 内含报酬率　　B. 投资回收期　　C. 获利指数　　D. 投资利润率

2. 评价投资方案的投资回收期指标的主要缺点是（　　）。

A. 不能衡量企业的投资风险　　B. 没有考虑资金时间价值

C. 没有考虑回收期后的现金流量　　D. 不能衡量投资方案投资报酬率的高低

3. 采用净现值法评价投资项目可行性时，所采用的折现率通常有（　　）。

A. 投资项目的资金成本率　　B. 投资的机会成本率

C. 行业平均资金收益率　　D. 投资项目的内部收益率

4. 完整的工业投资项目的现金流入主要包括（　　）。

A. 营业收入　　B. 回收固定资产变现净值

C. 固定资产折旧　　D. 回收流动资金

5. 现金流量指标相对于利润指标的优点有（　　）。

A. 准确反映企业未来期间盈利状况

B. 便于应用资金时间价值

C. 可以排除会计的权责发生制的主观因素的影响

D. 体现了风险与收益间的关系

6. 下列项目中，属于现金流入量项目的有（　　）。

A. 营业收入　　B. 建设投资

C. 回收流动　　D. 流动经营成本节约额

7. 下列有关投资利润率指标的表述正确的是（　　）。

A. 没有考虑时间价值

B. 分子分母口径不一致

C. 没有利用净现金流量

D. 在计算项目建设期净现金流量现值时，可以贷款的实际利率作为贴现率

8. 净现值率指标的优点是（　　）。

A. 考虑了资金时间价值

B. 考虑了项目计算期的全部净现金流量

C. 考虑了投资风险

D. 可从动态上反映项目投资的资金投入与净产出之间的关系

9. 下列哪些因素会影响动态指标（　　）。

A. 建设期　　B. 投资方式　　C. 回收额　　D. 净现金流量

10. 项目投资决策中所指的“原始总投资”是指(　　)。

A. 反映项目所需现实资金的价值指标

B. 它等于投资总额扣除资本化利息

C. 它包括固定资产投资、无形资产投资、开办费投资和流动资金投资

D. 它等于企业为使项目完全达到设计生产能力、开展正常生产经营而投入的全部现实资金

五、判断题

1. 由现有企业进行的项目投资的直接投资主体就是企业所有者。(　　)

2. 内含报酬率是指在项目经营周期内能使投资方案获利指数等于1的折现率。(　　)

3. 在投资项目决策中,只要投资方案的投资利润率大于零,该方案就是可行方案。(　　)

4. 根据财务可行性假设,在计算现金流量时,可以把营业收入和成本看成是在年末发生。(　　)

5. 为了克服确定现金流量所遇到的困难和简化现金流量的计算过程,按照确定性假设,与项目现金流量有关的销售收入、成本水平、应缴的所得税等均为已知常数。(　　)

6. 由于建设期资本化利息并未实际支付,所以它不属于建设投资的范畴,不能作为现金流出量的内容。(　　)

7. 在互斥方案的选优分析中,若差额内部收益率指标大于基准收益率或设定的折现率时,则原始投资额较小的方案为较优方案。(　　)

8. 获利指数法可从动态的角度反映项目投资的资金投入与产出之间的关系,可以使投资额不同的独立方案之间直接用获利指数进行对比。(　　)

9. 一般情况下,能使投资项目的净现值小于零的折现率,一定小于该项目的内部收益率。(　　)

10. 在全投资假设条件下,经营期计入财务费用的利息费用不属于现金流出量的内容,但在计算固定资产原值时,必须考虑建设期资本化利息。(　　)

六、实训

实训一

某公司现在考虑在一个商业区购买一个商店,购买价格为50万元,该商店的经营期限为5年,期末必须完全拆除或重建。预计经营期每年的净利润如表6-9所示。计算该项目的投资报酬率。

表6-9　预计商店经营期每年的净利润

年份	1	2	3	4	5
净利润/万元	10	15	5	0	−5

实训二

某公司拟更新一台旧设备,其账面折余价值为10万元,目前出售可取得收入7.5万元,预计还可使用5年,该公司用直线法提取折旧。现该公司拟购买新设备替换原设备,以提高

生产效率，降低成本。新设备购置成本为 40 万元，使用年限为 5 年，同样用直线法提取折旧，预计残值与使用旧设备的残值一致；使用新设备后公司每年的销售额第 1 年可从 100 万元上升到 113.77 万元，第 2 年至第 5 年的销售收入可从 150 万元上升到 165 万元，每年的经营付现成本将要从 110 万元，上升到 115 万元。该企业的所得税税率为 25%，资金成本率为 10%。

要求：

(1)计算更新设备比继续使用旧设备增加的投资额；

(2)计算经营期各年增加的净利润；

(3)计算固定资产提前报废所发生的净损失及其抵减的所得税；

(4)计算各年的净现金流量；

(5)通过计算差额内部收益率，说明该设备是否应当更新？

实训三

某公司有一投资项目，原始投资 250 万元，其中设备投资 220 万元，开办费 6 万元，垫支流动资金 24 万元。该项目建设期为 1 年，建设期资本化利息 10 万元。设备投资和开办费于建设起点投入，流动资金于设备投产日垫支。该项目寿命期为 5 年，按直线法折旧，预计残值为 10 万元；开办费于投产后分 3 年摊销。预计项目投产后第 1 年可获净利 60 万元，以后每年递增 5 万元。该公司要求的最低报酬率为 10%。

要求：

(1)计算该项目各年净现金流量；

(2)计算该项目回收期；

(3)计算该项目净现值。

实训四

A 公司计划投资某一项目，原始投资额为 200 万元，该公司拟采用发行债券和普通股的方式筹集资金，拟平价发行面值为 100 元，票面年利率为 5%，每年付息，期限为 5 年的债券 16 000 张；剩余资金以平价发行普通股的方式筹集，该公司实行固定股利分配政策，每股股利为面值的 8%，所得税税率为 40%。全部在建设起点一次投入，建设期为一年，资本化利息 8 万元。投产开始时需垫支 10 万营运资金，项目终结时收回，投产后第 1～4 年每年销售收入增加 76.67 万元，以后每年增加 90 万元；每年付现经营成本增加 22 万元；第 1～4 年每年需支付利息 8 万元，投产后第 4 年末归还债券本金。该项固定资产预计使用 10 年，按直线法提取折旧，预计残值为 8 万元。

要求：

(1)计算债券成本率、普通股成本率和项目综合资本成本率(筹措费率忽略不计)；

(2)计算项目各年度净现金流量；

(3)计算项目的投资利润率与投资回收期；

(4)计算项目的净现值(以项目资金成本率为折现率)，并评价项目的可行性。

实训五

已知某长期投资项目建设期净现金流量为：$\Delta NCF_0=-800$ 万元，$\Delta NCF_1=-600$ 万元，$\Delta NCF_2=-100$ 万元。第 3～12 年的经营净现金流量 $\Delta NCF_{3\sim12}=400$ 万元，第 12 年年

末的回收额为200万元，行业基准折现率为10%。

要求：

(1)计算该投资项目的原始投资额、终结点净现金流量；

(2)计算该投资项目不包括建设期的回收期和包括建设期的回收期；

(3)计算该投项目的原始投资现值、净现值、净现值率、获利指数；

(4)评价该投资项目是否可行。

项目七

证券投资管理

学习目标

● 能计算股票和债券的价值和收益率
● 能结合实际情况进行基金和权证投资决策
● 能对证券投资进行评价
● 能对证券投资组合进行决策

知识要点

● 股票和债券的分类和区别
● 基金的分类和区别
● 权证的概念

案例导入

上海汽车股票的情景分析

从上海汽车的发展历程来看，上海汽车的主要优势在于产品层面和产品的本土化开发能力，这将有利于上海汽车在“产品为王”的市场环境里取得领先优势。

由于上海汽车以前的竞争劣势，如成本控制能力、营销管理能力，在近期都得到了改善，这大大提升了上海汽车的竞争力，实现了上海汽车产品“既叫好，又叫座”的历史性转变。我们认为，上海汽车 2007 年、2008 年前 3 个季度的市场表现和盈利表现在 2009 年、2010 年将得到延续。

同时我们也注意到，尽管上汽目前本土化开发能力较强，但是还没有能力进行平台技术开发，取得全新平台技术还要依靠德国大众。但基于以下几点：

(1)自主品牌汽车前景光明；

(2)正确的发展方向；

(3)雄厚的资金实力和强大的融资能力；

(4)空前的投资规模；

(5)丰富的造车经验；

(6)国内一流的品牌建设团队和一流的营销管理团队；

(7)国内一流的研发技术力量和一流的研发设施。

预计2008～2010年剔除短期金融投资收益后的EPS分别为0.536元、0.704元和1.172元；增长率分别为33%、31%和66%；对应的动态市盈率为44倍、34倍和20倍，并给予推荐的投资评级。

请注意以下风险影响，燃油税政策的实施对轿车消费影响的不确定性；钢材涨价过快，明显影响汽车产品的制造成本等。

通过上述案例，请讨论：

(1)证券投资的主要风险来源于哪些方面？

(2)影响证券投资决策的有关因素有哪些？

(3)结合实际情况给上汽股票定价。用什么方法定价？

(4)股票投资和债券投资有什么区别和联系？

任务一　债券投资管理

一、债券估价

对债券进行估价，就是确定债券的内在价值。债券内在价值，从投资者角度看，就是投资者在债券有效期内，因持有债券所获得的未来现金流入量的贴现值或现值。因持有债券获得的现金流量包括两部分：一是在债券有效期内获得的固定数额的利息；二是在债券到期时，按票面金额收回的本金。用于现金流贴现的折现率(或贴现率)，一般而言，是由无风险利率和风险溢价组成的，可以按照投资者的预期报酬率来确定。

债券投资决策方法是计算债券内在价值，然后将债券的市场价格和债券的内在价值比较，作出最佳决策的方法。决策原则是：凡是债券的市场价格小于或等于债券内在价值的，则可以投资；反之，债券的市场价格大于债券内在价值的，则拒绝投资。下面结合具体的债券分析其决策方法。

(一)一般情况下的债券估价模型

市场上典型的债券是固定利率、每年计息并付息、到期还本的债券。该种债券估价模型是指按复利方式计算债券价格的估价公式。

其一般计算公式为

$$\begin{aligned} V &= \sum_{t=1}^{n} \frac{i \times M}{(1+r)^t} + \frac{M^n}{(1+r)} \\ &= \sum_{t=1}^{n} \frac{I}{(1+r)^t} + \frac{M}{(1+r)^n} \\ &= I(P/A,r,n) + M \times (P/F,r,n), \end{aligned} \tag{7-1}$$

式中，V为债券的价格；i为债券的票面利息率；M为债券面值；I为每年利息；r为市场利率或投资人要求的必要收益率；n为付息总期数。

【例 7-1】 某债券面值为 1 000 元，票面利率为 10%，每年付息一次、到期还本，期限为 5 年，某企业要对这种债券进行投资，当前的市场利率为 12%，问债券价格为多少时才能进行投资？

解 根据上述公式得

$$\begin{aligned}V &= 1\ 000\times10\%\times(P/A,12\%,5)+1\ 000\times(P/F,12\%,5)\\ &= 100\times3.604\ 8+1\ 000\times0.567\ 4\\ &= 927.88\ 元。\end{aligned}$$

即这种债券的价格必须低于 927.88 元，该投资者才能购买。

(二)一次还本付息且不计复利的债券估价模型

我国很多债券属于一次还本付息且不计复利的债券，其估价计算公式为

$$V=\frac{M+M\times i\times n}{(1+r)^n}=(M+M\times i\times n)\times(P/F,r,n), \tag{7-2}$$

式中符号含义同前式。

【例 7-2】 江山公司拟购买另一家企业发行的利随本清，期限 5 年的企业债券，该债券面值为 1 000 元，票面利率为 10%，不计复利，当前市场利率为 8%，该债券发行价格为多少时对江山公司才有投资价值？

解 由上述公式可知

$$\begin{aligned}V &= \frac{1\ 000+1\ 000\times10\%\times5}{(1+8\%)^5}=(1\ 000+1\ 000\times10\%\times5)\times(P/F,8\%,5)\\ &= 1\ 020(元)\end{aligned}$$

即债券价格必须低于 1 020 元时，企业才能购买。

(三)折现发行时债券的估价模型

有些债券以折现方式发行，没有票面利率，到期按面值偿还，这些债券的估价模型为

$$V=\frac{M}{(1+r)^n}=M\times(P/F,r,n)。\tag{7-3}$$

【例 7-3】 某债券面值为 1 000 元，期限为 5 年，以折现方式发行，期内不计利息，按到期值偿还，当时市场利率为 8%，其价格为多少时，企业才能购买？

解 由上述公式可知

$$V=1\ 000\times(P/F,8\%,5)=680.6\ 元。$$

即该债券的价格只有低于 680.6 元时，企业才能购买。

也可以通过计算债券投资的内含报酬率来进行债券的投资决策，选择内含报酬率高于期望(必要)报酬率的债券投资。

二、债券投资的优缺点

1. 债券投资的优点

(1)市场流通性好。许多债券都具有较好的流动性。政府及大企业发行的债券一般都可以在金融市场上迅速出售，流通性很好。

(2)安全性较高。与股票相比，债券投资风险比较小，政府发行的债券有国家财力作后盾，其安全性较高，通常视为无风险证券，企业债券的持有者拥有优先求偿权，即当企业破产时，优先于股东分得企业资产，因此，其发生损失的可能性较小。

(3)收入稳定性强。债券票面一般都标有固定利息率,债券的发行人有按时支付利息的法定义务。因此,在正常情况下,投资于债券都能获得比较稳定的收入。

2. 债券投资的缺点

(1)没有经营管理权。投资于债券只是获得收益的手段,无权对债券发行单位施加影响和控制。

(2)购买力风险较大。债券的面值和利息发行时就已确定,如果投资期间的通货膨胀率比较高,则本金和利息的购买力将不同程度地受到侵蚀,在通货膨胀率非常高时,投资者虽然名义上有收益,但实际上却有损失。

三、债券投资决策的内容

(一)是否进行债券投资的决策

企业一旦拥有可支配的资金,必然产生投资欲望,问题在于对这部分资金是应投资于企业内部生产和设备购置,还是投资于企业外部,购买股票或债券,需要作出选择。

企业是否进行债券投资,主要考虑以下3个方面的因素:

(1)债券投资的可靠性。在对投资收益率作出比较之后,企业还应考虑所拥有资金的性质是否适宜投资于债券,可供支配的资金的期限是否能与债券期限一致,企业能否将可支配的资金全部如期购得债券。

(2)债券投资收益率的高低。债券投资收益率状况是投资者必须首先考虑的问题,可以将债券收益率与预期的其他投资收益率相比较,作出是否投资购买债券的初步选择。应该注意各种投资收益的可比性,投资收益有的以税前收益表示,有的以税后收益表示;有的投资收益必须交纳所得税,有的投资收益可以免交所得税(如国债利息收入)。为了达到可比性的要求,一般应该以各项税后净收益率、净收益作为比较标准。对于投资决策来说,企业应将资金用于税后净收益率较高的投资。

(3)债券投资其他效果。投资决策除应考虑投资收益因素外,还应考虑有关的其他因素。投资收益率或税后净收益率是重要因素,但不是唯一因素。债券投资除票面收益外,往往还有其他附加的优惠条件,这些优惠条件往往给企业带来直接或间接的经济效益,应综合加以考虑。例如,购买金融债券可以同时取得银行贷款的一些便利条件。

(二)债券投资对象的决策

债券投资对象是指购买债券的具体种类。可供投资的债券种类很多,既有国库券、金融债券,也有企业债券;既有长期债券,也有短期债券。债券品种决策的依据主要是:

(1)债券的信誉。债券的信誉是债券发行者或单位的资信状况,对投资者来说,就是债券的安全程度,即企业购买债券后能保证如期偿还本息的程度。一般来说,国家财政发行的公债、国库券是以国家信誉作担保的,信誉等级最高;金融债券由银行发行,其信誉也较高;企业债券由于各企业经营情况、经济效益上的差别,其信誉程度并不一样。企业购买企业债券必须选择信誉较高的企业。

(2)企业可用资金的期限。企业在决策投资对象时还应结合自身可用资金的期限长短来进行。如果企业资金是短期闲置的,就只能投资于一些短期债券,或重点投放在二级市场上变现速度快的债券;如果企业拥有一笔数额较大、可长期使用资金,则可投资于期限较长的债券。

任务二 股票投资管理

一、股票的概念

股票是股份有限公司为筹集股权资金而发行的有价证券，是投资者投资入股据以取得股利收入的凭证。企业进行股票投资的主要目的有以下两种：一是获利，作为一般的证券投资，获取股利收入及股价变动带来的投机性收益；二是对投资公司的控制权，即通过购入标的公司的股票，当持有的股份数占总数的一定比例时，就达到了控制该标的公司的目的。

二、股票投资的特点

股票投资是一种最具有挑战性的投资，其收益和风险都比较高。

1. 股票投资的优点

(1)投资收益高。普通股票的价格虽然变动频繁，但从长期看，优质股票的价格总是上涨的居多，只要选择得当，都能取得优厚的投资收益。

(2)购买力风险低。普通股的股利不固定，在通货膨胀比较高时，由于物价普遍上涨，股份公司盈利增加，股利的支付也随之增加，因此，与利率固定的证券相比，普通股能有效地降低购买力风险。

(3)拥有经营控制权。普通股股东属股份公司的所有者，有权监督和控制企业的生产经营情况，因此，欲控制一家企业，可以收购这家企业的股票。

2. 股票投资的缺点

股票投资的缺点主要是风险大，这是因为：

(1)求偿权居后。普通股对企业资产和盈利的求偿权均居于最后。企业破产时，股东原来的投资可能得不到全额补偿，甚至一无所有。

(2)价格不稳定。投资者进行股票投资一定要了解股票价格的波动性是很大的，这一特点决定了股票市场具有极大的投机性，投资者既可能得到高额回报，也可能血本无归。而债券的市场价值变动相对较小，投资回报也较小。如何抉择投资方向，完全是根据投资的风险承受能力决定的。

(3)收入不稳定。股票投资的收益主要是公司发放的股利和股票转让的价差收益，其稳定性较差。股票股利和公司的经营状况相关，同时还受公司的股利政策影响，一般情况下，公司的盈利多，就有可能多发放股利，公司的盈利少，就可能少发放股利；但在盈利多的时候也可能因为公司的股利政策导致少发放股利甚至不发放股利的情况发生。股票转让价差收益主要取决于股票市场的行情，一般情况下，股票市场的行情好，出售股票就可能得到较大的价差收益；股票市场低迷时，出售股票不仅不能得到价差收益，反而会遭受损失。而债权投资的收益就比较稳定，可以定期得到利息收入。但一般而言，股票投资的收益要大于债券投资的收益。

(4)投资风险大。与债权投资相比，股票投资的风险较大。投资者购买股票之后，不能要求股份公司偿还本金，只能在证券市场上转让。股票投资的收益主要取决于股票发行公司的经营状况和股票市场的行情。如果公司的经营状况不佳，整个经济形势不景气，则股票价格就会下跌，投资者就会遭受较大的损失；如果公司破产，股东的求偿权位于债权人之后，股东可能部分甚至全部不能收回投资。而债券是要定期还本付息的，所以其风险要比股票投资小。

三、股票估价

股票带给持有人的现金收入包括股利收入和出售时的资本利得，股票的价值就是由股利和将来出售股票的售价的现值所构成。

股票价值决策就是通过计算股票内在价值，然后将其与股票市场进行比较，决定是否投资。其决策的基本标准是：若股票价格小于或等于股票内在价值，则该股票可以投资；若股票价格大于股票内在价值，则拒绝投资。

同进行债券投资一样，企业进行股票投资，也必须知道股票价格的计算方法，现介绍几种最常见的股票估价模型。

（一）股票估价的基本模型

股票估价的基本模型是假设股东永远持有股票，则投资者只获得股利。该模型假设未来股利的增长模式是可以预见的，还假设事先确定了贴现率，则未来股利的贴现模型为

$$V=\frac{d_1}{(1+r)^1}+\frac{d_2}{(1+r)^2}+\frac{d_3}{(1+r)^3}+\cdots+\frac{d_n}{(1+r)^n}=\sum_{t=1}^{n}\frac{d_t}{(1+r)^t}, \quad (7\text{-}4)$$

式中，V 为股票内在价值；r 为投资人要求的必要资金收益率；d_t 为第 t 期的预期股利；n 为预计持有股票的期数。

该模式在实际应用时，面临的主要问题是如何预计未来每年的股利，以及如何确定贴现率。

股利的多少，取决于每股盈利和股利支付率两个因素。对其估价的方法是历史资料的统计分析，例如回归分析，但实际上很难做到。因此应用的模型都是各种简化办法，如每年股利相同或固定比率增长等。

贴现率的主要作用是把所有未来不同时间的现金流入折算为现在的价值。折算现值的比率应当是投资者所要求的收益率。那么，投资者要求的收益率应当是多少呢？一种方法是根据股票历史上长期的平均收益率来确定。有人计算过，美国普通股票在历史上长期的收益率为 8% ～ 9%；另一种方法是参照债券的收益率，加上一定的风险报酬来确定；还有一种更常见的方法是直接使用市场利率。因为投资者要求的收益率一般不低于市场利率，市场利率是投资于股票的机会成本，所以市场利率可以作为贴现率。

（二）长期持有股票，股利稳定不变的股票估价模型

若持股人准备长期持有购买的股票，且每年股利稳定不变，则股票估价模型可简化为

$$V=\frac{d}{r}, \quad (7\text{-}5)$$

式中，d 为每年固定股利。

【例 7-4】 田坛公司购买的上海强生股票，预计每年每股股利为 0.8 元，且稳定不变，若投资者要求得到的收益率为 10%，则该普通股的内在价值为

$$V=\frac{d}{r}=\frac{0.8}{10\%}=8\text{ 元。}$$

如果企业要求投资于这种股票的期望收益率不低于 10%，股票的购入价值就不得高于 8 元，否则就不宜进行这项投资。

（三）股利固定增长模型

公司的股利是经常波动的，但如果预计股利会以固定的增长率增长，那么基本的股票估价方法又是怎么样的呢？假设股利的固定增长率为 g，则上述公式变为

$$V=\sum_{t=1}^{\infty}\frac{d_0\times(1+g)t}{(1+R)^t}\text{。} \tag{7-6}$$

股票的内在价值也是未来股利按投资者所期望的收益率折成现值的总额。该公式简化为

$$V=\frac{d_0(1+g)}{R-g}=\frac{d_1}{R-g}, \tag{7-7}$$

式中，R 为投资人要求的收益率；d_1 为预计第一年的股利；g 为预计股利增长率。

这类股票的估价有两个假设条件：股利按固定的年增长率增长；股利增长率总是低于企业（投资者）期望的收益率。

【例 7-5】 北方公司准备投资购买西南信托股份有限公司的股票，该股票上年每股股利为 2 元，预计以后每年以 4%的增长率增长，北方公司经分析后，认为必须得到 10%的报酬率，才能购买西南信托投资股份有限公司的股票，则该种股票的内在价值应为

$$V=\frac{2\times(1+4\%)}{10\%-4\%}=34.67\text{ 元。}$$

即西南信托公司的股票价格在 34.67 元以下时，北方公司才能购买。

（四）短期持有股票、未来准备出售的股票估价模型

投资者购入股票，持有一段时间以后，将其转让出去，在这种情况下，投资者投资于股票，不仅希望得到股利收入，还希望在未来出售股票时，从股票价格的上涨中获得好处，那么股票的内在价值等于持有期间所得股利的现值加最终转让该股票时转让价格的现值。

此时的股票估价模型为

$$V=\sum_{t=1}^{n}\frac{d_t}{(1+R)^t}+\frac{V_n}{(1+R)^n}, \tag{7-8}$$

式中，V_n 为未来出售预计的股票价格；d_t为第 t 期的预期股利。

【例 7-6】 大成公司预计未来 2 年的股利 3 元，2 年后预计市场价格 25 元，投资者预期报酬率为 12%，则该股票的现值是多少？该股目前的市价为 26 元，你认为值得投资吗？

$$V=\frac{3}{(1+12\%)^1}+\frac{3+25}{(1+12\%)^2}=25\text{ 元。}$$

从计算结果分析，大成公司股票的内在价值为 25 元，低于目前市场价值，所以不值得投资。

（五）市盈率估计模型

上述股票价值的计算方法，在理论上比较健全，计算的结果使用也很方便，但未来股利的预计很复杂并且要求比较高，一般投资者往往很难办到。有一种粗略衡量股票价值的方法——市盈率分析法。它易于掌握，被许多投资者使用。

市盈率是股票每股市价和每股盈利之比，此时的股票估价模型为

$$股票价值=行业平均市盈率\times股票每股收益。\tag{7-9}$$

根据证券机构或刊物提供的同类股票过去若干年的平均市盈率，乘上当前的每股盈利可以得出股票的价值。用它和当前市价比较，可以看出所付价格是否合理。

【例 7-7】 银座公司的股票每股盈利是 1.5 元，市盈率是 10，类似行业股票的平均市盈率是 12，则

$$股票价值=1.5\times12=18元，$$

$$股票价格=1.5\times10=15元。$$

该股票的市场价格低于股票价值，股价基本正常，可以投资。

当然，也可以通过计算股票投资的内含报酬率来进行股票的投资决策，选择内含报酬率高于期望（必要）报酬率的股票投资。

四、股票投资决策的内容

（一）是否进行股票投资的决策

前述"是否进行债券投资的决策"中的投资收益、其他效果和可行性 3 个因素的分析要求，在股票投资决策中也是适用的。其差别仅在于投资收益的具体内容不同，其他效果的分析要复杂一些，比如掌握股票发行企业的一部分决策权，或实行控股目标。

（二）股票投资对象的决策

股票投资可分为优先股投资和普通股投资。这两种投资的收益和权利有显著差别。认购优先股，安全性高，股利收入稳定，对企业资产的要求权，仅次于债权人，是一种接近债券投资的投资行为。普通股投资则不同，其投资风险较大，收益极不稳定。但购买优先股，无权参与发行公司的经营管理。投资对象决策要对股票投资的收益、投资风险与其权利进行权衡。

（三）股票投资时机的决策

对于股票投资者来说，购买什么样的股票十分重要，而什么时候买卖股票同样重要。确定股票投资时机的基本法则是低价进，高价出。在不断变化的证券市场上，什么时候才算是低价，什么时候是高价，判断起来是个很复杂的问题，需要仔细分析影响股市的因素，分析整个社会经济状况、证券市场行情、股票发行公司所处行业的情况、股份公司的经营状况，判断股市行情，把握最佳时间进行证券交易。

（四）股票投资结构的决策

基本要求是分散投资，还要注意以下几点：

（1）分散投资股票的种类。可将资金按一定比例分配，一部分投资于稳定的成长股，一部分投资于风险高但期望收益可观的风险型股票，一部分投资于优先股。

（2）分散投资股票的行业。这样即使某一个行业不景气，其他行业的股票仍能取得一定的收益。

（3）分散投资期限。在可能的情况下，企业应尽可能将资金分散于中长期投资、短期投资。中长期的股票投资侧重于安全性，短期股票投资要着眼于收益性。

任务三　基金投资管理

一、基金的概念

基金是指通过发售基金份额，将众多投资者的资金集中起来，形成独立财产，由基金托管人托管，基金管理人管理，以投资组合的方式进行投资的一种利益共享、风险共担的集合投资方式。基金投资者对基金的资产组合有一个符合自己投资份额比例的要求权。基金为小投资者们提供了一种联合协作获取投资利益的机制。

基金公司可以发挥以下几种重要功能：

(1)记账和管理。基金公司发布阶段性管理情况报告，记录资金利得和股利的分配、投资及偿债情况，并为股东的股利及利息收入进行再投资。

(2)分散化投资。基金公司将众多资金汇集起来进行分散化投资，可使投资者拥有多种不同类型的证券，达到风险分散目的。

(3)专业化管理。基金公司有专业的证券分析师和资产组合管理专家，为投资者争取丰厚的投资收益。

(4)降低交易成本。由于是以大宗交易的方式进行证券买卖，基金公司可大量节约经纪人费用与佣金。

基金与股票、债券的主要区别在于：

(1)发行的主体不同，体现的权利关系也不同。基金是由基金发起人发行的，基金投资人与发起人之间是一种契约关系，投资人与发起人都不参与基金的运营管理，而是委托基金管理人进行运营。受托的管理人按基金章程规定的投资限制，对基金自主运用，以保证投资人有收益。这种关系与股票、债券所体现的关系有明显的区别。

(2)风险和收益不同。基金的风险小于股票投资，但大于债券投资，其收益也是不固定的，一般小于股票投资，但大于债券投资。

(3)存续的时间不同。封闭式基金通常有固定的存续期，目前市场中的封闭式基金的存续期为 10 年或 15 年，而开放式基金没有固定的存续期，如果基金的运作得到基金持有人的认可，可以一直运作下去。股票没有存续期，债券有存续期。

二、基金的种类

投资基金的种类较多，可以按不同的标准进行分类，通常有以下几种。

(一)契约型投资基金和公司型投资基金

按照投资基金的组织形式不同，可以分为契约型投资基金和公司型投资基金。

契约型投资基金，也称为信托型投资基金，它是基于一定的信托契约而形成的代理投资机构。契约型投资基金一般由基金管理公司作为发起人，通过向社会公开发行受益证券的形式筹集投资基金。基金管理公司负责对所筹集的投资基金进行具体的投资营运，并依据契约将所筹集资金作为信托财产委托给受托人保管。受托人一般由信托公司或银行担任，专门负责保管信托财产，办理有关证券和现金的管理、核算等日常业务。投资者购买基金发起人发行的受益证券后，就成为该投资基金的受益人，在约定的投资基金存续时间内凭所持受益证券分享投资收益。契约型投资基金广泛流传于美国、日本、韩国、新加坡等国家。

公司型投资基金是依公司法组建的，以盈利为目的，主要投资于有价证券的投资机构。公司型投资基金本身就是投资公司，它主要通过发行股票的方式来筹集资金，投资者购买了该公司股票就成为公司的股东，凭股票领取股利，分享投资收益。公司型投资基金由股东大会选举出董事会和监事会，再由董事会选出公司的总经理，负责管理公司的投资业务。美国的投资基金大多数是公司型投资基金。

契约型投资基金与公司型投资基金的主要区别是：契约型投资基金是根据信托契约来运营信托财产的，它没有法人资格，受益人不是股东，而是基金持有人，基金持有人大会对基金的运营具有发言权；而公司型投资基金是根据公司章程来运营信托财产的，并具有法人资格，基金受益人是基金公司的股东，可以享有股东应有的权利。

（二）封闭式投资基金和开放式投资基金

按照投资基金能否赎回，可以分为封闭式投资基金和开放式投资基金。

封闭式投资基金是指在基金的存续时间内，不允许证券持有人赎回基金证券，不得随意增减基金证券，证券持有人只能通过证券交易所买卖基金证券。这种基金证券的资产比较稳定，便于经营，但价格受市场供求关系的影响较大。公司型的封闭式投资基金，其经营业绩对基金股东来说至关重要，在其经营业绩期好时，股东可以通过超过基金净资产价值的证券价格而获得较高的收益，但在其经营业绩不好时，投资人则会承担较大的亏损，因此其投资风险也较大。

开放式投资基金是指在基金的存续时间内，允许证券持有人申购或赎回所持有的基金单位或股份，在基金发行新证券时，一般按基金的净资产价值加经销手续费出售基金证券，持有人赎回基金证券时，则按净资产价值减除一定比例的手续费作为赎回价格。开放式投资基金由于允许赎回，因此其资产经营处于变动之中，一般要求投资于变现能力较强的证券，如上市的股票或债券。一般来说，开放式投资基金的投资风险比封闭式投资基金要小。

（三）股权式投资基金和证券投资基金

按照投资基金的投资对象不同，可以分为股权式投资基金和证券投资基金。

股权式投资基金是指以合资或参股的形式投资于实业，以获取投资收益为主要目的，它可以参与被投资企业的经营，但一般不起控制支配作用。股权式投资基金的流动性和变现能力较差，一般要求采用封闭式投资基金。

证券投资基金是指以投资于已经公开发行上市的股票和债券为主的投资基金。这种投资基金的流动性较好，容易变现，可以采用开放式投资基金。我国 1997 年 11 月 14 日发布的《证券投资基金管理暂行办法》中的投资基金就属于证券投资基金，按规定一只基金投资于股票、债券的比例不得低于该基金资产总值的 80%。

（四）固定式投资基金和管理式投资基金

按照投资基金的运作方式不同，可以分为固定式投资基金和管理式投资基金。

固定式投资基金是指将信托基金投资于预先确定的证券，在整个信托期间，一般不允许变动，不能转卖或重买。

管理式投资基金是指可以根据市场变化对购买的证券进行调整，以获取较高的投资收益，因此也称为自由式投资基金或融通式投资基金。

三、运作流程

投资基金运作流程基本步骤包括：

（1）基金公司设计产品，然后发行，卖给投资者后完成募集，把投资者资金汇集成基金。

（2）把这些资金委托投资专家——基金公司来管理运作；其中，投资者、基金管理人（基金公司）、基金托管人（银行）通过基金合同方式建立信托协议，确立投资者基金管理人、基金托管人三者之间的信托关系。基金的投资操作与资产管理是分开的，也就是说基金公司只负责投资，并不直接接触资金和证券，而投资者的钱是由基金托管人（银行）来保管的。《证券投资基金运作管理办法》规定，基金托管人必须由合格的商业银行担任，基金管理人与基金托管人通过托管协议确立双方的责任和权利。基金投资人享受证券投资基金的收益，也承担亏损的风险。

（3）基金公司经过专业理财，将投资收益分配给投资者。

四、基金的资产净值与费用

（一）基金的资产净值

基金将个人投资者的资金集中在一起，它需要对这些资产的要求权在不同的投资者间进行划分。基金公司将资产要求权划分为均等的份额（股份或单位），投资者购买基金份额。每一份额的价值称为资产净值（NAV），通常简称为净值。资产净值等于资产减负债，并以每一份额为基础来表示

$$\text{资产净值}=\frac{\text{资产市值}-\text{负债}}{\text{发行在外的总份额}}。\tag{7-10}$$

《证券投资基金运作管理办法》第十七条规定，开放式基金份额的净值，应当按照每个开放日闭市后，基金资产净值除以当日基金份额的余额数量计算。

【例 7-8】 某公司有一基金，管理着价值 1.2 亿元的资产组合，该基金欠其投资顾问 400 万元，并欠租金、应付工资及杂费 100 万元。该基金发行在外的份额总计为 5 000 万股，则

资产净值＝(12 000 万元－500 万元)/5 000 万股 ＝ 2.3 元/股。

（二）基金的费用

投资者在选择基金时，不仅要考虑基金宣称的投资策略和基金过去的业绩，而且还应该考虑基金的管理费用和其他费用。在评估一种基金价值时，它的费用是需要考虑的最重要因素之一。

开放式基金的费用由直接费用和间接费用两部分组成。

直接费用包括交易时产生的认购费、申购费和赎回费，这部分费用由投资者直接承担；

间接费用是从基金净值中扣除的法律法规及基金契约所规定的费用，包括管理费、托管费和运作费等其他费用。

1. 申购费

投资者购买基金单位时，每单位基金支付的价格超过了基金净值，这个价格被称为卖出价

格。卖出价格和基金净值的差额即为申购费。申购费是指投资者在基金发行募集期间或存续期间向基金管理人购买基金单位时所支付的手续费，目前国内通行的申购费计算方法为

$$申购费=申购金额申购费率， \tag{7-11}$$

$$净申购金额=申购金额-申购费用。 \tag{7-12}$$

开放式基金收取申购费的目的主要用于销售机构的佣金和宣传营销费用等方面的支出。

2. 赎回费

赎回费是指在开放式基金的存续期间，持有基金的投资者向基金管理人卖出基金时所支付的手续费。赎回费设计的目的主要是对其他基金持有人安排一种补偿机制，通常赎回费计入基金资产。根据有关规定，基金的申购费率或赎回费率不得超过5%。但投资者如果购买基金达到一定金额以上或持有一定年限后，这些费用有可能会优惠甚至免收。具体而言，各家基金公司的费率不尽相同，但均根据资金大小确定申购费率的高低，也就是说，资金量越大，享受的费率优惠越多。至于赎回费，各家基金的差异更大，并根据持有基金时间的长短来确定费率的高低。

3. 管理费

基金管理费是指支付给实际运用基金资产、为基金提供专业化服务的基金管理人的费用，也就是管理人为管理和操作基金而收取的费用。基金管理费年费率按基金资产净值的一定百分比计提，不同风险收益特征的基金其管理费相差较大。管理费逐日计提，月底由托管人从基金资产中一次性支付给基金管理人。基金管理费是基金管理人的主要收入来源，基金管理人的各项开支不能另外向基金或基金公司摊销，更不能另外向投资者收取。

管理费费率的高低与基金规模有关，一般而言，基金规模越大，基金管理费费率越低。但同时基金管理费费率与基金类别及不同国家或地区也有关系。一般而言，基金风险程度越高，其基金管理费费率越高，其中费率最高的基金为证券衍生工具基金，最低的要算货币市场基金。为了激励基金管理公司更有效地运用基金资产，有的基金还规定可向基金管理人支付基金业绩报酬。

4. 基金托管费

基金托管费是指基金托管人为基金提供服务而向基金收取的费用，比如银行为保管、处置基金信托财产而提取的费用。托管费通常按照基金资产净值的一定比例提取，目前通常为0.25%，逐日累计计提，按月支付给托管人。此费用也是从基金资产中支付，不须另向投资者收取。

5. 其他费用

基金转换费是指投资者按基金管理人的规定在同一基金管理公司管理的不同开放式基金之间转换投资所需支付的费用。股利再投资费是指投资者将开放式基金的分配收益再投资于基金所需支付的费用。基金清算费用是指基金终止时清算所需费用，按清算时实际支出从基金资产中提取。基金运作费包括支付注册会计师费、律师费、召开年会费用、中期和年度报告的印刷制作费以及买卖有价证券的手续费。基金税费包括所得税、交易税和印花税三类，我国目前对个人投资者的基金股利和资本利得暂未征收所得税，对企业投资者获得的投资收益应并入企业的应纳所得税，征收企业所得税。鉴于基金的投资对象是证券市场，基金的管理人在进行投资时已经交纳了证券交易所规定的各种税费，所以投资者在申购和赎回开放式基金时也不需交纳交易税。基金费用还包括开户费、转换注册费(转托管费)、账户维护费等。

五、基金的投资策略

（一）平均成本投资策略

平均成本投资策略是指在均衡的时间间隔内按固定的金额分次投资于同一种证券。在证券市价高于平均成本时，将分批买进的证券一次性全部抛出以获取盈利。采用平均成本投资策略，能够通过证券持有份数的变化抵消证券价格的波动。

平均成本投资策略的实质是分次投资，能避免一次性在高价位上套牢的价格波动风险。平均成本投资策略只针对同一投资对象，与其他投资对象的投资不发生任何关系，不适用于对投资组合的调整。

（二）固定比重投资策略

固定比重投资策略要求将资金按比例分配投资于各类证券，使持有的各类证券市价总额达到设置的比重。一旦由于市价波动使证券比重变化超过一定限度时，就通过买卖证券来调整投资比重，以保持原有的投资组合比重。

固定比重投资策略的实质是用一种投资对象的增值利润投资于另一种投资对象，这样能使基金投资经常保持低成本状态，也有助于让投资者及时实现既得的利益。固定比重投资策略一般不适用于投资对象长期持续上涨或长期持续下跌的情况。

（三）分级定量投资策略

分级定量投资策略的基本做法是：设定投资对象的价格涨跌等级，价格每上升一个等级就抛售，每下降一个等级就购进，每次抛售或购进的数量是相等的。

分级定量投资策略与平均成本投资策略相类似，都是针对同一投资品种分次进行投资。分级定量投资策略中，价外涨跌等级间隔的设定是关键的因素。

拓展阅读

我国基金的发展史

1. 萌芽与起步阶段

中国基金业真正起步于20世纪的90年代。1991年8月，珠海国际信托投资公司发起成立珠信基金，规模达6 930万元人民币，这是我国设立最早的国内基金。同年10月，武汉证券投资基金和南山风险投资基金分别经中国人民银行武汉市分行和深圳市南山区人民政府批准设立，规模分别达1 000万元人民币和8 000万元人民币。但投资基金这一概念从观念和实践引入我国则应追溯到1987年，当年中国人民银行和中国国际信托投资公司首开中国基金投资业务之先河，与国外一些机构合作推出了面向海外投资人的国家基金，它标志着中国投资基金业务开始出现。1989年，第一只中国概念基金即香港新鸿信托投资基金管理有限公司推出的新鸿基中华基金成立，之后，一批海外基金纷纷设立，极大地推动了中国投资基金业的起步和发展。

2. 迅猛发展阶段

1992年，中国投资基金业的发展异常迅猛，当年有各级人行批准的37家投资基金出台，规模共计22亿美元。同年6月，我国第一家公司型封闭式投资基金——淄博乡镇企业投资基金由中国人民银行批准成立。同年10月8日,国内首家被正式批准成立的基金管理公司——深圳投资基金管理公司成立。到1993年,各地大大小小的基金约有70家,面值达40亿元人民币。已经设立的基金纷纷进入二级市场开始流通。这一时期是我国基金发展的初期阶段。1993年6月,9家中方金融机构及美国波士顿太平洋技术投资基金在上海建立上海太平洋技术投资基金,这是第一个在我国境内设立的中外合资的中国基金,规模为2 000万美元。10月建业、金龙和宝鼎三家面向教育界的基金批准设立。1993年8月,淄博基金在上海证券交易所公开上市,以此为标志,我国基金进入了公开上市交易的阶段。90年代初期,我国投资基金无论在数量上还是在资金规模上,都取得了骄人的成绩,取得了长足的进步。

3. 调整与规范阶段

由于我国的基金从一开始就发展势头迅猛,其设立和运作的随意性较强,存在发展与管理脱节的状况,调整与规范我国基金业成为金融管理部门的当务之急。

1993年5月19日,人民银行总行发出紧急通知,要求省级分行立即制止不规范发行投资基金和信托受益债券的做法,把重点放在已设立的基金的规范化和已批基金的发行工作上。

同时,基金交易市场也取得了长足的进展,1994年3月7日,沈阳证券交易中心和上交所联网试运行。3月14日,南方证交中心同时和沪、深证交所联网。1996年11月29日,建业、金龙和宝鼎基金在上交所上市。全国各地一些证交中心和深沪证交所的联网使一些原来局限在当地的基金通过深沪证券交易所网络进入全国性市场,开拓了中国投资基金业的发展道路。

在新基金出现以前,全国各地共设立基金75只,基金类凭证47个总募集规模73亿元。在两个证券交易所上市交易的25个,占两交易所上市品种的3%。基金市值达100亿元。25家基金中规模逾2亿元的7只,1亿~2亿元的7只,1亿元以下的11只此外,还有38个基金在全国各地证交中心挂牌,其中天津9个,南方10个,武汉12个,大连7个。

1998年3月23日,开元、金泰两只证券投资基金公开发行上市,这使封闭式证券投资基金的发展进入了一个新的历程。1998年我国共成立了第一批5只封闭式基金:基金开元、基金金泰、基金兴华、基金安信和基金裕阳。

4. 快速发展阶段

2004年6月1日,《中华人民共和国证券投资基金法》正式施行。这是中国基金业和资本市场发展历史上的又一个重要的里程碑,标志着我国基金业进入了一个崭新的发展阶段。2006年发行基金89只,2007年发行基金73只,2008年发行基金97只,2009年(截至11月24日),发行基金超过100只,根据权威人士估计2010年的新增基金数量在160个左右。

任务四　证券投资风险与组合

一、证券投资风险

证券投资风险是指投资者在证券投资过程中遭受损失或达不到预期收益的可能性。进行证券投资,必然要承担一定的风险,这是证券投资的基本特征之一。

(一)证券投资风险的分类

证券投资的风险按风险性质划分为系统性风险和非系统性风险两大类别。

1. 系统性风险

证券的系统性风险,是由于外部经济环境因素变化引起整个证券市场不确定性加强,从而对市场上所有证券都产生影响的共同性风险。系统性风险无法通过投资多样化的证券组合而加以避免,也称为不可分散风险。系统性风险包括:

(1)利息率风险。由于利息率的变动而引起证券价格波动,使投资人遭受损失的风险,称为利息率风险。

证券的价格将随利息率的变动而变动。一般而言,银行利息率下降,则证券价格上升;银行利息率上升,则证券价格下跌。不同期限的证券,利息率风险不一样,期限越长,风险越大。

(2)购买力风险。由于通货膨胀而使证券到期或出售时所获得的货币资金的购买力降低的风险,称为购买力风险。在通货膨胀时期,购买力风险对投资者有重要影响。一般而言,随着通货膨胀的发生,变动收益证券比固定收益证券要好。因此,普通股股票被认为比公司债券和其他有固定收入的证券能更好地避免购买力风险。

(3)再投资风险。购买短期债券,而没有购买长期债券,会有再投资风险。例如,长期债券的利率为14%,短期债券的利率为13%,为减少利率风险你买了短期债券。在短期债券到期收回现金时,如果利率降低到10%,你只能找到报酬率大约10%的投资机会,不如当初买长期债券,现在仍可获14%的收益。

2. 非系统性风险

证券的非系统性风险,是由于特定经营环境或特定事件变化引起的不确定性,从而对个别证券产生影响的特有性风险。非系统性风险可以通过证券投资的多样化来抵消,也称为可分散风险。非系统性风险包括:

(1)违约风险。证券发行人无法按期支付利息或偿还本金的风险,称为违约风险。一般而言,政府发行的证券违约风险小,金融机构发行的证券次之,企业发行的证券较大。造成企业证券违约的原因有①政治、经济形势发生重大变动;②发生自然灾害,如火灾、水灾等;③企业经营管理不善、成本高、浪费大;④企业在市场竞争中失败,主要顾客流失;⑤企业财务管理失误,不能及时清偿到期债务。

(2)流动性风险。投资者不能按一定的价格及时卖出有价证券收回现金而承担的风险,称为流动性风险。一种能在较短期内按市价大量出售的资产,是流动性较高的资产,这种资产的流动性风险较小;反之,如果一种资产不能在短时间内按市价大量出售,则属于流动性较低的资产,这种资产的流动性风险较大。例如,购买小公司的债券,想立即出售比较困难,因而流动性风险较大,但若购买国库券,几乎可以立即出售,则流动性风险小。

(3)期限性风险。由于证券期限长而给投资人带来的风险,称为期限性风险。一项投资,到期日越长,投资人遭受的不确定因素就越多,承担的风险就越大。例如,同一家企业发行的10年期债券要比1年期债券的风险大,这便是证券的期限性风险。

证券投资的风险种类比较如表7-1所示。

表 7-1 证券投资的风险种类比较

风险种类	含　义	避险方法
利息率风险	由于利率变动而使投资者遭受损失的风险	分散债券的到期日
购买力风险	由于通货膨胀而使货币购买力下降的风险	购买报酬率上升的资产
再投资风险	到期时找不到合适的投资机会的风险	购买长期债券
违约风险	无法按时支付债券利息和偿还本金的风险	不买质量差的债券
流动性风险	不能及时卖出有价证券收回现金而承担的风险	有活跃交易市场的证券
期限性风险	证券期限长而给投资人带来的风险	合理配置证券的期限

拓展阅读

投资者处理风险的常见方法

1. 规避风险

当资产风险所造成的损失不能由该资产可能获得的收益予以抵消时，应当放弃该资产，以规避风险。例如，拒绝与不守信用的厂商业务往来；放弃可能明显导致亏损的投资项目。

2. 减少风险

减少风险主要有两方面意思：一是控制风险因素，减少风险的发生；二是控制风险发生的频率和降低风险损害程度。

减少风险的常用方法有：进行准确的预测；对决策进行多方案优选和替代；及时与政府部门沟通获取政策信息；在发展新产品前，充分进行市场调研；采用多领域、多地域、多项目、多品种的经营或投资以分散风险。

3. 转移风险

对可能给企业带来灾难性损失的资产，企业应以一定的代价，采取某种方式转移风险。如向保险公司投保，采取合资、联营、联合开发等措施实现风险共担，通过技术转让、租赁经营和业务外包等实现风险转移。

4. 接受风险

接受风险包括风险自担和风险自保两种。风险自担是指风险损失发生时，直接将损失摊入成本或费用，或冲减利润；风险自保是指企业预留一笔风险金或随着生产经营的进行，有计划地计提资产减值准备等。

二、证券投资组合

(一)证券投资组合的概念

证券投资组合又称为证券组合，是指在进行证券投资时，不将所有的资金都投向单一的某种证券，而是有选择地投向一组证券。这种同时投资多种证券的做法称为证券的投资组合。

证券投资的营利性吸引了众多投资者，但证券投资的风险性又使许多投资者望而却步。如何能够有效地解决这一难题呢？科学地进行证券的投资组合就是一个比较好的方法。通过有效地进行证券投资组合，便可削减证券风险，达到降低风险的目的。

投资风险存在于各个国家的各种证券中，它们随经济环境的变化而不断发生变化，时大时小，此起彼伏。简单地把资金全部投向一种证券，便要承担巨大的风险，一旦失误，就会全盘皆输。因此，证券市场上经常可听到这样一句名言：不要把全部鸡蛋放在同一个篮子里。证券投资组合是证券投资的重要武器，它可以帮助投资者全面捕捉获利机会，降低投资风险。

（二）证券投资组合的风险与收益率

由于证券投资组合能够降低风险，因此绝大多数法人投资者都同时投资于多种证券。即使是个人投资者，一般也应持有多种证券而不只是投资于某一个公司的股票或债券。所以，企业财会人员必须了解证券投资组合的风险与收益率。

（三）证券投资组合的策略和方法

1. 证券投资组合策略

在证券组合理论的发展过程中，形成了各种各样的派别，从而也形成了不同的组合策略，常见的有以下几种：

(1)保守型策略。这种策略认为，最佳证券投资组合策略是要尽量模拟市场现状，将尽可能多的证券包括进来，以便分散掉全部可分散风险，得到与所有证券的平均收益同样的收益。1976 年，美国先锋基金公司创造的指数信托基金，便是这一策略的最典型代表。这种基金投资于标准与普尔(Standard and Poor's)股票价格指数中所包含的 500 种股票，其投资比例与 500 家企业价值比重相同。这种投资组合的好处是能分散掉全部可分散风险；不需要高深的证券投资的专业知识；证券投资的管理费比较低。但这种组合获得收益不会高于证券市场上所有证券的平均收益。因此，此种策略属于收益不高、风险不大的策略，故称为保守型策略。

(2)冒险性策略。这种策略认为，与市场完全一样的组合不是最佳组合，只要投资组合做得好，就能击败市场超越市场，取得远远高于平均水平的收益。在这种组合中，一些成长性的股票比较多，而那些低风险、低收益的证券不多。另外，其组合的随意性强，变动频繁。采用这种策略的人都认为，收益就在眼前，何必死守苦等。对于追随市场的保守派，他们是不屑一顾的。这种策略收益高、风险大，因此称为冒险性策略。

(3)适中性策略。这种策略介于保守型和冒险性策略之间，采用这种策略的投资者一般都善于对证券进行分析。通过分析选择高质量的股票或债券组成投资组合。他们认为，股票价格是由企业经营业绩决定的，市场价格的一时沉浮，并不重要。这种投资策略风险不太大，收益却比较高。但进行这种组合投资的人必须具备丰富的投资经验及证券投资的各种专业知识。

2. 证券投资组合的方法

(1)选择足够数量的证券进行组合。

这是一种最简单的证券投资组合方法。在采用这种方法时，不是进行有目的的组合，而是随机选择证券，随着证券数量的增加，可分散风险会逐步减少，当数量足够时，大部分可分散风险都能分散掉。根据投资专家们估计，在美国纽约证券市场上，随机地购买 30 种股票，其大多数可分散风险都能分散掉。为了有效地分散风险，每个投资者拥有股票的数量最好不少于 14 种。在我国，同时投资于 8～10 种股票，就能达到分散风险的目的。

(2)选择风险大、风险中等、风险小的证券放在一起进行组合。

这种组合方法又称为1/3法,是指把全部资金的1/3投资于风险大的证券;1/3投资于风险中等的证券;1/3投资于风险小的证券。一般而言,风险大的证券对经济形势的变化比较敏感,当经济处于繁荣时期,风险大的证券获得高额收益,但当经济衰退时,风险大的证券却会遭受巨额损失;相反,风险小的证券对经济形势的变化则不十分敏感,一般都能获得稳定收益,而不致遭受损失。因此,这种1/3投资组合方法,是一种进可攻、退可守的组合法,虽不会获得太高的收益,但也不会冒巨大风险,是常见的组合方法。

(3)把投资收益呈负相关的证券放在一起进行组合。

一种股票收益上升而另一种股票收益下降的两种股票,称为负相关股票。把收益呈负相关的股票组合在一起,能有效地分散风险。例如,某企业同时持有一家汽车制造公司的股票和一家石油公司的股票,当石油价格大幅度上升时,这两种股票便呈负相关。因为油价上涨,石油公司的收益会增加,但油价的上升,会影响汽车的销量,使汽车公司的收益降低。只要选择得当,这样的组合对降低风险有十分重要的意义。

(四)证券组合投资决策

投资者进行证券组合投资与单项投资一样,都要求对承担的风险进行补偿,风险越大,要求的收益率越高。但是证券组合投资要求补偿的风险只是不可分散风险,而不要求对可分散风险进行补偿。因此,证券组合的风险收益是投资者因承担不可分散风险而要求的,超过时间价值的那部分额外收益。

证券组合投资的收益率可以用资本资产定价(CAPM)模型,其公式为

$$K=R_f+\beta_i(R_m-R_f), \tag{7-18}$$

式中,K为某证券或证券组合的必要报酬率;R_f为无风险报酬率;β_i为某证券或证券组合的β系数;R_m为所有证券的平均报酬率。

资本资产定价模型既可以用于计算组合投资的预期收益率,又可以用来计算单个资产投资的预期收益率。

【例7-15】 明华公司的股票贝他系数为1.8,现行国库券的收益率为5%,所有证券投资的平均收益率是10%,则该股票的预期报酬率为

$$K=5\%+1.8\times(10\%-5\%)=5\%+9\%=14\%。$$

计算结果说明,股票预期报酬率的大小,取决于无风险收益率和风险收益率的高低,而风险收益率的高低,取决于股票的市场风险β系数和市场上所有股票的平均收益率与无风险收益率的差额。本例中,无风险收益率为5%,风险收益率是9%,预期收益率合计是14%。

【例7-16】 某投资人持有共100万元的3种股票,该组合中甲股票30万元、乙股票30万元、丙股票40万元,三种股票的贝他系数分别为1.5、1.3、1.2,如果投资人将丙股票出售,换回等同金额的债券丁,贝他系数是0.5,所有证券的平均收益率是10%,国库券的收益率是4%,要求计算前后两种证券组合投资的预期收益率。

解 (1)计算组合投资的综合贝他系数。

组合投资的综合贝他系数是个别证券的贝他系数的加权平均数:

$$\beta_{甲乙丙}=\sum_{i=1}^{n}x_i\beta_i=1.5\times0.3+1.3\times0.3+1.2\times0.4=0.45+0.39+0.48=1.32;$$

$$\beta_{甲乙丁}=\sum_{i=1}^{n}x_i\beta_i=1.5\times0.3+1.3\times0.3+0.5\times0.4=0.45+0.39+0.20=1.04。$$

(2)计算投资组合的预期报酬率,得

$$K_{甲乙丙}=4\%+1.32\times(10\%-4\%)=11.92\%;$$

$$K_{甲乙丁}=4\%+1.04\times(10\%-4\%)=10.24\%.$$

投资收益率的决策标准是:如果该组合的预期报酬高于投资人要求的必要报酬率,则该组合方案可行,否则应进行调整。

投资人可以优先选择低风险的组合投资方案,如甲乙丁投资组合,但只能得到10.24%的报酬率,投资人也可以优先选择高报酬率的投资组合方案,如甲乙丙组合,可以得到11.92%的报酬率,但必须承担较大的风险。投资人确定了风险水平后,通过选择证券种类,优化投资组合,在不提高风险的条件下使报酬率最高;或者在报酬率确定之后,优化证券组合,使风险降至最低。

项目小结

证券是指具有一定票面金额,代表财产所有权和债权等权利,可以转让的凭证。主要的投资品种有债券、股票、基金和权证等。

债券是由政府或公司出售的一种证券,意在以承诺的未来支付作为交换,于现今向投资者筹集资金。债券投资决策是要注意债券的估价、是否投资债券的决策、债券投资对象的决策。

股票是股份有限公司为筹集股权资金而发行的有价证券,是投资者投资入股据以取得股利收入的凭证。股票投资决策要注意股票的估价、是否进行股票投资的决策、股票投资对象的决策、股票投资结构的决策、股票投资时机的决策。

基金是一种金融中介或投资公司,它将大量投资者的资金集中起来,再用这些资金投资于证券或其他资产。基金投资决策有平均成本投资策略、分级定量投资策略、固定比重投资策略。

证券投资的风险主要来自于系统风险和非系统风险,投资者可以通过证券投资组合分散非系统风险,在同等风险条件下应选择报酬率高的投资组合;在同报酬率条件下应选择风险小的投资组合。

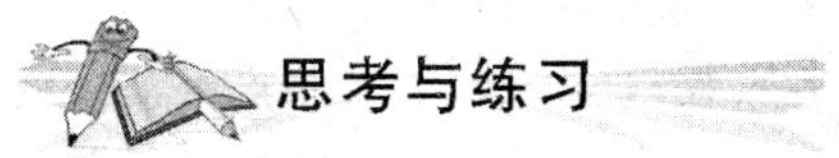

一、案例分析

绿色原野有限公司拟购买债券作为长期投资(持有至到期日),要求的必要报酬率为6%。现有三家公司同时发行5年期,面值均为1 000元的债券,其中,甲公司债券的票面利率为8%,每年付息一次,到期还本,债券的发行价格为1 041元;乙公司债券的票面利率为8%,单利付息,到期一次还本付息,债券的发行价格为1 050元;丙公司债券的票面利率为零,债券发行价格为750元,到期还本。

请思考:

(1)绿色公司购买甲公司债券的价值和收益率是多少?

(2)绿色公司购买乙公司债券的价值和收益率是多少?

(3)绿色公司购买丙公司债券的价值和收益率是多少?

(4)根据上述结果,评价甲、乙、丙三公司债券是否有投资价值,并提供投资建议。

二、思考题

1. 证券投资的种类包括哪些?其目的分别是什么?
2. 分别阐述股票投资和债券投资的特点。
3. 简述基金的种类及其投资特点。
4. 证券投资组合的含义及其投资决策要点是什么?
5. 简述权证投资的特点。
6. 证券投资的风险主要来源于哪些方面?
7. 组合投资的目的是什么?

三、单项选择题

1. 投资组合能分散(　　)。

A. 所有风险　B. 系统性风险　C. 非系统风险　D. 市场风险

2. 假定某项投资的风险系数为0.5,无风险的收益率为8%,市场平均的收益率为12%,其必要的收益率为(　　)。

A. 8%　B. 12%　C. 10%　D. 16%

3. 在证券投资中,因通货膨胀带来的风险是(　　)。

A. 违约风险　B. 利息率风险　C. 购买力风险　D. 经营风险

4. β系数可以衡量(　　)。

A. 个别公司股票的市场风险　B. 个别公司股票的特有风险

C. 所有公司股票的市场风险　D. 所有公司股票的特有风险

5. 按变现方式不同,投资基金可以分为(　　)。

A. 契约型基金和公司型基金　B. 封闭式基金和开放式基金

C. 资本基金和货币基金　D. 期权基金和期货基金

6. 企业进行短期债券投资的主要目的是(　　)。

A. 调节现金余缺、获得适当收益　B. 获得对被投资企业的控制权

C. 增加资产流动性　D. 获得稳定收益

7. 相对于股票投资而言,下列不是债券投资的优点是(　　)。

A. 本金安全性高　B. 收入稳定性强　C. 价格波动小　D. 拥有管理权

8. 某公司发行5年期债券,面值为1 000元,票面利率为5%,每年付息一次,到期还本付息,投资者要求的报酬率为6%,则该债券的价值为(　　)元

A. 784.67　B. 769　C. 1 000　D. 957.92

9. 甲项目的标准差小于乙项目,则(　　)。

A. 甲项目的风险小于乙项目　B. 甲项目的风险等于乙项目

C. 甲项目的风险大于乙项目　D. 难以判断风险大小

10. 甲公司以10元的价格购入股票,一年后以10.5元的价格出售,在持有期间获得

1.5元现金股利，则该股票持有到期的收益率是多少(　　)。

A. 12%　　B. 9%　　C. 20%　　D. 35

四、多项选择题

1. 债券的基本要素有(　　)。

A. 债券面值　　B. 债券价格　　C. 偿还条件　　D. 票面利率

2. 根据权证发行人的不同，可以将权证分为(　　)。

A. 股本权证　　B. 备兑权证　　C. 认购证　　D. 认沽证

3. 权证的基本要素有(　　)。

A. 面值　　B. 行权比例　　C. 标的资产　　D. 利息率

4. 基金的投资策略有(　　)。

A. 平均成本投资策略　　B. 分级定量投资策略

C. 固定比重投资策略　　D. 保守投资策略

5. 开放式基金的直接费用中由投资者直接承担的有(　　)。

A. 认购费　　B. 申购费　　C. 管理费　　D. 赎回费

6. 股票投资的优点有(　　)。

A. 能获得较高的投资收益　　B. 能适当降低购买力风险

C. 投资风险较小　　D. 拥有一定的经营控制权

7. 基金投资的特点有(　　)。

A. 具有专家理财优势　　B. 能获得很高的投资收益

C. 资金规模较大　　D. 无风险

8. 权证投资中的风险主要有(　　)。

A. 履约风险　　B. 价格剧烈波动风险

C. 价格误判风险　　D. 时效性风险

9. 按发行主体将债券划分为(　　)。

A. 国际债券　　B. 政府债券　　C. 金融债券　　D. 可转换债券

10. 可以用来衡量投资的风险大小的指标有(　　)。

A. 期望值　　B. 标准差　　C. 方差　　D. 标准离差率

五、判断题

1. 股票相对于债券来说能很好地规避购买力风险。(　　)

2. 短期债券相对于长期债券，利息率风险大，再投资风险小。(　　)

3. 企业进行股票投资就是为了控制被投资企业。(　　)

4. 权证投资相对于股票投资来说风险小而收益大。(　　)

5. 投资基金是不需要考虑基金公司的经营能力。(　　)

6. 投资组合能分散大部分的非系统风险和一小部分的系统风险。(　　)

7. 投资组合能在降低风险的同时提高投资的回报率。(　　)

8. 就风险而言，从大到小的顺序是：金融证券、公司证券、政府证券。(　　)

六、实训

实训一

2008 年 7 月 1 日某公司准备购买阳关公司 2007 年 1 月 1 日以 960 元的价格折价发行的、每张面值 1 000 元的债券，票面利率为 10%，4 年到期，到期一次还本付息。

(1)假定 2008 年买入价格为 1 100 元，并持有到期，请你为公司计算到期的收益率？

(2)假定 2008 年买入价格为 1 100 元，在 2010 年 1 月 31 日以 1 300 元的价格出售，请你为公司计算收益率？

(3)假定公司在债券发行之初就买入，请你计算持有到期的收益率？

实训二

甲公司准备购买乙公司流通在外的普通股，已知乙公司的股利政策为：上年每股普通股的年现金股利为 1.5 元，预测该股票的股利会稳定增长，增长率为 5%。甲公司一旦购入该股票即将进行长期投资，其预期投资收益率大于股利增长率。乙公司目前的股价是 40 元。

(1)在甲公司要求的预期收益率为 6%、8%、10%的情况下，计算该股票的内在价值？

(2)甲公司的预期收益率符合什么条件时可以投资乙公司股票？

实训三

某公司准备利用闲置资金对外投资，可选的 A、B 两种股票的相关资料如表 7-5 所示。

表 7-5　A、B 股票投资收益分布表

经济趋势	概率分布	收益率	
		A 股票	B 股票
好	0.2	40%	70%
一般	0.6	20%	40%
不好	0.2	0	−20%

要求：

(1)分别计算两个股票的期望报酬率。

(2)分别计算两个股票的标准差。

(3)分别计算两个股票的标准离差率。

(4)为甲公司选择风险较小的股票。

实训四

某基金是发行的开放式基金，2009 年有关资料如表 7-6 所示。

表 7-6　开放式基金情况

项　　目	2009 年初	2009 年末
基金的市场价值	2 500 万元	5 000 万元
基金的负债	300 万元	500 万元
基金份数	1 000 万份	1 500 万份

要求：

(1)分别计算 2009 年年初和年末的基金总价。

(2)分别计算 2009 年年初和年末的基金单位净值。

实训五

某企业股票 2009 年初支付的股利为每股 1.92 元，股票的必要收益率为 9%，现在可能出现 3 种情况：

(1)股利增长率为 4%；

(2)股利不增长；

(3)股利增长率为－2%；

请分别计算 3 种情况下的股票内在价值。

项目八

利润分配管理

学习目标

- 能根据企业的实际情况选择合适的股利分配政策
- 能正确计算不同股利政策的股利分配额
- 能正确区分股票股利与股票分割对股东权益的影响

知识要点

- 股利分配的含义、原则及顺序
- 影响股利政策的因素
- 股利政策的类型

案例导入

福耀玻璃股利分配风波

福耀玻璃(股票代码:600660)是中国玻璃行业首家上市公司,是当今国内规模最大、出口量最大的汽车玻璃生产供应商,产品“FY”商标是中国汽车玻璃行业迄今为止唯一的“中国驰名商标”。

2009 年 3 月 10 日,福耀玻璃第六届董事局第五次会议决议公告发布了 2008 年度股利分配预案:既不进行利润分配,也不进行资本公积金转增股本。方案一出立即引起了较强烈的反响,外界纷纷对福耀玻璃不分配的“抠门”行为进行质疑。而在 2009 年 3 月 4 日,福耀玻璃还发布公告确认董事长曹德旺先生将把自己及其家族名下 60%的股票(占公司全部股份的 29.5%,总市场价值达 384 亿元)捐赠出来,成立以其父名字命名的“河仁慈善基金会”,用于在全国范围内进行助学、救灾、救困、救急、宗教等慈善公益事业。为什么大行慈善的福耀玻璃对股民却变成了一毛不拔的铁公鸡?这样的股利政策是否侵害了股东的利益?是否损害了股东财富最大化的财务管理目标?一时间质疑与批评之声四起。

福耀玻璃决议公告称,实行不分配的理由是为了降低公司资产负债率,补充生产经营所需流动资金,实现公司长期、持续、稳健、高效发展。

通过上述案例,并搜集相关资料,请思考:

(1)福耀玻璃 2008 年的股利分配政策是否恰当?是否符合股东财富最大化的财务管理

目标？

(2)企业在制定分配政策时应考虑哪些因素？

(3)股利分配的形式有哪些？

任务一 利润分配原则与程序

一、利润分配的含义

利润分配是公司财务管理活动中的核心内容之一，它与公司的融资行为、公司的后续发展，以及股东财富最大化的财务管理目标有着密切联系。一方面由于留存收益是公司内部融资的主要来源，而公司的利润分配政策直接决定了公司利润的留存状况，进而决定了公司的发展后劲；另一方面，公司的收益水平和利润分配方案直接决定着投资人的实际收益状况，如果公司的利润状况和股利分配政策不能使投资人满意，那么对公司价值的体现和公司的再融资都有着重大的影响。因此，公司应当对其利润分配予以高度的重视。

二、利润分配的原则

(一)依法分配原则

利润分配涉及国家、企业、个人等各种利益关系，是一项十分敏感的工作。因此，企业进行利润分配必须遵守国家的财经法规，保证国家的财政收入和企业生产经营的需要。为规范企业的利润分配行为，国家制定和颁布了若干法规。这些法规规定了企业利润分配的基本要求、一般程序和重大比例，企业应认真执行，严格遵守。

(二)兼顾各方面利益原则

利润分配是利用价值形式对社会产品的分配，直接关系到有关各方的利益。因此，企业进行利润分配要坚持全局观念，必须兼顾企业所有者、经营者和职工等各方面的利益。除依法纳税外，投资者作为企业资本的投入者，依法享有利润的分配权，但企业的利润离不开全体职工的辛勤工作，职工作为利润的直接创造者，也应以适当的方式参与企业的股利分配，如提取公益金，用于职工集体福利设施的建设。所以，企业进行利润分配时应统筹兼顾，合理安排。

(三)分配与积累并重原则

企业进行利润分配应把长远利益和近期利益有机结合起来，坚持分配与积累并重。企业进行利润分配既要考虑企业的长远利益，也要调动各方面的积极性，不忽视近期利益。从企业长远利益考虑，企业除按净利润扣减未弥补的亏损后按10%提取法定盈余公积金外，还可提取任意盈余公积金作为企业积累，以增强企业抵抗风险的能力。事实证明，投资者更青睐能够提供稳定回报的企业，而利润时高时低的企业会对投资者的吸引力大大下降。因此，企业在利润分配时要处理好分配与积累的关系。

(四)投资与收益对等原则

企业利润分配应充分体现“谁投资谁受益”“同股同利”，即投资与受益对等原则，这是正确处理投资者利益关系的关键。这就要求企业在向投资者分配利润时，应本着平等一致的原则，绝不允许发生任何一方随意多分多占的现象，从而调动和鼓励投资者的投资积极性，保证企业长远目标的实现。

三、利润分配的程序

按照《公司法》《企业财务制度》等法律、法规的相关规定，企业当年实现的利润总额，依照国家相关法规调整后，依法缴纳所得税。当年税后利润与年初未分配利润合并，计算出可供分配的利润。若可供分配的利润为负数(亏损)，则不能进行分配。若可供分配的利润为正数(本年累计盈利)，除国家另有规定者外，按照下列顺序分配：

(1)用于抵补被没收的财物损失，支付各项税收的滞纳金和罚款。

企业因违反法规而被没收的财务损失，因违反税法而被税务部门处以的滞纳金和罚款，只能从税后利润中列支，而不能在税前列支。

(2)弥补企业以前年度亏损。

按照有关规定，企业年度亏损可以由下一年度的税前利润弥补，下一年度的税前利润不足以弥补的，可以由以后年度的税前利润继续弥补，但税前补亏的期限不得超过 5 年。对于超过 5 年未弥补的亏损，只能由企业的税后利润弥补。

(3)提取法定盈余公积金。

盈余公积金是企业在税后利润中计提的，用于增强企业物质储备，防备不测事件的资金。盈余公积金分为法定盈余公积金和任意盈余公积金。公司分配当年税后利润时，应当按照 10%的比例提取法定盈余公积金；但当盈余公积金累计额达到公司注册资本 50%时，可不再提取。任意盈余公积金的提取由股东大会根据需要决定。盈余公积金可用于弥补亏损或者用于转增资本金，但转增资本金后，企业的法定盈余公积金一般不得低于注册资本的 25%。

(4)提取公益金。

公益金按照提取法定盈余公积金相同的基数的 5%～10%的比例提取。公益金主要用于企业的职工集体福利设施支出，不得与企业福利费支出混同使用或用于其他消费性支出。用公益金形成的资产为企业所有，职工只有使用权，而无所有权。

(5)向投资者分配利润或股利。

企业在提取盈余公积金、公益金之后，可向股东(投资者)支付股利(分配利润)。股利(利润)的分配应以各股东(投资者)持有股份(投资额)的数额为依据，每一股东取得的股利与其持有的股份数成正比。股份有限公司的股利原则上应从累计盈利中分配，无盈利不得支付股利，即所谓“无利不分”原则。但若公司用盈余公积金抵补亏损以后，为维护其股票信誉，经股东大会特别决议，可以按照不超过股票面值 6%的比率用盈余公积金分配股利，不过留存的法定盈余公积金不得低于注册资本的 25%。

股份有限公司提取公益金以后，按照下列顺序分配：

(1)支付优先股股利。即企业按照股利分配方案分配给优先股股东的现金股利。我国目前不允许发行优先股，因此不存在此程序。

(2)提取任意盈余公积金。在计提法定盈余公积金和公益金及支付优先股股利之后，按照公司章程或者股东会决议提取和使用任意盈余公积金。其目的是为了控制向投资者分配利润的水平以及调整各年股利分配的波动。

(3)支付普通股股利。即企业按照股利分配方案分配给普通股股东的现金股利或企业分配给投资者的利润。

可供投资者分配的利润，经过上述分配后，为未分配利润。未分配利润可留待以后年度进行分配。企业如发生亏损，可以按规定由以后年度利润进行弥补。

【例 8-1】 某股份有限公司 2011 年利润总额为 6 000 万元，所得税税率为 20%；公司前 3 年累计亏损 1 000 万元；法定盈余公积的提取比例为 10%，法定公益金的提取比例为 5%，任意盈余公积金的提取比例为 5%；公司决定按可供分配的利润的 40%向投资者分配股利。计算该公司的利润分配。

解　弥补亏损后的税后利润＝(6 000－1 000)×(1－20%)＝4 000 万元；

提取法定盈余公积＝4 000×10%＝400 万元；

提取公益金＝4 000×5%＝200 万元；

提取任意盈余公积＝4 000×5%＝200 万元；

向投资者分配股利＝4 000×40%＝1 600 万元；

年末未分配利润＝4 000－400－200－200－1 600＝1 600 万元。

任务二　股 利 政 策

股利政策是指公司管理当局对股利分配有关事项所做出的方针策略。股利政策主要包括股利支付程序各日期的确定、股利支付比率的确定、股利支付形式的确定、支付现金的筹资方式等。其核心是确定股利支付比率，它是确定分配股利与留用利润的比例关系以及如何合理、有效地利用留用利润的问题。

一、影响股利政策的因素

公司在制订股利政策时，会受到多种因素的影响，这些因素既有法律的、社会的，又有股东的、还有企业自身的。所以，企业在制定股利政策时，应当考虑到这些因素的影响。

(一)法律因素

法律因素是指有关法律法规对股利分配的限制。为了保护投资者的利益，我国法律如《公司法》《证券法》等都对公司的股利分配进行了一定的限制。只有在不违反法律的前提下，公司才能自主确定股利分配政策。影响公司股利政策的主要法律有：

(1)资本保全约束。资本保全是为了保护投资者的利益而作出的法律限制。股份公司发放的股利或投资分红不得来源于原始投资(或股本)，只能用当期利润或留用利润来分配股利，不能用公司出售股票而募集的资本发放股利。其目的是为了保全公司的股东权益资本，以维护债权人的利益。

(2)企业积累约束。即要求股份公司在分配股利之前，企业弥补完以前年度的亏损后，应当按法定的程序先提取各种公积金。当企业出现年度亏损时，一般不得分配股利。其目的是增强企业抵御风险的能力，维护投资者的利益。

(3)偿债能力约束。偿债能力是指企业按时足额偿付各种到期债务的能力。如果企业因分配现金股利,而影响了公司的偿还能力或正常的生产经营活动,则公司股利分配就要受到限制。

(4)超额累积利润约束。由于投资者接受股利交纳的所得税要高于进行股票交易的资本利得所缴纳的税金,因此许多公司通过积累利润使股价上涨的方式来帮助股东避税。西方国家在法律上明确规定公司不得超额累计利润,当公司留存收益超过法律认可的水平将被加征额外的税款。其目的是为了防止股东避税,但我国法律目前对此还未做出规定。

(二)公司因素

公司因素是指股份公司内部的各种因素及其面临的环境、机会而对股利政策的影响。主要包括现金流量、筹资能力、投资机会、资金成本、盈余稳定状况等。

(1)现金流量。公司在分配现金股利时,必须要考虑到现金流量以及资产的流动性。过多地分配现金股利会减少公司的现金持有量,降低资产的流动性,影响未来的支付能力,甚至可能会出现财务困难。

(2)筹资能力。公司在分配现金股利时,应当考虑到自身的筹资能力如何。如果举债能力较强,随时能筹到所需资金,就可以采取比较宽松的股利政策,有可能分派较多的股利;如果举债能力较差,就应当少发放现金股利。一般来说,规模越大、越成熟的公司,其筹资能力越强,因此它们可能比较倾向于发放较多现金股利。

(3)投资机会。在企业有良好的投资机会,预期投资收益率大于投资者期望报酬率时,企业就应当考虑少发放现金股利,增加留存利润,用于再投资,这样有利于企业的长期发展,增加企业未来的收益,同时也易于为广大投资者所接受。相反,在企业没有良好的投资机会时,往往倾向于多发放现金股利。正因如此,处于成长中的公司多采取少分多留政策,而处于经营收缩的公司多采取多分少留政策;对于公用事业公司来说,则往往有及时、充裕的资金来源,而且投资机会有限,所以发放现金股利的可能性也较大。

(4)资金成本。与外部筹资相比,留用利润不需花费筹资费用,具有资金成本低、隐蔽性好的特点,是一种经济的筹资渠道,它比发行新股或举借外债成本要低,所以从资金成本考虑,公司应当支付较低的股利。

(5)盈余稳定状况。公司的盈余是否稳定,也直接影响到其收益分配,是其股利决策的重要基础。一般来说,盈余稳定的公司相对能支付较高的股利;而盈余不稳定的公司,对未来盈余的把握小,较多采用低股利政策,这样可以减少因盈余下降而造成的股利无法支付,股价下降的风险。

(三)股东因素

股东出于承担的税负、拥有的投资机会以及股权稀释、风险等方面的偏好,也会对公司的股利政策产生举足轻重的影响。

(1)稳定的收益。一些股东依赖于公司发放的现金股利来维持生活,如一些退休者,他们往往要求公司能够定期地支付稳定的现金股利,反对公司留存过多的利润。

(2)股东的税负。按照税法的规定,政府对公司征收企业所得税以后,还要对股东分得的股息、红利征收个人所得税,所以投资者股利收入的税负要高于资本利得的税负。因此,高收入阶层的股东为了避税往往反对公司发放过多的现金股利,以便从股价上涨中获利;相反，低收入阶层的股东因个人税负较轻，可能会欢迎公司多分红利。

我国目前的税法规定，股东从公司分得的股息和红利应按 20%的比例税率交纳个人所得税，而对股票交易所得目前还没有开征个人所得税，因而，对股东来说，股票价格上涨获得的收益比分得股息、红利更具吸引力。

(3)控制权的稀释。如果公司支付大量现金股利，必然保留盈余减少，然后再通过发行新股来筹集资金，而发行新股会稀释公司的控制权。因此有的大股东持股比例较高，他们出于担心控制权可能被稀释，多倾向于公司少分配现金股利，多留存利润。

(4)规避风险。有些股东认为通过增加留存收益引起股价上涨而获得的资本利得是有很大风险的，而目前所得股利是确定的。即便股利较少，也比未来较多但存在较大风险的资本利得要好，因此往往他们要求公司支付较多的现金股利。

(四)其他影响因素

(1)债务合同因素。债务合同是指债权人为了防止企业过多发放股利，影响其偿债能力，增加债务风险，而以合同的形式限制企业现金股利的分配，以保护自身的利益。这些限制通常包括：规定每股股利的最高限额；营运资金低于某一特定金额时不得发放股利；将利润的一部分以偿债基金的形式留存下来；利息保障倍数低于一定标准时，不得分配现金股利等。

公司出于方便未来负债筹资的考虑，一般都能自觉恪守与债权人事先签订的相关合同的限制性条款。

(2)通货膨胀因素。通货膨胀会使货币的购买力下降，由此导致固定资产重置资金不足。因此在通货膨胀时期，公司一般采取偏紧的股利分配政策，以便弥补由于货币购买力水平下降而造成的资金短缺。

拓展阅读

股 利 理 论

股利理论是关于企业采取怎样的股利发放政策的理论，主要有股利相关论、股利无关论和税收效应理论三类论点。

1. 股利相关论

股利相关论认为，由于现实生活中存在着市场不完善和政府税收，企业股利的分配是在各种制约因素中进行的，企业不可能摆脱这些因素的影响，所以公司的股利政策对企业价值或股票价格将产生较大的影响。这些因素既有法律的、社会的、又有股东的、还有企业自身的。所以，企业的股利政策与其价值必然相关，企业的价值就不会仅仅由其投资的获利能力所决定。从这一基本观点出发，又形成了若干股利政策影响投资者行为的理论，如"在手之鸟"理论、信号传递理论、代理成本理论、假设排除论等。

2. 股利无关论

股利无关理论也称为 MM 理论。MM 理论在完全市场理论假设的基础上认为，投资者不会关心公司股利的分配情况，公司的股票价格完全由公司投资方案和获利能力所决定，股票价格与公司的股利政策是无关的。在完全资本市场的条件下，股利完全取决于投资项目需用盈余后的剩余，投资者对于盈利的留存或发放股利毫无偏好，他们可以通过套利自动补偿损失，即股利政策不会对公司的股票价格产生任何影响。

3. 税收效应理论

投资者的收益有两种：股利收入和出售股票所得资本利得收益(买卖差价收益)，税收效应理论认为，从股东税负方面考虑，由于股利收入的边际税率与资本利得的边际税率会有所不同。假如一个公司股权集中，拥有较大比例股份的富有股东，因达到个人所得税的某种界限而按高税率课税的，则股利政策将倾向于多留盈利少派股利；相反如果一个公司的股权分散，绝大多数股东属中低收入阶层，适用的个人所得税率较低，则这些中小股东更偏好当期的股利收入，他们更倾向于支持较高的股利支付率，即高派现。

二、股利政策的类型

股利政策受以上多种因素的影响，并且不同的股利政策也会对公司的股票价格产生不同的影响。常用的股利政策主要有剩余股利政策、固定股利政策、固定股利支付率政策和低正常股利加额外股利政策。

(一)剩余股利政策

所谓剩余股利政策，是指在企业确定的最佳资本结构下，税后利润首先满足投资的要求，若有剩余才用于发放股利。在最佳的资本结构下，企业的资金成本最低，企业的价值最大。采用剩余股利政策的前提条件是企业有良好的投资机会，并且该投资机会的预计报酬率要高于股东要求的必要报酬率，这样才能为股东所接受。

在制定股利政策时，企业的投资机会和资金成本是两个重要的因素。股利政策要符合最佳资本结构的要求，如果股利政策破坏了最佳资本结构，就不能使公司的资金成本达到最低。

采用剩余股利政策，一般应遵循下列步骤：

(1)确定企业的目标资本结构(最佳资本结构)，即确定权益资本与负债资本的比率。

(2)根据企业的目标资本结构，确定投资方案中所需的权益资本数额。

(3)尽可能地将税后利润用于满足投资需要的股东权益资本数额。

(4)将满足投资需要后的剩余利润向股东分配股利。

【例 8-2】 某公司 2010 年度在提取了公积金、公益金后的净利润为 5 000 万元，公司目标资本结构是：权益资本占 60%，负债资本占 40%。2011 年度投资计划所需资金 3 000 万元，该公司拟采用剩余股利政策，则

(1)公司投资需要的权益资本的数额为

$$3\ 000\times60\%=1\ 800\text{ 万元；}$$

(2)税后利润首先用于满足投资需要增加的股东权益资本数额为 1 800 万元；

(3)公司 2011 年度可向投资者分配股利的数额为

$$5\ 000-1\ 800=3\ 200\text{ 万元。}$$

剩余股利政策的优点是，有利于优化资本结构，使综合资本成本最低，实现企业长期发展和股东价值的最大化。

剩余股利政策的缺点是，企业的股利发放额每年随投资机会和盈利水平的波动而波动，不利于投资者安排收入与支出，也不利于公司树立良好的形象。因此，剩余股利政策一般适

合于新成立和处于高速成长期的企业。

(二)固定股利政策

固定股利政策是指企业在较长时期内支付固定的股利额,不因盈利多少而变化。只有当企业对未来利润增长确有把握,并且这种增长被认为是不会发生逆转时,才增加每股股利额。

采用这种股利政策的好处是:

(1)股利政策是企业向投资者传递的重要信息,如果公司支付的股利稳定,就说明该公司的经营业绩比较稳定,经营风险较小,这样可使投资者要求的股票必要报酬率降低,有利于股票价格上升;如果公司的股利政策不稳定,股利忽高忽低,这就给投资者传递企业经营不稳定的信息,从而导致投资者对风险的担心,会使投资者要求的股票必要报酬率提高,进而使股票价格下降。

(2)稳定的股利政策,有利于投资者有规律地安排股利收入和支出,特别是那些希望每期能有固定收入的投资者更欢迎这种股利政策。

(3)公司采用稳定的股利政策,有时可能会使公司资本结构暂时偏离目标资本结构,或者通过发行新股来筹集资金,以致延误了投资时机,或者使资金成本上升,但是,赞同者仍然认为这也要比减少股利或降低股利增长率有利,因为突然降低股利,会使投资者认为该公司经营出现困难,可能使股票价格快速下跌,这对公司更不利。

(4)如果公司能确定一个稳定的股利增长率,实际上是传递给投资者该公司经营业绩稳定增长的信息,可以降低投资者对该公司风险的担心,从而使股票价格上升。

采用这种股利政策的缺点是,固定股利或稳定增长股利政策使公司股利支付与公司盈利相脱离,它可能会给公司造成较大的财务压力,尤其是在公司净利润下降或现金紧张时,公司为了保证股利的照常支付,容易导致资金短缺,财务状况恶化。因此,这种股利政策一般适用于经营比较稳定或正处于成长期、信誉一般的企业,但该股利政策很难被长期采用。

(三)固定股利支付率政策

固定股利支付率政策是指企业确定一个股利支付率,每年都按固定的股利支付率发放股利。股利支付率越高,支付的股利越多,留存的盈余越少。当企业盈余有波动时,由于股利支付率相同,每股股利也就随之上下波动,股利与每股收益成正比例关系。在这一股利政策下,只要企业的税后利润一经确定,所派发的股利也就确定了。

采用这一股利政策的好处是,使企业的股利支付与企业的盈利状况密切相关,盈利状况好,则每股股利额就增加,盈利状况不好,则每股股利额就下降,股利随经营业绩的变化而变化,以体现多盈多分、少盈少分、不盈不分的原则;同时这种股利政策也不会给公司造成较大财务负担。

采用这一股利政策的缺点是,企业的股利可能变动较大,传递给投资者经营不稳定的信息,容易使股票价格产生较大波动,从而影响投资者对企业的信心,不利于树立良好的企业形象,也不利于实现企业价值最大化的目标;同时企业每年按固定比例从净利润中支付股利,缺乏财务弹性;再者,企业确定合理的固定股利支付率难度大,股利支付率过低,不能满足投资者的要求,股利支付率过高,会给企业带来财务压力。

由于企业每年面临的投资机会、筹资渠道和盈余金额都不同,所以在实际中奉行一成不变的固定比例支付率政策的企业并不多见,该政策较适用于稳定发展的公司和公司财务状况较稳定的发展阶段。

(四)低正常股利加额外股利政策

低正常股利加额外股利政策是一种折中的股利政策。这种股利政策每期都支付稳定的较低的正常股利额,当企业盈利较多时,再根据实际情况发放额外股利,但额外股利并不固定。

采用低正常股利加额外股利政策的优点是,股利政策具有较大的灵活性,由于正常股利发放水平较低,所以企业利润很少或投资需要较多资金时,可以只支付较低的股利,不会给企业带来财务压力,当企业利润较多且不需要较多投资资金时,又可以保证股东得到额外的股利;股利政策既具有一定的稳定性,又有利于使企业的资本结构达到目标资本结构,使灵活性与稳定性较好地相结合,因而为许多企业所采用。

采用低正常股利加额外股利政策的缺点是,股利派发仍然缺乏稳定性。如果公司较长时期一直发放额外股利,股东就会误认为这是正常股利,一旦取消,容易给投资者造成公司财务状况逆转的负面印象,从而导致股价下跌。

三、股利分配方案的确定

股利分配涉及的方面很多,其中最主要的是确定股利的支付比率。在上面所介绍的几种股利政策中,各有利弊,企业应充分考虑自己的实际情况,选择适宜的股利分配政策。而股利分配方案的确定,主要应考虑以下 4 个方面的内容:

1. 选择股利政策类型

公司在选择股利政策类型时,取决于企业对下列因素的考虑:

(1)企业所处的成长与发展阶段;

(2)企业支付能力的稳定情况;

(3)企业获利能力的稳定情况;

(4)目前的投资机会;

(5)投资者的态度;

(6)企业的信誉状况。

公司在不同成长与发展阶段所采用的股利政策如表 8-1 所示。

表 8-1 公司股利分配政策的选择

公司发展各阶段	特 点	适应的股利政策
公司初创阶段	公司经营风险高,融资能力差	剩余股利政策
公司高速发展阶段	产品销量急剧上升,需要进行大规模的投资	低正常股利加额外股利的股利政策
公司稳定增长阶段	销售收入稳定增长,市场竞争力增强,行业地位已经巩固,公司扩张的投资需求减少,广告开支比例下降,净现金流入量稳步增长,每股净利润呈上升态势	稳定增长型股利政策
公司成熟阶段	产品市场趋于饱和,销售收入难以增长,但盈利水平稳定,公司通常已积累了相当的盈余和资金	固定股利政策
公司衰退阶段	产品销售收入锐减,利润严重下降,股利支付能力日趋下降	剩余股利政策

2. 确定股利支付水平

股利支付水平通常用股利支付率来衡量。股利支付率是公司当年发放的股利与当年净利润之比,或每股股利除以每股收益。一般来说,公司发放的股利越多,股利的分配率越高,对股东和潜在的投资者的吸引力越大，但过高的股利分配率会使公司留存的收益减少，最终影响公司的未来发展和股东的权益。

公司在确定是否对股东分配股利以及股利支付比率的高低时，主要考虑下列因素：

(1)企业所处的成长周期及目前的投资机会。

(2)企业的再筹资能力及筹资成本。

(3)企业的控制权结构。

(4)股利信号传递功能。

(5)贷款协议以及法律限制。

(6)通货膨胀因素等。

3. 确定股利支付形式

股份公司分派股利的形式一般有现金股利、股票股利、财产股利和负债股利等。我国法律规定股份公司只能采用现金股利和股票股利两种形式。

(1)现金股利。现金股利是指股份公司以现金的形式发放给股东的股利。发放现金股利的多少主要取决于公司的股利政策和经营业绩。由于投资者一般都希望得到现金股利，所以现金股利的发放会对股票价格产生直接的影响，间接影响公司的筹资能力。上市公司发放现金股利主要出于以下三个方面的考虑：投资者偏好、减少代理成本和传递公司的未来信息。公司采用现金股利形式时，必须要有足够的未指明用途的留存收益(未分配利润)和足够的现金。

(2)股票股利。股票股利是指企业以股票形式发放的股利。可以用于发放股票股利的，除了当年的可供分配的利润外，还有公司的盈余公积金和资本公积金。发放股票股利时，一般按股权登记日的股东持股比例来分派，将股东大会决定用于分配的资本公积金、盈余公积金和可供分配的利润转换成股本，按比例增加各个股东的持股数量。

(3)财产股利。财产股利是指企业以现金以外的财产支付股利，主要是以公司所拥有的其他企业的有价证券，如债券、股票等，作为股利支付给股东。由于这种股利形式不会增加公司的现金流出，所以当公司资产变现能力较弱时，还是一种可行的支付方式。但这种支付方式不易为广大股东所接受，同时会影响公司的形象。投资者会认为公司财务状况不好，变现能力下降，从而导致股价的下跌，所以这种股利支付方式企业很少采用。

(4)负债股利。负债股利是指公司以负债支付的股利。通常以公司的应付票据支付给股东，也有发行公司债券抵付股利的。由于票据和债券大都是带息的，所以发放负债股利会加大公司支付利息的压力，但可以缓解公司资金不足的矛盾。这种支付方式也只是公司的一种权宜之计，大多数的股东不欢迎这种股利支付方式。

您知道“每 10 股送 5 股转赠 3 股派现 0.6 元”是什么意思吗？

“送股”是公司将当年的收益，在提取法定公积金、公益金等项目后向股东发放的股票股利。

“转赠股”是公司将提取的公积金转化成股本送给全体股东。这两种分红方式的资金出处不同，但对股东来说区别不大。

“派”是“派息”的简称，是公司将当年的收益，在提取法定公积金、公益金等项目后向股东发放的现金股利。

若一股东持有该公司 1 000 股股票，则可获得送股 500 股、转赠股 300 股、现金股利 60 元，股票总数增加为 1 800 股。

但须注意，根据我国税法的规定，现金股利（“派现”）和股票股利（“送股”）是需要交税的，转赠股则不需要交税。

（四）确定股利发放日期

股份公司从宣告股利分配方案到向股东支付股利，其过程主要经历股利宣告日、股权登记日、除权（或除息）日和股利支付日等，制定股利政策时必须确定这些日期。

1. 股利宣告日

股利宣告日就是公司董事会将股利支付情况予以公告的日期。在宣告分配方案的同时，要公布股权登记日、除息日和股利发放日。我国股份公司一般是一年发放一次或两次股利，即在年末和年中分配。在西方国家，股利通常是按季度支付。

2. 股权登记日

股权登记日是有权领取本期股利的股东资格登记截止日期。企业规定股权登记日是为了确定股东能否领取股利的日期界限，因为股票是经常流动的，所以确定这个日期是非常必要的。凡是在股权登记日这一天登记在册的股东才有资格领取本期股利，而在这一天之后登记在册的股东，即使是在股利发放日之前买到的股票，也无权领取本次分配的股利。

3. 除权日

除权日是指除去股利的日期，即领取股利的权利与股票分开的日期。在除权日前，股利权从属于股票，持有股票者即享有领取股利的权利；从除权日开始，股利权与股票相分离，新购入股票的人不能分享股利。由于在除权日之前进行交易的股票含有股利，其价格高于在除权日之后进行交易的股票价格。当今我国股权登记日的下一个工作日为除权日。

4. 股利发放日

股利发放日是将股利发放给股东的日期。在这一天，企业应将股利打入股东资金账户。

例如，天地公司于 2010 年 7 月 6 日发布公告：“本公司董事会在 2010 年 7 月 6 日的会议上决定 2010 年上半年每股分派现金股利 1.50 元；本公司将于 2010 年 8 月 20 日将上述股利支付给已在 2010 年 7 月 31 日登记为本公司股东的人士。”

上例中，2010 年 7 月 6 日为天地公司的股利宣告日；2010 年 7 月 31 日为股权登记日；2010 年 8 月 20 日为股利发放日。

任务三　股票股利与股票分割

一、股票股利

股票股利是指企业以股票形式发放的股利。它不会改变企业账面的股东权益总额，也不会改变股东的持股结构，不会引起公司资产的流出或负债的增加，而只引起股东权益内部结构的变化，会增加市场上流通的股票数量。

【例 8-3】 天地公司在发放股票股利前，股东权益情况如表 8-2 所示。

表 8-2　天地公司股东权益情况

项　　目	金　　额/元
普通股(面额 1 元，已发行 100 万股)	1 000 000
资本公积	800 000
未分配利润	3 200 000
股东权益合计	5 000 000

若该公司宣布发放 20％的股票股利，即发放 200 000 股普通股股票。若该股票每股现行市价为 12 元，则

(1)增加的普通股股票数量＝1 000 000×20％＝200 000 股；

(2)从未分配利润项目划出的资金＝200 000×12＝2 400 000 元；

(3)普通股项目增加的资金＝200 000×1＝200 000 元；

(4)资本公积项目增加的资金＝200 000×(12－1)＝2 200 000 元。

发放股票股利前后的股东权益情况如表 8-3 所示。

表 8-3　天地公司发放股票股利前后股东权益情况　　元

项　　目	发放前股东权益金额	发放股票股利引起的变化	发放后股东权益金额
普通股(面额 1 元，已发行 100 万股)	1 000 000	200 000	1 200 000
资本公积	800 000	2 200 000	3 000 000
未分配利润	3 200 000	－2 400 000	800 000
股东权益合计	5 000 000	0	5 000 000

由此可见，发放股票股利，不会对公司股东权益总额产生影响，但会引起股东权益内部各项目间的变化。

发放股票股利后，若盈利总额不变，会由于普通股股数增加而引起每股收益和每股市价下降，但又由于股东所持股份的比例不变，每位股东所持股票的市场价值总额仍保持不变。一般来说，如果不考虑股票市价的波动，发放股票股利后的股票价格，应当按发放的股票股利的比例而成比例下降。

尽管股票股利不直接增加股东的财富，也不增加公司的价值，但对股东和公司都有特殊的意义。具体地说，股票股利对公司和股东的意义如下。

股票股利对公司的意义：

(1)节约现金。发放股票股利可使股东分享公司的盈余而无须分配现金，这使公司留存了大量现金，便于进行再投资，同时减少筹资费用，有利于公司长期发展。

(2)吸引投资者。在盈余和现金股利不变的情况下，发放股票股利可以降低每股价值，从而吸引更多的投资者。

(3)稳定股价。发放股票股利往往会向社会传递公司将会继续发展的信息,从而提高投资者对公司的信心,在一定程度上稳定股票价格。但在某些情况下,发放股票股利也会被认为是公司资金周转不灵的征兆,从而降低投资者对公司的信心,加剧股价的下跌。

(4)费用高。发放股票股利的费用比发放现金股利的费用大,会增加公司的负担。

股票股利对股东的意义:

(1)增加现金收益。如果公司在发放股票股利后同时发放现金股利,股东会因所持股数的增加而得到更多的现金。

(2)获得股价上升收益。有时公司发放股票股利后其股价并不成比例下降;一般在公司只发放少量股票股利,大体不会引起股价的立即变化,这可使股东得到股票价值相对上升的好处。

(3)节税收益。在股东需要现金时,还可以将分得的股票股利出售,有些国家税法规定出售股票所需交纳的资本利得(价值增值部分)税率比收到现金股利所需交纳的所得税率低,这使得股东可以从中获得纳税上的好处。

二、股票分割

股票分割又称拆股,是指将一张面值较大的股票分割成几张面值较小的股票。在实务中,若上市公司认为自己公司的股价太高,不利于保持流动性,有必要将其降低,就可以采取股票分割行为,以推动股价下降。而股票分割对公司的资本结构和股东权益不会产生任何影响,一般只会使发行在外的股票总数增加,会引起每股面值降低,并由此引起每股收益和每股市价下跌,但总价值不变。

【例 8-4】 根据例 8-3 的资料,若该公司按 1 股换成 2 股的比例进行股票分割,则分割前后的股东权益各项目情况如表 8-4 所示。

表 8-4 天地公司股票分割前后股东权益情况

元

项　　目	分割前股东权益金额	项　　目	分割后股东权益金额
普通股(面额 1 元,已发行 100 万股)	1 000 000	普通股(面额 0.5 元,已发行 200 万股)	1 000 000
资本公积	800 000	资本公积	800 000
未分配利润	3 200 000	未分配利润	3 200 000
股东权益合计	5 000 000	股东权益合计	5 000 000

由此可知,股票分割对股东权益总额和股东权益各项目的金额及相互间的比例都不会产生影响,只是股票的数量按分割的比例相应增加,股票面额按分割的比例相应下降。

与股票股利一样,尽管股票分割不直接增加股东的财富,也不增加公司的价值,但其有特殊的意义。具体地说,股票分割的意义主要有:

(1)采用股票分割可使公司股票每股市价降低,从而吸引更多的投资者,有利于促进股票流通和交易。

(2)股票分割有助于公司并购政策的实施,增加对被并购方的吸引力。

(3)股票分割会使各股东持有的股数增加而持股比例不变,持有股票的总价值也不变。

不过只要股票分割后每股现金股利下降幅度小于股票分割幅度，可能增加股东的现金股利。比如，天地公司股票分割前每股现金股利 3 元，某股东持有 1 000 股，可获得现金股利 3 000 元；公司按 1 换 2 的比例进行股票分割后，该股东持股数增为 2 000 股，若现金股利降为每股 1.6 元，该股东可得现金股利 3 200 元，增加现金股利 200 元。

(4)股票分割可向股票市场和广大投资者传递公司业绩好、利润高、潜力大的信息，有利于增强投资者对公司的信心。

从前面的分析可以看出，股票分割和发放股票股利非常的接近，所以在实践中一般要根据证券管理部门的具体规定对两者加以区分。有的国家证券交易机构规定，发放 25%以上的股票股利即属于股票分割。

尽管股票分割和发放股票股利都能达到降低公司股价的目的，但在实务中，只有在公司股价剧涨且预期难以下降时，才采用股票分割的办法，若公司股价上涨幅度不大往往通过发放股票股利的办法来维持其股价于理想的范围之内。相反，若公司认为股票价格偏低，为提高股价，也可以采取反分割的措施，即股票合并。股票合并与股票分割相反，即将数股面额较低的股票合并为一股面额较高的股票，其结果将减少流通在外的股数，提高每股收益，每股的市价也将上升。

项目小结

股利分配是财务管理的重要内容。公司在制定股利政策时，会受到多种因素的影响，这些因素既有法律的、社会的、又有股东的、还有企业自身的。常用的股利政策主要有剩余股利政策、固定股利政策、固定股利支付率政策和低正常股利加额外股利政策。股份公司分派股利的形式一般有现金股利、股票股利、财产股利和负债股利等。我国有关法律规定股份公司只能采用现金股利和股票股利两种形式。股利分配涉及的方面很多，如股利支付程序中各日期的确定、股利政策类型的确定、股利支付比率的确定、股利支付形式的确定、支付现金股利所需资金的筹集方式的确定等，其中最主要的是确定股利的支付比率。股票分割和发放股票股利非常的接近，在实践中一般要根据证券管理部门的具体规定对两者加以区分。

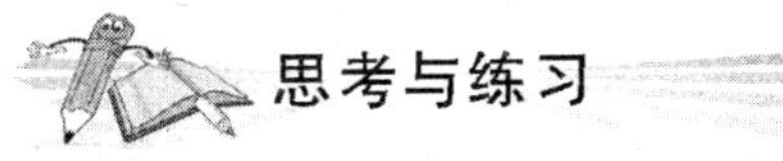

思考与练习

一、案例分析

某上市公司为建筑行业，2011 年净利润为 12 000 万元，对外流通股数为 20 000 万股。该公司 2009 年、2010 年的净利润分别为 9 000 万元和 9 400 万元，2009 年、2010 年每股分配现金股利分别为 0.3 元和 0.32 元，没有分配股票股利。

请您结合当今经济形势和建筑行业的发展变化情况，考虑下述问题：

(1)通过该公司股利政策案例，说明上市公司股利政策的基本内容。

(2)公司股利政策决策的影响因素。

(3)对该公司股利支付方式进行评价。

(4)该公司股利政策有何特点？你认为我国上市公司股利政策存在的问题有哪些？

二、思考题

1. 什么是利润分配，分配顺序是什么？
2. 股利政策受到哪些因素影响？
3. 股利政策的类型有哪些？
4. 股利支付程序和方式是什么？
5. 试比较股票股利和股票分割对股东权益的影响。
6. 股票回购的动机有哪些？

三、单项选择题

1. 对企业净资产的分配权是（ ）。

A. 国家的基本权利　　B. 所有者的基本权利

C. 债权人的基本权利　　D. 经营者的基本权利

2. 发放股票股利后，每股市价将（ ）。

A. 上涨　　B. 下降

C. 不变　　D. 可能出现以上三种情况的任一种

3. 某股份公司宣布发放10%的股票股利，同时每股支付现金股利2元，某拥有100股股票的股东可得现金股利为（ ）元。

A. 220　　B. 200　　C. 180　　D. 160

4. 计提法定盈余公积金的基数是（ ）。

A. 可供分配的利润

B. 本年的税后利润

C. 抵减年初累计亏损后的本年净利润

D. 可供分配的利润与累计亏损的差额

5. 盈余公积金可用于弥补亏损或用于转增资本金，但转增资本金后，企业的法定盈余公积金一般不得低于注册资金的（ ）。

A. 30%　　B. 25%　　C. 20%　　D. 50%

6. 按照剩余股利政策，假定某公司资本结构目标为产权比率为2/3，明年计划投资600万元，今年年末股利分配时，应从税后净利中保留（ ）元用于投资需要。

A. 400万　　B. 200万　　C. 360万　　D. 240万

7. 对股份有限公司来讲，实行股票分割的主要目的在于通过（ ），从而吸引更多的投资者。

A. 增加股票股数降低每股市价　　B. 减少股票股数降低每股市价

C. 增加股票股数提高每股市价　　D. 减少股票股数提高每股市价

8. 下列各项股利分配政策中，能保持股利与利润间的一定比例关系，体现风险投资与风险收益对等关系的是（ ）。

A. 剩余政策　　B. 固定股利政策

C. 固定股利支付率政策　　D. 低正常股利加额外股利政策

9. 公司采用固定股利政策发放股利的好处主要表现为（ ）。

A. 降低资金成本　B. 维持股价稳定　C. 提高支付能力　D. 实现资本保全

10.（　　）之后的股票交易，其交易价格可能有所下降。

A. 股利宣告日　B. 除息日　C. 股权登记日　D. 股利支付日

四、多项选择题

1. 下列哪个项目可用于弥补亏损（　　）。

A. 盈余公积　B. 资本公积　C. 税后利润　D. 税前利润

2. 采用固定的股利政策对公司不利的方面表现在（　　）。

A. 稀释了股权　B. 股利支付与公司盈余脱节、资金难以保证

C. 易造成公司不稳定的印象　D. 无法保持较低的资金成本

3. 下列哪种股利政策不利于股东安排收入与支出（　　）。

A. 剩余股利政策　B. 固定或持续增长的股利政策

C. 固定股利支付率政策　D. 低正常股利加额外股利政策

4. 对股利有很强依赖性的股东应选择采取（　　）股利政策的公司投资。

A. 正常股利加额外股利政策　B. 固定股利比例政策

C. 固定股利政策　D. 剩余政策

5. 股票股利对公司的意义有（　　）。

A. 节约现金　B. 吸引投资者　C. 稳定股价　D. 费用低

6. 影响股利分配政策的因素有（　　）。

A. 法律因素　B. 公司因素　C. 股东因素　D. 契约性约束

7. 股利的形式包括（　　）。

A. 现金股利　B. 股票股利　C. 财产股利　D. 负债股利

8. 股份有限公司向股东分配股利时，涉及的重大日期是（　　）。

A. 股利宣告日　B. 股权登记日　C. 除息日　D. 股利支付日

五、判断题

1. 提取的法定公积金应按本年实现的税后利润的10%计算。（　　）

2. 采用剩余股利分配政策的优点是有利于保持理想的资金结构，降低企业的综合资金成本。（　　）

3. 企业宣布发放股票股利将会引起负债比率下降。（　　）

4. 固定股利支付率政策，可以使企业的股利支付和其盈利很好地结合起来。（　　）

5. 如果一公司2011年的净利润为600万元，分配现金股利为240万元。2012年的净利润为400万元，且2012年没有计划投资项目。固定股利支付率政策下，该公司2012年应分配的现金股利为160万元。（　　）

6. 发放股票股利会减少股东权益总额。（　　）

7. 在除息日前，股利权从属于股票，从除息日开始，股利权与股票相分离。（　　）

8. 盈余公积金和资本公积金属于企业的经营积累。（　　）

9. 较多的支付现金股利，会提高企业的资产流动性，增加现金流出量。（　　）

10. 股票回购不仅有利于实现公司长期的股利政策目标，也可以防止派发剩余现金造

成的短期效应。(　　)

六、实训

实训一

某公司2010年的税后净利润为6 800万元,目前的资本结构为:负债资本40%,股东权益资本60%。该资本结构也是其下一年度的目标资本结构(最佳资本结构)。如果2011年该公司有一个很好的投资项目,需要投资9 000万元,该公司采用剩余股利政策,试计算应该如何融资?分配的股利是多少?

实训二

某公司制订了从2007年起的未来5年的投资计划,公司的理想资本结构为负债与权益比率为40%,公司流通在外的普通股有125 000股,公司年度投资与净利润情况如表8-5所示。

表8-5　公司年度投资与净利润情况　　　　元

年度	年度内总投资	年度内的净利润
2007	350 000	250 000
2008	475 000	450 000
2009	200 000	600 000
2010	980 000	650 000
2011	600 000	390 000

要求:

(1)若公司每年采用剩余股利政策,每年发放的每股股利为多少?

(2)若公司采用每年每股0.4元加上年终额外股利,额外股利为净收益超过250 000元部分的40%,则每年应发放的股利为多少?

实训三

某公司2009年度的税后利润为1 000万元,该年分配股利500万元,2011年拟投资1 000万元引进一条生产线以扩大生产能力,该公司目标资本结构为自有资金占80%,借入资金占20%。该公司2010年度的税后利润为1 200万元。

要求:

(1)如果该公司执行的是固定股利政策,并保持资金结构不变,则2011年度该公司为引进生产线需要从外部筹集多少自有资金?

(2)如果该公司执行的是固定股利支付率政策,并保持资金结构不变,则2011年度该公司为引进生产线需要从外部筹集多少自有资金?

(3)如果该公司执行的是剩余股利政策,则2010年度公司可以发放多少现金股利?

实训四

某公司2011年实现的税后净利为1 000万元,若2012年的投资计划所需资金800万元,公司的目标资金结构为自有资金占50%。

要求:

(1)若公司采用剩余股利政策,则 2011 年末可发放多少股利?

(2)若公司发行在外的普通股股数为 1 000 万股,计算每股利润及每股股利。

(3)若 2012 年公司决定将公司的股利政策改为逐年稳定增长的股利政策,设股利的逐年增长率为 5%,投资者要求的必要报酬率为 10%,计算该股票的价值。

实训五

某公司 2012 年年终进行利润分配前的股东权益情况如表 8-6 所示。

表 8-6　2012 年年终利润分配前的股东权益情况

股本(面值 3 元已发行 100 万股)	300 万元
资本公积	300 万元
未分配利润	600 万元
股东权益合计	1 200 万元

回答下列互不关联的两个问题:

(1)如果公司宣布发放 10%的股票股利,若当时该股票市价为 5 元,股票股利的金额按照当时的市价计算,并按发放股票股利后的股数发放现金股利每股 0.1 元。计算发放股利后的股东权益各项目的数额。

(2)如果按照 1 股换 3 股的比例进行股票分割,计算进行股票分割后股东权益各项目的数额。

项目九

财务预测

学习目标

- 能熟练运用资金需要量预测方法
- 会编制各种财务预算

知识要点

- 资金需要量预测的意义
- 资金需要量的预测方法
- 财务预算编制的程序
- 财务预算的编制方法

案例导入

中石化公司财务预算管理的应用

中国石油化工股份有限公司(以下简称“中国石化”)分别在中国香港、上海,纽约,伦敦证券交易所成功上市后,对其对外信息披露和内部管理提出了新的挑战,这就要求中石化必须以全新的经营理念、经营机制、管理模式、运作方式进行操作,逐步与国际接轨。这对企业管理的核心,也对进一步提升财务管理水平提出了更高的要求。因此,中石化开始进行信息化建设的实践。

中石化的信息化建设在2000年上市后大规模展开,并与咨询公司进行ERP建设的规划。目前,SAP已在中石化下属24家单位上线运行,取得了较好的应用效果。在集团总部的应用,则主要包括生产计划部门牵头的KPI体系、财务部门牵头的成本控制体系,以及信息管理部门牵头的数据仓库(支撑KPI体系和成本控制体系的平台)。

具体到财务部门而言,中石化为了实现建立成本控制体系的目标,主要做了以下工作:一是对成本核算进行统一和规范,确保同类企业的核算口径相同,在这方面,中石化制定了统一的成本核算办法、设计了统一的标准代码体系、应用统一的软件平台;二是将收入、成本(费用)的预算落在实处,并选择了Hyperion Planning,完成损益预算后,又实施了资金预算;三是选择Hyperion Essbase产品,建立先进的、系统的、与国际初步接轨的财务分析体系。截至目前，中石化所进行的各相关项目基本完成，运行情况良好，基本实现了项目的预期目标。

事实上，中石化在很早之前便有财务预算管理的意识，不过直接促动中石化加快财务信息管理系统建设的因素是在海内外的成功上市，因为上市后要实现内部管理从行业管理的模式向企业管理的模式转变。而在上市之初，中石化没有统一的内部会计制度和统一的核算成本办法，多种财务信息系统平台造成了汇总、合并处理的困难。在这种情况下，中石化在启动 ERP 项目建设的同时开始实施财务管理信息系统，同年推广完成账务和报表系统，2001 年推广炼化企业成本核算和固定资产系统，然后逐步向企业应用靠拢，并与 ERP 的应用结合。

不过，当时的财务信息管理系统主要还是面向企业应用，且主要是核算层面的应用。而面向总部的应用，特别是管理层面的应用尚未全面展开。中石化选择了预算管理作为突破口，在进行成本控制体系的规划时，选用海波龙的财务预算管理解决方案 Hyperion Planning。中石化之所以选择海波龙的解决方案，一方面是埃森哲的推荐，海波龙的财务预算管理解决方案在全球领先；另一方面是中石化高层赴国外考察时发现国外大型石油化工企业普遍采用海波龙的解决方案。

在实施财务预算管理系统的同时，中石化还进一步完善了其财务分析体系。

对中石化而言，企业的信息化应用包括两个层面的应用。一方面是下属企业的应用，它所要解决的问题主要在于流程、业务、订单、事务等实现信息化。而从总部的角度来看，关键应该考虑如何设计规范，实现下属企业在规范和标准下运作，对大型的集团性企业来说，这样做的难度较大，主要受方案设计、执行、监督等因素的影响，但必须这样做。同时，从管理的角度来看，预算管理相当重要，要实现真正的预算管理首先必须在思想上意识到预算管理的重要性和必要性，并通过循序渐进的方式逐步完善财务预算体系，同时要有良好的业务解决方案和优秀的工具支持。

这是中石化在提高财务预算管理过程中所获得的经验。作为一种工具和手段，海波龙解决方案发挥了很大的价值，这主要表现在其首先满足了预算方案根据实际情况适时变化、维护和更新的需求，其次实现了预算编制流程透明、责任明确的需求。

海波龙前后端结合的解决方案为中石化财务部门的财务预算、财务分析带来了诸多的变化。在应用海波龙之前，中石化财务预算比较粗放，现在财务预算可以做得更细致。大大缩短了中石化预算编制周期，年度与月度、损益与资金都纳入预算管理，这在过去是难于实现的。海波龙解决方案不仅有预算编制的结果还可跟踪预算编制的过程，更有利于分析预算偏差的原因和症结所在，明确相关责任，以便及时加以改进。实现预算的监督和分析对比，中石化总部可以实现每月的预算对比，下属分公司有的可以实现每天部分、每十天大部分的预算与实际的对比。

思考与提示：

1. 请分析中石化在财务预算管理的起步阶段做了哪些事情？

2. 中石化的成功经验是什么？

3. 试分析财务预算在企业管理中的作用。

任务一　资金需要量的预测

一、资金需要量预测的意义

资金需要量预测是指估计企业未来的融资需求，是融资计划的前提。企业要提供产品和服务，必须要有一定的资产。销售增加时，要相应增加流动资产，甚至还须增加固定资产。为取得扩大销售所需增加的资产，企业要筹措资金。这些资金，一部分来自保留盈余，另一部分通过外部融资取得。通常，销售增长率较高时保留盈余不能满足资金需要，即使获利良好的企业也需外部融资。对外融资，需要寻找提供资金的人，向他们作出还本付息的承诺或提供盈利前景，并使之相信其投资是安全的并且可以获利，这个过程往往需要较长时间。因此，企业需要预先知道自己的财务需求，提前安排融资计划，否则就可能发生资金周转问题。

二、资金需要量预测的方法

资金需要量预测方法主要有：销售百分比法、回归分析法、高低点法。

（一）销售百分比法

资金需要量预测销售百分比法首先假设收入、费用、资产、负债与销售收入存在稳定的百分比关系，根据预计销售额和相应的百分比预计资产、负债和所有者权益，然后利用会计等式确定融资需求。

具体的计算方法有两种：一种是先根据销售总额预计资产、负债和所有者权益的总额，然后确定融资需求；另一种是根据销售的增加额预计资产、负债和所有者权益的增加额，然后确定融资需求。

1. 根据销售总额确定融资需求

【例 9-1】　假设 ABC 公司 2011 年预计销售 4 000 万元，其他资料如表 9-1 所示，预测的步骤如下：

(1)确定销售百分比。

销售额与资产负债表项目的百分比，可以根据上年有关数据确定。

流动资产/销售额＝700/3 000×100％≈23.333 33％；

固定资产/销售额＝1 300/3 000×100％≈43.333 33％；

应付款项/销售额＝176/3 000×100％≈5.866 7％；

预收账款/销售额＝9/3 000×100％＝0.3％。

预测时，要注意区分随销售额变动的资产、负债项目与不随销售额变动的资产、负债项目。不同企业销售额变动引起资产、负债变化的项目及比率是不同的，需要根据历史数据逐项研究确定。就本例而言，流动资产和固定资产都随销售额变动，并假设成正比例关系。应付账款和预收账款与销售额成正比；而其他负债项目如短期借款、应付票据、长期负债以及股东权益项目（表 9-1 中以 N 表示），则与销售无关。ABC 公司每 1 元销售额约占用流动资产 0.233 3 元，占用固定资产 0.433 3 元，形成应付账款 0.058 7 元，形成预收账款 0.003 元。资产、负债项目占销售额的百分比，也可以根据以前若干年度的平均数确定。

表 9-1　ABC 公司的资产负债表

项　　目	2010 年期末实际金额	占销售额百分比（2010 年销售额 3 000 万元）	2011 年计划（销售额 4 000 万元）
资产：			
流动资产	700	23.33333%	933.333
长期资产	1 300	43.33333%	1 733.333
资产合计	2 000		2 666.67
负债及所有者权益：			
短期借款	60	N	60
应付票据	5	N	5
应付账款	176	5.8667%	234.67
预收账款	9	0.3%	12
长期负债	810	N	810
负债合计	1 060		1 121.67
实收资本	100	N	100
资本公积	16	N	16
留存收益	824	N	950
股东权益	940		1 066
融资需求			479
总　　计	2 000		2 666.67

(2)计算预计销售额下的资产和负债。计算公式为

资产(负债)＝预计销售额×各项目销售百分比。　　(9-1)

计算结果如下：

流动资产＝4 000×23.33333%＝933.333 万元；

固定资产＝4 000×43.33333%＝1 733.333 万元；

应付款项＝4 000×5.8667%＝234.67 万元；

预收账款＝4 000×0.3%＝12 万元。

在此基础上预计总资产：

总资产＝933.333＋1 733.333＝2 666.67 万元。

预计不增加借款情况下的总负债(无关项目按 2010 年数计算)：

总负债＝60＋5＋234.67＋12＋810＝1 121.67 万元。

(3)预计留存收益增加额。

留存收益是公司内部融资来源。只要公司有盈利并且不是全部支付股利,留存收益会使股东权益自然增长。留存收益可以满足或部分满足企业的融资要求。这部分资金的多少,取决于收益的多少和股利支付率的高低。其计算公式为

留存收益增加=预计销售额×销售净利率×(1-股利支付率)。 (9-2)

假设股利支付率为30%,销售净利率与上年相同(136÷3 000=4.5%),则

留存收益增加=4 000×4.5%×(1-30%)=126万元。

(4)计算外部融资需求。

计算公式为

外部融资需求=预计总资产-预计总负债-预计股东权益。 (9-3)

则 外部融资需求=2 666.67-1 121.67-(940+126)

=2 666.67-2 187.67=479万元。

ABC公司为完成销售额4 000万元,需求增加资金666.67万元(2 666.67-2 000),负债的自然增长提供61.67万元(234.67+12-176-9),留存收益提供126万元,本年应再融资479万元(666.67-61.67-126)。

2. 根据销售增加量确定融资需求

融资需求=资产增加-负债自然增加-留存收益增加

=(资产销售百分比×新增销售额)-(负债销售百分比×新增销售额)

-[计划销售净利率×计划销售额×(1-股利支付率)] (9-4)

计算结果为

融资需求=(66.67%×1 000)-(6.17%×1 000)-[4.5%×4 000×(1-30%)]

=666.7-61.7-126=479万元。

(二)回归分析法

回归分析法是根据资金需要量规模与业务量间存在的关系,按照回归的方法来建立相关模型,利用历史资料,在已知销售预测(x)的基础上,确定其资金需要量(y)。

其模型为

$$y=a+bx, \tag{9-5}$$

式中,a为不变资金规模;b为单位业务量所需要的变动资金;x为业务量。

在实际的运用中,需要利用历史资料来确定a和b的数值,然后在已知销售预测(x)的基础上,确定其资金需要量规模(y)。具体可通过如下方程组求得a和b的值:

$$\begin{cases}\sum y=na+b\sum x,\\ \sum xy=a\sum x+b\sum x^2。\end{cases}$$

解上述二元一次方程组可得

$$b=\frac{n\sum xy-\sum x\sum y}{n\sum x^2-(\sum x)^2}, \tag{9-6}$$

$$a=\frac{\sum y-b\sum x}{n}。 \tag{9-7}$$

【例9-2】 扬力公司2006~2010年销售量及资金占用变化如表9-2所示,假定2011年的销售量为7.5万件,试确定2011年的资金需要量数额。

表 9-2　扬力公司 2006～2010 年销售量及资金占用变化表

年度	销售量 x/万件	资金需要量 y/万元	xy	x^2
2006	6	500	3 000	36
2007	5.5	480	2 640	30.25
2008	5	450	2 250	25
2009	6.5	530	3 445	42.25
2010	7	560	3 920	49
合计	$\sum x=30$	$\sum y=2520$	$\sum xy=15\ 255$	$\sum x^2=182.5$

解　代入由上述方程组推导出计算 a,b 的公式为

$$b=\frac{n\sum xy-\sum x\sum y}{n\sum x^2-(\sum x)^2}=\frac{5\times15255-30\times2520}{5\times182.5-30^2}=54,$$

$$a=\frac{\sum y-b\sum x}{n}=\frac{2520-54\times30}{5}=180。$$

得　$$y=a+bx=180+54x,$$

则 2011 年的筹资规模＝ $180+54\times7.5=585$ 万元。

(三)高低点法

高低点法是根据企业一定期间资金占用的历史资料，按照资金习性原理和 $y=a+bx$ 直线方程式，选用最高收入期和最低收入期及对应的资金占用量数据，求解直线方程，以得到预测结果的一种方法。

高低点法是利用代数式 $y=a+bx$，选用一定历史资料中的最高收入期资金占用量与最低收入期资金占用量之差 Δy，与两者销售量之差 Δx 进行对比，求出 b，然后再求出 a 的方法。

高低点法适用的前提条件有两个：一是高低点法所取得的资金占用数据应能代表企业生产经营活动的正常情况；二是通过高低点法分解而求得的资金占用公式，只能是用于相关范围内的情况(最高点与最低点之间)。

【例 9-3】　以例 9-2 的数据为例，采用高低点法预测 2011 年的资金需要量。

通过表 9-2 中的数据，可以找出最高点(7,560)和最低点(5,450)，则

$$b=\frac{560-450}{7-5}=55。$$

分别以高点和低点值代入公式：

$$高点\quad a=560-55\times7=175;$$

$$低点\quad a=450-55\times5=175。$$

将 a,b 代入得　$$y=a+bx=175+55x,$$

则 2011 年筹资规模＝$175+55\times7.5=587.5$ 万元。

任务二　财务预算的编制方法

财务预算是指反映企业未来一定预算期内预计现金收支，经营成果和财务状况的各种

预算。具体包括现金预算、预计损益表、预计资产负债表。

企业编制财务预算的方法主要有固定预算、弹性预算、增量预算、零基预算、定期预算和滚动预算等。

一、固定预算与弹性预算

(一)固定预算

固定预算是指企业根据未来既定的业务量水平作为唯一基础来编制预算的方法。预算编制后具有相对的稳定性,没有特殊情况不需要对预算进行修订,所以该方法适用于经济状况比较稳定的企业或部门。

(二)弹性预算

所谓弹性预算,是企业在不能准确预测业务量的情况下,根据本量利之间有规律的数量关系,按照一系列业务量水平编制的有伸缩性的预算。其基本特征有两个:一是它按预算期内某一相关范围内的可预见的多种业务活动水平分别确定不同的预算数,弹性预算的业务量范围一般限定在正常业务量能力的70%～110%,因此弹性预算并不是只适应一个业务量水平的一个预算,而是能够随业务量水平变动而变动的一组预算;二是待实际业务活动发生后,将实际的成本、费用或利润数与实际业务量相对应的预算数进行对比,使预算执行情况的评价与考核建立在更加客观可比的基础之上,以便更好地发挥预算控制的作用。只要这些数量关系不变,弹性预算可以持续使用较长时期,不必每月重新编制。弹性预算主要用于各种间接费用预算,有些企业也用于利润预算等。

二、增量预算与零基预算

(一)增量预算

增量预算是以现有的成本费用水平为基础,根据预算期内的某一业务活动水平及有关降低成本费用的措施,对现有的成本费用进行适当的调整而编制的预算。采用这种方法,往往不加分析地保留或接受原有的成本金额,或按主观臆断平均削减,或只增不减,容易造成浪费,使不必要的开支合理化。

增量预算方法源于以下假定:

(1)现有的业务活动是企业所必需的。只有保留企业现有的每项业务活动,才能使企业的经营活动过程得到正常发展。

(2)原有的各项开支都是合理的。既然现有的业务活动是必需的,那么原有的各项费用支出就一定是合理的,必须予以保留。

(3)未来预算期的费用变动是在现有费用的基础上调整的结果。

(二)零基预算

零基预算方法是由美国德克萨斯工具公司担任财务预算工作的彼比·派尔(P·A·Phyrr)于1970年编制该公司的费用预算时提出的。零基预算是指在编制预算时对于所有的预算支出均以零为基础,不考虑以往情况编制的预算。它与增量预算的不同之处在于,它不是以现有的成本费用水平为基础,而是如同新创办一个机构时一样,一切以零为起点,从实际需要与可能出发,逐项分析各项成本费用的开支是否必要合理,进行综合平衡后,确定其预算数。

零基预算的基本做法是：首先，针对公司在预算期内的总体目标以及由此确定的各个预算单位的具体目标和某一业务活动水平，提出相应的成本费用计划方案，并说明每一项成本费用及相应的效益，评价每项开支计划的重要程度（最好能相应划分等级，区分不可避免成本与可避免成本），以便区别对待。再次，对不可避免的成本费用项目优先分配资金，对可延缓的成本费用则根据可动用资金情况，按轻重缓急，分别依次安排预算项目。最后，经协调后具体规定有关指标，逐项下达成本费用预算。

应该认识到，零基预算不受现有的框框限制，对一切费用一视同仁，能促使各有关方面精打细算，量力而行，合理使用资金，但这势必会带来浩繁的工作量，搞不好会顾此失彼，难以突出重点。因此，在采用零基预算法时，一方面要充分调动各级管理人员的积极性、创造性，主动控制开支；另一方面又要掌握重点，统筹组织，量力而行。

三、定期预算与滚动预算

（一）定期预算

定期预算是指在编制预算时以不变的会计期间作为预算期的一种编制预算的方法。为方便将实际执行结果同预算数进行对比分析，通常以会计年度为单位进行定期编制，并且往往于会计年度的最后一个季度开始着手编制下一年度的预算。这种方法的缺点有 3 个：①指导性差，由于预算期较长，因而编制预算时，难以预测未来预算期的某些活动，特别是对预算期的后来阶段，往往只能提供一个比较笼统的预算，从而给预算的执行带来种种困难；②适应性差，事先预见到的预算期内的某些活动，在预算执行过程中往往会有所变动，而原有预算却未能及时调整，从而使原有预算显得不相适应；③在预算的执行过程中，由于受预算期的限制，使管理人员的决策视野局限于剩余的预算期间的活动，缺乏较长远的打算，不利于公司长期稳定而有序地发展。

（二）滚动预算

为了克服定期预算的缺点，可以采用滚动的形式编制预算。滚动预算又称永续预算或连续预算，是指在编制预算时，将预算期与会计年度脱离，随着预算的执行不断延伸补充预算，逐期向后滚动，使预算期永远保持为一个固定期间（如一年）的一种预算编制方法。

滚动预算按其预算编制和滚动的时间单位不同又分为逐月滚动、逐季滚动和混合滚动 3 种方式。

(1)逐月滚动方式。逐月滚动方式是指在预算编制过程中，以月份为预算的编制和滚动单位，每个月调整一次预算的方法。其基本特点是：凡预算执行 1 个月后，即根据前 1 个月的经营成果并结合执行中发生的变化等新信息，对剩余的 11 个月进行修订，并自动后续 1 个月，重新编制新 1 年的预算，从而使总预算经常保持 12 个月的预算期。

例如，在 2011 年 1 月至 12 月的预算执行过程中，需要在 1 月末根据当月预算的执行情况，修订 2 月至 12 月的预算，同时补充 2012 年 1 月份的预算；到 2 月末可根据当月预算的执行情况，修订 3 月至 2012 年 1 月的预算，同时补充 2012 年 2 月份的预算；……以此类推。

按照逐月滚动方式编制的预算比较精确，但工作量太大。

(2)逐季滚动方式。逐季滚动方式是指在预算编制过程中，以季度为预算的编制和滚动单位，每个季度调整一次预算的方法。

例如，在 2011 年第 1 季度至第 4 季度的预算，同时补充 2012 年第 1 季度的预算；第 2 季度末根据当季预算的执行情况，修订第3季度至2012年第1季度的预算，同时补充2012年第2季度的预算；……以此类推。

(3)混合滚动方式。混合滚动方式是指在预算编制过程中，同时使用月份和季度作为预算的编制和滚动单位的方法。它是滚动预算的一种变通方式。

这种预算方法的理论依据是：人们对未来的了解程度具有对近期把握较大、对远期的预计把握较小的特征。为了做到长计划短安排，远略近详，在预算编制过程中，可以对近期预算提出较高的精度要求，使预算的内容相对详细；对远期预算提出较低的精度要求，使预算的内容相对简单，这样可以减少预算工作量。在实际中，滚动预算往往对未来前3个月按月编制详细的预算，而对以后9个月则按季编制粗略的预算，待第一个滚动期过后，根据其实际情况随时调整下一滚动期，并对其做出详细的预算安排。

例如，对2011年1月份至3月份的前3个月逐月编制详细预算，其余4月份至12月份分别按季度编制粗略预算；3月末根据第1季度预算的执行情况，编制4月份至6月份的详细预算，并修订第3季度至第4季度的预算，同时补充2012年第1季度的预算；……以此类推。

在实际工作中，采用哪一种滚动预算方式应视企业的实际需要而定。

任务三　财务预算的编制

一、现金预算的编制

现金预算的内容，包括现金收入、现金支出、现金多余或不足的计算，以及不足部分的筹措方案和多余部分的利用方案等。它可以分开编成短期现金收支预算和短期信贷预算两个预算，也可以合在一起编成一个预算。

现金预算实际上是其他预算有关现金收支部分的汇总，以及收支差额平衡措施的具体计划。它的编制，要以其他各项预算为基础，或者说其他预算在编制时要为现金预算做好数据准备。

下面分别介绍各项预算，以及它们如何为编制现金预算准备数据。

(一)销售预算

销售预算是整个预算的编制起点，其他预算的编制都以销售预算作为基础。表9-3所示的是M公司的销售预算，表9-4所示的是M公司的预计现金收入。

表9-3　销售预算

季度	一	二	三	四	全年
预计销售量/件	100	150	200	180	630
预计单位售价/元	200	200	200	200	200
销售收入/元	20 000	30 000	40 000	36 000	126 000

表 9-4　预计现金收入　　元

上年应收账款	6 200				6 200
第一季度(销货 20000)	12 000	8 000			20 000
第二季度(销货 30000)		18 000	12 000		30 000
第三季度(销货 40000)			24 000	16 000	40 000
第四季度(销货 36000)				21 600	21 600
现金收入合计	18 200	26 000	36 000	37 600	117 800

销售预算的主要内容是销量、单价和销售收入。销量是根据市场预测或销货合同并结合企业生产能力确定的。单价是通过价格决策确定的。销售收入是两者的乘积,在销售预算中计算得出。

销售预算通常要分品种、月份、销售区域、推销员来进行编制。为了简化,本例只划分了季度销售数据。

销售预算中通常还包括预计现金收入的计算,其目的是为编制现金预算提供必要的资料。第一季度的现金收入包括两部分,即上年应收账款在本年第一季度收到的货款,以及本季度销售中可能收到的货款部分。在本例中,假设每季度销售收入中,本季度收到现金60%,另外40%的款项要到下季度收到。

(二)生产预算

生产预算是在销售预算的基础上编制的,其主要内容有销售量、期初和期末存货、生产量。表 9-5 所示的是 M 公司的生产预算。

表 9-5　生产预算　　件

季度	一	二	三	四	全年
预计销售量	100	150	200	180	630
加:预计期末存货	15	20	18	20	20
合计	115	170	218	200	650
减:预计期初存货	10	15	20	18	10
预计生产量	105	155	198	182	640

通常,企业的生产和销售不能做到"同步同量",需要设置一定的存货,以保证能在发生意外需求时按时供货,并可均衡生产,节省赶工的额外支出。存货数量通常按下期销售量的一定百分比确定,本例按10%安排期末存货。年初存货等于上季度末存货量。因此,编制生产预算的关键在于合理准确地预计各季度期末存货量。年末留存 20 件是预计的,存货预算也可单独编制。

生产预算的"预计销售量"来自销售预算,其他数据在本表中计算得出:

预计期末存货=下季度销售量×10%;

预计期初存货=上季度期末存货;

预计生产量=(预计销售量+预计期末存货)-预计期初存货。

生产预算在实际编制时是比较复杂的,产量受到生产能力的限制,存货数量受到仓库容量的限制,只能在此范围内来安排存货数量和各期生产量。此外,有的季度可能销量很大,可以用赶工方法增产,为此要多付加班费。如果提前在淡季生产,会因增加存货而多付资金利息。因此，要权衡两者得失，选择成本最低的方案。

（三）直接材料预算

直接材料预算，是以生产预算为基础编制的，同时要考虑原材料存货水平。表 9-6 所示的是 M 公司的直接材料预算。其主要内容有直接材料的单位产品用量、生产需用量、期初和期末存量等。“预计生产量”的数据来自生产预算，“单位产品材料用量”的数据来自标准成本资料或消耗定额资料，“生产需用量”是上述两项的乘积。年初和年末的材料存货量，是根据当前情况和长期销售预测估计的。各季度“期末材料存量”根据下季度生产量的一定百分比确定，本例按 20%计算。各季度“期初材料存量”是上季度的期末存货。预计各季度“采购量”根据下式计算确定：

预计采购量=（生产需用量+期末存量）-期初存量。

为了便于以后编制现金预算，通常要预计材料采购各季度的现金支出，表 9-7 所示的是 M 公司的预计现金支出。

每个季度的现金支出包括偿还上期应付账款和本期应支付的采购货款。本例假设材料采购的货款有 50%在本季度内付清，另外 50%在下季度付清。这个百分比是根据经验确定的。如果材料品种很多，需要单独编制材料存货预算。

表 9-6　直接材料预算

季　度	一	二	三	四	全年
预计生产量/件	105	155	198	182	640
单位产品材料用量/千克	10	10	10	10	10
生产需用量/千克	1 050	1 550	1 980	1 820	6 400
加：预计期末存量/千克	310	396	364	400	400
合计/千克	1 360	1 946	2 344	2 220	6 800
减：预计期初存量/千克	300	310	396	364	300
预计材料采购量/千克	1 060	1 636	1 948	1 856	6 500
单价/元	5	5	5	5	5
预计采购金额/元	5 300	8 180	9 740	9 280	32 500

表 9-7　预计现金支出　　元

上年应付账款	2 350				2 350
第一季度（采购 5300）	2 650	2 650			5 300
第二季度（采购 8180）		4 090	4 090		8 180
第三季度（采购 9740）			4 870	4 870	8 180
第四季度（采购 9280）				4 640	4 640
合计	5 000	6 740	8 960	9 510	30 210

（四）直接人工预算

直接人工预算也是以生产预算为基础编制的。其主要内容有预计产量、单位产品工时、人工总工时、每小时人工成本和人工总成本。“预计产量”数据来自生产预算。单位产品人工工时和每小时人工成本数据来自标准成本资料。人工总工时和人工总成本是在直接人工预算中计算出来的。M公司的直接人工预算如表9-8所示。由于人工工资都需要使用现金支付，所以，不需要另外预计现金支出，可直接参加现金预算的汇总。

表9-8　直接人工预算

季　度	一	二	三	四	全年
预计产量/件	105	155	198	182	640
单位产品工时/小时	10	10	10	10	10
人工总工时/小时	1 050	1 550	1 980	1 820	6 400
每小时人工成本/元	2	2	2	2	2
人工总成本/元	2 100	3 100	3 960	3 640	12 800

（五）制造费用预算

制造费用预算通常分为变动制造费用和固定制造费用两部分。变动制造费用以生产预算为基础来编制的。如果有完善的标准成本资料，用单位产品的标准成本与产量相乘，即可得到相应的预算金额。如果没有标准成本资料，就需要逐项预计计划产量需要的各项制造费用。固定制造费用需要逐项进行预计，通常与本期产量无关，按每季度实际需要的支付额预计，然后求出全年数。表9-9所示的是M公司的制造费用预算。

表9-9　制造费用预算　　元

季　度	一	二	三	四	全年
变动制造费用：					
间接人工	105	155	198	182	640
间接材料	105	155	198	182	640
修理费	210	310	396	364	1 280
水电费	105	155	198	182	640
小计	525	775	990	910	3 200
固定制造费用：					
修理费	1 000	1 140	900	900	3 940
折旧	1 000	1 000	1 000	1 000	4 000
管理人员工资	200	200	200	200	800
保险费	75	85	110	190	460
财产税	100	100	100	100	400
小计	2 375	2 525	2 310	2 390	9 600
合计	2 900	3 300	3 300	3 300	12 800
减：折旧	1 000	1 000	1 000	1 000	4 000
现金支出的费用	1 900	2 300	2 300	2 300	8 800

为了便于以后编制产品成本预算，需要计算小时费用率：

$$\text{变动制造费用分配率}=\frac{3\ 200\text{元}}{6\ 400\text{小时}}=0.5\text{元/小时；}$$

$$\text{固定制造费用分配率} = \frac{9\ 600\ \text{元}}{6\ 400\ \text{小时}} = 1.5\ \text{元/小时。}$$

为了便于以后编制现金预算，需要预计现金支出。制造费用中，除折旧费外都须支付现金，所以，根据每个季度制造费用数额扣除折旧费后，即可得出“现金支出的费用”。

(六)产品成本预算

产品成本预算，是生产预算、直接材料预算、直接人工预算、制造费用预算的汇总。其主要内容是产品的单位成本和总成本。单位产品成本的有关数据，来自前述三个预算。生产量、期末存货量来自生产预算，销售量来自销售预算。生产成本、存货成本和销货成本等数据，根据单位成本和有关数据计算得出。表 9-10 所示的是 M 公司的产品成本预算。

表 9-10　产品成本预算

成本项目	单位成本			生产成本/元 (640 件)	期末存货/元 (20 件)	销货成本/元 (630 件)
	每千克或每小时	投入量	成本/元			
直接材料	5	10 千克	50	32 000	1 000	31 500
直接人工	2	10 小时	20	12 800	400	12 600
变动制造费用	0.5	10 小时	5	3 200	100	3 150
固定制造费用	1.5	10 小时	15	9 600	300	9 450
合　计			90	57 600	1 800	56 700

(七)销售及管理费用预算

销售费用预算，是指为了实现销售所需支付的费用预算。它以销售预算为基础，分析销售收入、销售利润和销售费用的关系，力求实现销售费用的最有效使用。在安排销售费用时，要利用本量利分析方法，费用的支出应能获取更多的收益。在编制销售费用预算时，要对过去的销售费用进行分析，考察过去销售费用支出的必要性和效果。销售费用预算应和销售预算相配合，应有按品种、按地区、按用途的具体预算数额。

表 9-11 所示的是 M 公司的销售及管理费用预算。

表 9-11　销售及管理费用预算　　　　元

销售费用	
项　目	金　额
销售人员工资	2 000
广告费	5 500
包装、运输费	3 000
保管费	2 700
小计	13 200
管理费用	
管理人员薪金	4 000
福利费	800
保险费	600
办公费	1 400
小计	6 800
合计	20 000
每季度支付现金	5 000

管理费用是搞好一般管理业务所必要的费用。随着企业规模的扩大，一般管理职能日益重要，其费用也相应增加。在编制管理费用预算时，要分析企业的业务成绩和一般经济状况，务必做到费用合理化。管理费用多属于固定成本，所以，一般是以过去的实际开支为基础，按预算期的可预见变化来调整。重要的是，必须充分考察每种费用是否必要，以便提高费用效率。

（八）现金预算

现金预算由四部分组成：现金收入、现金支出、现金多余或不足、现金的筹集和运用，如表 9-12 所示。

表 9-12　现金预算　　元

季度	一	二	三	四	全年
期初现金余额	8 000	8 200	6 060	6 290	8 000
加：销货现金收入（表 9-4）	18 200	26 000	36 000	37 600	117 800
可供使用现金	26 200	34 200	42 060	43 890	125 800
减：各项支出					
直接材料（表 9-6）	5 000	6 740	8 960	9 510	30 210
直接人工（表 9-8）	2 100	3 100	3 960	3 640	12 800
制造费用（表 9-9）	1 900	2 300	2 300	2 300	8 800
销售及管理费用（表 9-11）	5 000	5 000	5 000	5 000	2 000
所得税	4 000	4 000	4 000	4 000	16 000
购买设备		10 000			10 000
股利		8 000		8 000	16 000
支出合计	18 000	39 140	24 220	32 450	113 810
现金多余或不足	8 200	（4 940）	17 840	11 440	11 990
向银行借款		11 000			11 000
还银行借款			11 000		11 000
借款利息（年利 10%）			550		550
合计			11 550		11 550
期末现金余额	8 200	6 060	6 290	11 440	11 440

“现金收入”部分包括期初现金余额和预算期现金收入，销货取得的现金收入是其主要来源。期初的“现金余额”是在编制预算时预计的，“销货现金收入”的数据来自销售预算，“可供使用现金”是期初余额与本期现金收入之和。

“现金支出”部分包括预算期的各项现金支出。“直接材料”“直接人工”“制造费用”“销售及管理费用”的数据分别来自前述有关预算。此外，还包括所得税、购置设备、股利分配等现金支出，有关的数据分别来自另行编制的专门预算。

“现金多余或不足”部分列示现金收入合计与现金支出合计的差额。差额为正，说明收入大于支出，现金有多余，可用于偿还过去向银行取得的借款，或用于短期投资。差额为负，说明支出大于收入，现金不足，要向银行取得新的借款。本例中，该企业需要保留的现金余额为 6 000元，不足此数时需要向银行借款。假设银行借款的金额要求是 1 000 元的倍数，那么，第二季度借款额为借款额=最低现金余额+现金不足额=6 000+4 940=10 940≈11 000 元。

第三季度现金多余,可用于偿还借款。一般按“每期期初借入,每期期末归还”来预计利息,故本例借款期为 6 个月。假设利率为 10%,则应计利息为

利息=11 000×10%×6/12=550 元。

还款后,仍须保持最低现金余额,否则,只能部分归还借款。

现金预算的编制,以各项业务预算和资本预算为基础,它反映各预算期的收入款项和支出款项,并作对比说明。其目的在于资金不足时筹措资金,资金多余时及时处理现金余额,并且提供现金收入的控制限额,发挥现金管理的作用。

(九)预计财务报表的编制

预计的财务报表是财务管理的重要工具,它从总体上反映了预算期间企业经营的全局措施。包括预计损益表和预计资产负债表等。

预计财务报表的作用与历史实际的财务报表不同。所有企业都要在年终编制历史实际的财务报表,这是有关法规的强制性规定,其主要目的是向外部报表使用人提供财务信息。当然,这并不表明常规财务报表对企业经理人员没有价值。预计财务报表主要为企业财务管理服务,是控制企业资金、成本和利润总量的重要手段。因其可以从总体上反映一定期间企业经营的全局情况,通常称为企业的“总预算”。

1. 预计损益表的编制

表 9-13 是 M 公司的预计损益表,它是根据上述各有关预算编制的。

表 9-13　预计损益表　　元

项　　目	金　　额
销售收入(表 9-3)	126 000
销货成本(表 9-10)	56 700
毛利	69 300
销售及管理费用(表 9-11)	20 000
利息(表 9-12)	550
利润总额	48 750
所得税(估计)	16 000
税后净收益	32 750

其中,“销售收入”项目的数据,来自销售收入预算;“销货成本”项目的数据,来自销售成本预算;“毛利”项目的数据是前两项的差额;“销售及管理费用”项目的数据,来自销售费用及管理费用预算;“利息”项目的数据,来自现金预算。

其中,“所得税”项目是在利润规划时估计的,并已列入现金预算。它通常不是根据“利润”和所得税税率计算出来的,因为有诸多纳税调整的事项存在。此外,从预算编制程序上看,如果根据“本年利润”和税率重新计算所得税,就需要修改“现金预算”,引起信贷计划修订,进而改变“利息”,最终又要修改“本年利润”,从而陷入数据的循环修改。

预计的损益表与实际的损益表内容、格式相同,只不过数据是面向预期的。它是在汇总销售、成本、销售及管理费用、营业外收支、资本支出等预算的基础上加以编制的。通过编制

预计的损益表，可以了解企业预期的盈利水平。如果预算利润与最初编制方针中的目标利润有较大的不一致，就需要调整部门预算，设法达到目标，或者经企业领导同意后修改目标利润。

2. 预计资产负债表的编制

预计资产负债表与实际的资产负债表内容、格式相同，只不过数据是反映预算期末的财务状况。该表是利用本期期初资产负债表，根据销售、生产、资本等预算的有关数据加以调整编制的。

表 9-14 是通海公司的预计资产负债表。大部分项目的数据来源已注明在表中。土地、普通股、长期借款 3 项本年度没有变化。

表 9-14　预计资产负债表　　元

资　产			权　益		
项　目	年初	年末	项　目	年初	年末
现金(表 9-12)	8 000	11 440	应付账款(表 9-7)	2 350	4 640
应收账款(表 9-4)	6 200	14 400	长期借款	9 000	9 000
直接材料(表 9-6)	1 500	2 000	普通股	20 000	20 000
产成品(表 9-5、表 9-10)	900	1 800	未分配利润	16 250	33 000
土 地	15 000	15 000			
房屋及设备	20 000	30 000			
累计折旧(表 9-9)	4 000	8 000			
资产总额	47 600	66 640	权益总额	47 600	66 640

年末“未分配利润”是这样计算的：

期末未分配利润＝期初未分配利润＋本期利润－本期股利

＝16 250＋32 750－16 000＝33 000 元。

“应收账款”是根据表 9-4 中的第四季度销售额和本期收现率计算的：

期末应收账款＝本期销售额×(1－本期收现率)＝36 000×(1－60％)＝14 400 元。

“应付账款”是根据表 9-7 中的第四季度采购金额和付现率计算的：

期末应付账款＝本期采购金额×(1－本期付现率)＝9 280×(1－50％)＝4 640 元。

编制预计资产负债表的目的，在于判断预算反映的财务状况的稳定性和流动性。如果通过预计资产负债表的分析，发现某些财务比率不佳，必要时可修改有关预算，以改善财务状况。

项目小结

本项目主要介绍了资金需要量预测、财务预算的编制方法和财务预算的编制，并详细介绍了资金需要量预测的主要步骤，运用销售百分比法确定融资需求，全面预算体系及财务预算的编制方法。

资金需要量预测的主要步骤是：①销售预测；②预测需要的资产；③预测各项费用和留存收益；④预测所需融资。资金需要量预测的销售百分比法，假设资产、负债和费用与销售收入存在稳定的百分比关系，根据预计销售额和相应的百分比预计资产、负债和所有者权益，然后利用会计等式确定融资需求。全面预算是所有以货币及其他数量形式反映的有关企业未来一段期间内全部经营活动各项目标的行动计划与相应措施的数量说明，是全方位地规划企业计划期的经济活动及其成果，为企业和职能部门明确目标和任务的预算体系。企业编制财务预算的方法主要有固定预算、弹性预算、增量预算、零基预算、定期预算和滚动预算等。重点介绍了现金预算的编制。

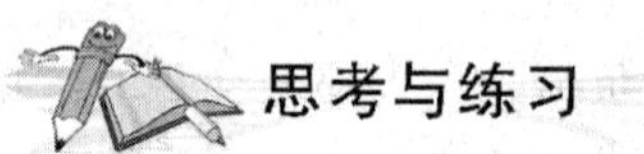

思考与练习

一、案例分析

A公司生产甲、乙两种产品。该公司2009年12月31日的简式资产负债表如表9-15所示。

表9-15　A公司资产负债表　　元

资产	金额	负债与股东权益	金额
库存现金	1 200	短期借款	70 000
应收账款	130 000	应付账款	62 900
存货:材料	22 400	实收资本	150 000
产成品	78 400	留存收益	66 100
固定资产净值	117 000		
资产合计	349 000	负债与股东权益合计	349 000

2010年有关预测资料如下。

(1)甲、乙产品预计销量分别为3 000件和2 000件，预计单价分别是100元和80元，预计销售环节税金为销售收入的5%，预计期初应收账款130 000元，预计期已全部收回，预计期销售情况为现销和赊销各占50%。

(2)甲、乙产品期初产成品存货分别为400件和800件，单位成本分别为76.8元和59.6元，预计期末产成品存货分别是300件和500件。

(3)假设甲、乙产品只耗用A种原材料，单位产品A材料消耗定额分别是5千克和4千克，A种材料期初结存量2 800千克，预计期末结存量为2 500千克，A种材料单价为8元。预计期初应付账款62 800元，预计期内已全部偿还，预计期材料采购的货款有40%在本期内付清，其余在下期付清。

(4)假设期初、期末在产品数量没有变动，其他直接支出已被并入直接人工成本统一核算。单位产品直接人工工时甲产品为4小时，乙产品为3小时，小时工资率为5元/小时。

(5)预计制造费用、销售费用及管理费用:2010年全部变动性制造费用为33 400元，固定性制造费用为36 740元，其中固定资产折旧费为12 140元，其余均为付现成本;销售费用及管理费用合计为8 600元。制造费用按预计直接人工工时总数进行分配。

(6)2010 年预计分配股利 5 000 元,免交所得税,期末现金余额 3 000 元,现金余缺可通过归还短期借款或取得短期借款解决。

要求:编制 A 公司 2010 年的下列预算。

(1)销售预算;

(2)生产预算;

(3)直接材料预算;

(4)直接人工预算;

(5)制造费用预算;

(6)产品成本预算;

(7)现金预算。

二、思考题

1. 资金需要量预测的方法主要有哪些?
2. 简述销售百分比法的预测步骤。
3. 简述全面预测的意义和作用。
4. 简述全面预算体系。
5. 简述现金预算的编制程序。
6. 简述弹性预算的编制。

三、单项选择题

1. 相对于固定预算而言,弹性预算的主要优点是(　　)。

A. 机动性强　　B. 稳定性强　　C. 连续性强　　D. 远期指导性强

2. 全面预算管理中,不属于财务预算内容的是(　　)。

A. 现金预算　　B. 生产预算　　C. 预计利润表　　D. 预计资产负债表

3. ABC 公司预计 2009 年三、四季度销售产品分别为 220 件、350 件,单价分别为 2 元、2.5 元,各季度销售收现率为 60%,其余部分下一季度收回,则 ABC 公司第四季度现金收入为(　　)元。

A. 437.5　　B. 440　　C. 875　　D. 701

4. 企业的直接材料、直接人工和制造费用预算编制的根据是(　　)。

A. 销售预算　　B. 现金预算　　C. 费用预算　　D. 生产预算

5. 财务预算的核心是(　　)

A. 销售预算　　B. 现金预算　　C. 生产预算　　D. 费用预算

6. 在企业的预算体系中,处于核心地位的预算是(　　)。

A. 资金预算　　B. 生产预算　　C. 财务预算　　D. 销售预算

7. 下列各项中,能够同时以实物量指标和价值量指标分别反映企业经营收入和相关现金收支的预算是(　　)。

A. 现金预算　　B. 销售预算　　C. 生产预算　　D. 产品成本预算

8. 某公司采用销售百分比法对资金需求量进行预测。预计 2009 年的销售收入为 5 000 万元,预计销售成本、销售费用、管理费用、财务费用占销售收入的百分比分别为 70%、1%、

16%、1.2%。假定该公司适用的所得税税率为30%，股利支付率为40%。则该公司2009年留存收益的增加额为(　　)万元。

A. 247.8　　B. 165.2　　C. 590　　D. 413

9. 某企业运用销售百分比的原理预测2010年度的留存收益，假设该企业2009年度实现销售收入1 000万元，销售净利率10%，预计2010年度销售收入比2009年度增长12%，保持净利润与销售收入的比例，设定的各年股利支付率为30%。据此，预计该企业2010年度的留存收益为(　　)万元。

A. 46　　B. 63　　C. 66　　D. 67.2

10. 下列预算中，在编制时不需以生产预算为基础的是(　　)。

A. 变动制造费用预算　　B. 销售费用预算

C. 产品成本预算　　D. 直接人工预算

四、多项选择题

1. 成本按其与产销量之间的关系分为(　　)。

A. 变动成本　　B. 混合成本　　C. 生产成本　　D. 固定成本

2. 财务预算包括(　　)。

A. 现金预算　　B. 资本预算　　C. 预计利润表　　D. 预计资产负债表

3. 相对固定预算而言，弹性预算的优点有(　　)。

A. 预算成本低　　B. 预算工作量小　　C. 预算可比性强　　D. 预算适用范围宽

4. 下列各项中属于总预算的是(　　)。

A. 投资决策预算　　B. 销售预算　　C. 现金预算　　D. 预计利润表

5. 弹性成本预算的编制方法包括(　　)。

A. 公式法　　B. 因素法　　C. 列表法　　D. 百分比法

6. 现金预算的编制基础包括(　　)。

A. 销售预算　　B. 投资决策预算　　C. 销售费用预算　　D. 预计利润表

7. 下列(　　)是在生产预算的基础上编制的。

A. 直接材料预算　　B. 直接人工预算　　C. 产品成本预算　　D. 管理费用预算

8. 下列关于本期采购付现金额的计算公式中错误的是(　　)。

A. 本期采购付现金额=本期采购金额+期初应付账款-期末应付账款

B. 本期采购付现金额=本期采购金额+期初应收账款-期末应收账款

C. 本期采购付现金额=本期采购本期付现部分+以前期赊购本期付现部分

D. 本期采购付现金额=本期采购金额-期初应付账款+期末应付账款

9. 在一定时期和一定业务量范围内，关于固定成本与变动成本下列说法正确的有(　　)。

A. 固定成本总额与产销量无关　　B. 变动成本总额与产销量无关

C. 单位固定成本与产销量反向变动　　D. 单位变动成本与产销量正向变动

10. 下列有关企业预算的表述中，正确的有(　　)。

A. 财务预算以生产预算和资本支出预算为基础

B. 财务预算的核心是现金预算

C. 销售预算是整个预算管理体系的前提

D. 利润预测是企业编制期间预算的基础

五、判断题

1. 总预算是企业所有以货币及其他数量形式反映的、有关企业未来一段时间内全部经营活动各项目目标的行动计划与相应措施的数量说明。(　　)

2. 生产预算是规定预算期内有关产品生产数量、产值和品种结构的一种预算。(　　)

3. 财务预算具有资源分配的功能。(　　)

4. 生产预算是预算编制的起点。(　　)

5. 根据“以销定产”原则,某期的预计生产量应当等于该期预计销售量。(　　)

6. 预计资产负债表是以货币形式综合反映预算期内企业经营活动成果计划水平的一种财务预算。(　　)

7. 弹性预算编制的列表法不能包括所有业务量条件下的费用预算,适用面较窄。(　　)

8. 现金预算中的现金支出包括经营现金支出、分配股利的支出以及缴纳税金的支出,但是不包括资本性支出。(　　)

9. 管理费用多属于固定成本,所以,管理费用预算一般是以过去的实际开支为基础,按预算期的可预见变化来调整(　　)

10. 销售预测不仅是财务管理的职能,也是资金需要量预测的基础。(　　)

六、实训

实训一

某公司2009年销售收入2 000万元,预计2010年销售收入21 000万元,预计2010年销售净利率为2.5%,净利润留存比率为50%。2009年年末公司资产负债表(简化格式)如表9-16所示。

表9-16　资产负债表(简化格式)　　万元

资　　产		负债与所有者权益	
项　　目	金　　额	项　　目	金　　额
库存现金	300	应付账款	3 300
应收账款	2 700	应付费用	1 430
存货	4 800	长期负债	630
预付费用	70	实收资本	3 450
固定资产净值	7 500	留存收益	6 560
资产总额	15 370	负债与所有者权益总额	15 370

要求:根据上述资料,预计2010年资产负债表。

实训二

ABC公司2011年的销售额为4 000万元,销售净利率为5%,发放现金股利60万元。

公司2011年有关的财务数据如表9-17所示。

表 9-17　ABC公司2011年财务数据　万元

项　目	金　额	占销售额的百分比
流动资产	1 400	35%
长期资产	2 600	65%
资产合计	4 000	100%
短期借款	600	无稳定关系
应付账款	400	10%
长期负债	1 000	无稳定关系
实收资本	1 200	无稳定关系
留存收益	800	
负债及所有者权益合计	4 000	

要求：假设该公司实收资本一直保持不变，计算回答以下互不关联的4个问题。

(1)假设2012年计划销售收入为5 000万元，需要补充多少外部融资(保持目前的股利支付率、销售净利率和资产周转率不变)?

(2)假设2012年不能增加借款，也不能发行新股，预计其可实现的销售增长率(保持其他财务比率不便)。

(3)保持目前的全部财务比率，明年可实现的销售额是多少?

(4)若股利支付率为零，销售净利率提高到6%，目标销售额为4 500万元，需要筹集补充多少外部融资(保持其他财务比率不变)?

实训三

某企业2011年年末变动资产总额为5 000万元，变动负债总额为3 000万元。该企业预计2012年度的销售额比2011年增加15%，达到200万元，预计2012年留存收益比率为50%，销售净利润10%，则该企业2012年度应追加的资金量为多少?

实训四

某企业2011年现金预算(简表)如表9-18所示。假定企业发生现金余缺均由归还或取得流动资金借款解决，且流动资金借款利息可以忽略不计。除表中所列项目外，企业没有有价证券，也没有发生其他现金收支业务。预计2011年末流动负债为4 000万元，需要保证的年末现金比率为50%。

表 9-18　现金预算　元

项目	第一季度	第二季度	第三季度	第四季度
期初现金余额	1 000	8 200		2 500
本期现金收入	31 000	33 500	E	36 500
本期现金支出：	30 000	C	37 000	40 000
现金余缺	A	1 000	3 000	G
资金筹措与运用	−500	1 000	F	
取得流动资金借款	—	1 000		I
归还流动资金借款	−500	—		
期末现金余额	B	D	2 500	H

要求：根据所列资料，计算列表中用字母表示的项目。

实训五

某企业现在着手编制2011年6月份的现金收支计划。预计2011年6月月初现金余额为8 000元；月初应收账款4 000元，预计月内可收回80%；本月销货50 000元，预计月内收款比例为50%；本月采购材料8 000元，预计月内付款70%；月初应付账款余额5 000元，需在月内全部付清；月内以现金支付工资8 400元；本月制造费用等间接费用付现16 000元；其他经营性现金支出900元；购买设备支付现金10 000元。企业现金不足时，可向银行借款，借款金额为1 000元的倍数；现金多余时可购买有价证券，要求月末现金余额不低于5 000元。

要求：

(1)计算经营现金收入。

(2)计算经营现金支出。

(3)计算现金余缺。

(4)确定最佳现金筹措或运用数额。

(5)确定现金月末余额。

项目十 财务分析

学习目标

- 会运用财务分析的基本方法
- 能根据所学知识，对企业的财务报表进行分析

知识要点

- 财务分析的方法
- 偿债能力、营运能力、盈利能力等指标的计算和评价方法
- 杜邦财务分析体系

案例导入

企业的财务状况如何分析

光芒公司是一家从事电冰箱生产的中型企业，其2011年有关财务比率如表10-1所示。

表10-1 光芒公司2011年部分财务比率

月 份	1	2	3	4	5	6	7	8	9	10	11	12
流动比率	2.2	2.3	2.4	2.2	2.0	1.9	1.8	1.9	2.0	2.1	2.2	2.2
速动比率	0.7	0.8	0.9	1.0	1.1	1.15	1.2	1.15	1.1	1.0	0.9	0.8
资产负债率/%	52	55	60	55	53	50	42	45	46	48	50	52
资产报酬率/%	4	6	8	13	15	16	18	16	10	6	4	2
销售净利率/%	7	8	8	9	10	11	12	11	10	8	8	7

根据上述资料，你是否能回答以下问题：

(1)你知道表10-1中相关比率是如何计算的吗？

(2)根据表10-1，分析光芒公司生产经营有何特点？其公司经营管理可能存在什么问题？

(3)光芒公司财务状况是否正常？

(4)光芒公司在筹资、投资方面应注意什么问题？

任务一 财务分析方法

一、财务分析的含义

财务分析是指以公司的财务报表和其他资料为依据，采用专门方法，系统分析和评价公司的财务状况、经营成果和现金流量状况的一种方法。其目的是评价过去的经营业绩，衡量现在的财务状况，预测未来的发展趋势，为做出正确决策提供准确的信息或依据。

公司财务会计的最终结果就是编制财务报表，而公司编制财务报表的目的，就是向报表的使用者提供有关的财务信息，从而为他们的决策提供依据。但是财务报表是通过一系列数据资料来全面地、概括地反映公司的财务状况、经营成果和现金流量的情况的，对报表的使用者来说，这些数据是原始的、初步的，还不能直接为决策服务。因此财务分析的最基本功能就是将报表数据进一步加工、整理并转换成对报表使用者进行经营决策有用的信息，从而为决策提供正确的依据。

具体表现为：通过分析资产负债表，了解公司的财务状况，对公司的偿债能力、资本结构的合理性、流动资金的充足性等做出判断；通过分析利润表，了解分析公司的盈利能力、盈利状况、经营效率，对公司在行业中的竞争地位、持续发展能力做出判断；通过分析现金流量表，了解和评价公司获取现金和现金等价物的能力，并据以预测公司未来的现金流量。

二、财务分析的作用

财务分析既是预测的前提，也是过去经营活动的总结，具有承上启下的作用。

(1)可以评价公司一定时期的财务状况，提示公司生产活动中存在的问题，为公司生产经营管理决策提供依据——内部决策。

(2)可以为信息使用者提供公司财务信息——外部决策。

(3)可以检查各部门工作完成情况和工作业绩——经营管理。

三、财务分析的内容

财务分析的内容是由分析对象的内容和分析的目的决定的。分析的目的不同，分析的内容和侧重点也就不同。从满足各方的需要出发，财务分析内容通常包括以下几部分：

(1)偿债能力分析。偿债能力分析主要是分析评价公司 1 年以内及 1 年以上的长短期债务的偿还能力及财务风险。

(2)营运能力分析。营运能力分析主要是对公司运用经济资源从事业务经营的能力和经济资源的利用效率进行分析评价。

(3)盈利能力分析。盈利能力分析主要分析评价公司获取利润的能力及利润分配情况。

(4)其他财务情况分析。其他财务情况分析是指除了上述内容以外，其他的有关财务情况和经营收支方面的分析，如对投资者投入资本保值增值情况的分析、资本积累情况的分析等。

四、财务分析的常用方法

(一)比较分析法

比较分析法是通过对有关的财务报表数据或财务比率指标进行对比,揭示公司存在的差异和矛盾,了解公司的财务状况及其变化趋势的一种分析方法。

对经济指标的对比,主要有以下几种形式:

(1)实际与计划比。它可以揭示实际与计划的差异,了解计划完成情况。

(2)本期实际与上期实际或本公司历史最好水平比。这是一种纵向比较,通过比较可以确定前后不同时期有关指标的变动情况,了解公司生产经营管理的发展趋势和管理工作的改进情况。

(3)与同类公司比。与同行业平均水平或先进公司横向比较,可以确定公司在同行业中的地位,发现差距与问题,推动本公司改善经营管理,提高竞争能力,赶超先进水平。

(4)比较会计要素总量。会计要素的总量是报表项目的总金额,如总资产、净资产和净利润等。

(二)比率分析法

比率分析法是利用财务报表中两项相关数据的比率来揭示公司财务状况和经营成果的一种分析方法。其常用的财务比率有结构比率、相关比率和动态比率。

1. 结构比率

结构比率是通过计算某项经济指标的各个组成部分占总体的比率,反映部分与总体的关系。如负债比率、所有者权益比率等。其计算公式为

$$结构比率=\frac{某个组成部分的数值}{总体数值}\times 100\%。\tag{10-1}$$

2. 相关比率

相关比率是指同一时期财务报表中两项相关数值的比率。这类比率包括:反映偿债能力的比率,如资产负债率等;反映营运能力的比率,如应收账款周转率等;反映盈利能力的比率,如营业利润率等。

采用比率分析法,应注意以下几个问题:对比指标要有相关性;对比指标的计算口径要一致;衡量标准的科学性。

比率分析法的优点是计算简便,计算结果容易判断,而且可以使某些指标在不同规模的公司之间进行比较。

3. 动态比率

动态比率是指财务报表中某个项目不同时期的两项数值的比率。这类比率又分为定基动态比率和环比动态比率,它们分别以不同时期的数值为基础,揭示某项财务指标的变化趋势和发展速度。其计算公式分别为

$$定基动态比率=\frac{分析期数额}{固定基期数额}\times 100\%;\tag{10-2}$$

$$环比动态比率=\frac{分析期数额}{前期数额}\times 100\%。\tag{10-3}$$

(三)因素分析法

因素分析法也称连环替代法,它是用来确定几个相互联系的因素对分析对象——综合

财务指标或经济指标的变动额(率)影响程度的一种分析方法。

【例 10-1】 某公司 2012 年 5 月某种原材料的计划数是 4 830 元，而其实际数是 4 400 元。实际数比计划数少 430 元。由于原材料的费用是由产品产量、单位产品材料消耗量和材料单价三个因素的乘积构成的，因此，可以把材料费用这一总指标分解为三个因素，然后逐个来分析它们对材料费用总额的影响程度。现假定这三个因素的数值如表 10-2 所示。

表 10-2 材料费用因素的分析

项目	单位	计划数	实际数	差异
产品产量	件	115	110	－5
单位产品材料消耗量	千克	7	8	＋1
材料单价	元	6	5	－1
材料费用总额	元	4 830	4 400	－430

解 根据表 10-2 中的资料，材料费用总额的实际数比计划数减少了 430 元，这就是分析对象。显然，材料费用总额的变动受产量、单位产品材料消耗量、材料单价这三个因素变动的影响。运用连环替代法，可以计算各因素变动对材料费用总额的影响程度。

计划指标：115×7×6 元＝4 830 元。

第 1 次替代：110×7×6 元＝4 620 元。

第 2 次替代：110×8×6 元＝5 280 元。

第 3 次替代：110×8×5 元＝4 400 元。

产量减少的影响：4 620 4830＝－210 元，这说明由于产量实际比计划的减少 5(110－115)件，使材料费用减少了 210 元。

材料消耗量提高的影响：5 280－4 620＝660 元，这说明由于单位产品材料消耗量实际比计划的增加 1(8－7)千克，使材料费用增加了 660 元。

价格降低的影响：4 400－5 280＝－880 元，这说明由于材料单价实际比计划的减少 1(5－6)元，使材料费用减少了 880 元。

全部因素的影响：－210＋660－880＝－430 元，这说明了综合产量、单位产品材料的消耗量、材料单价这三个因素，使材料费用实际比计划减少了 430 元。

因素分析法既可以全面分析各因素对某一经济指标的影响，又可以单独分析某个因素对某一经济指标的影响，因此在财务分析中应用广泛。但在应用这一方法时必须注意以下几个问题。

(1)因素分解的关联性。因素分解的关联性要求做到在确定构成经济指标的因素时，这些因素必须是客观上存在着因果关系，要能够反映形成该项指标差异的内在构成原因，否则就失去了其存在的价值。

(2)因素替代的顺序性。因素替代的顺序性要求替代因素时，必须按照各因素的依存关系，排列成一定的顺序并依次替代，不可随意颠倒，否则就会得出不同的计算结果。在实际工作中，一般将各因素区分为数量指标和质量指标，并先替代数量指标，后替代质量指标。

如果同时出现几个数量指标或几个质量指标，应先替换实物指标，后替换价值量指标。除此之外，还可按照先替换基本因素，后替换从属因素的方法，来确定连环替代法的因素替换顺序。

(3)顺序替代的连环性。连环替代法是严格按照各因素的排列顺序逐次以一个因素的实际数替换其基数。除第1次替换外,每个因素的替换都是在前一个因素替换的基础上进行的,只有保持这一连环性,才能使所计算出来的各因素的影响等于所要分析的综合经济指标的总差异。

(4)计算结果的假设性。运用这一方法在测定某一因素的影响时,是以假定其他因素不变为条件的。因此,计算结果只能说明是在某种假定条件下计算的结果。但这种科学的抽象分析方法,是在确定事物内部各种因素的影响程度时必不可少的。

(四)趋势分析法

趋势分析法是根据公司连续数期的会计报表,比较各个有关项目的金额、增减变动方向和幅度,从而揭示当期财务状况和经营成果的增减变动及其发展趋势。

(1)定基分析法。它是以某一期的报表数据作为基数,其他各期与之对比,计算定基发展速度(或定基增长速度),以观察各期相对于固定基期的变化趋势。

$$\text{定基发展速度}=\frac{\text{报告期数值}}{\text{固定基期数值}}\times 100\%, \tag{10-4}$$

$$\text{定基增长速度}=\text{定基发展速度}-1。$$

(2)环比分析法。它是以前一期数据为基期计算的趋势百分比,以观察每一期相对于前期的增减变化情况。

$$\text{环比发展速度}=\frac{\text{报告期数值}}{\text{报告期前一期数值}}\times 100\%, \tag{10-5}$$

$$\text{环比增长速度}=\text{环比发展速度}-1。$$

运用趋势分析法对财务报表进行整体分析,即分别计算若干期报表各项目的定基发展速度或环比发展速度,得出趋势报表(或称为指数报表),反映报表各项目的变动趋势。

任务二　财务比率分析

公司财务分析一般都是以会计核算资料为基础所进行的。财务分析的重点是财务报表的分析,通过对财务报表所提供的核算资料进行加工整理,可以得出一系列科学的、系统的财务指标,以便进行比较、分析和评价。总结和评价公司财务状况与经营成果的分析指标包括反映偿债能力的指标、反映运营能力的指标、反映盈利能力的指标和发展能力的指标等。

一、偿债能力指标

偿债能力是指公司偿还到期债务(包括本息)的能力。偿债能力指标包括短期偿债能力指标和长期偿债能力指标。

(一)短期偿债能力指标

短期偿债能力是指公司流动资产对流动负债及时足额偿还的保证程度,是衡量公司当前财务能力,特别是流动资产变现能力的重要标志。

公司短期偿债能力的衡量指标主要有流动比率、速动比率和现金流动负债比率三项。

1. 流动比率

流动比率是流动资产与流动负债的比率。其计算公式为

$$流动比率=\frac{流动资产}{流动负债}\times 100\%。\tag{10-6}$$

流动比率表明了公司每一元流动负债有多少流动资产作为偿付保障。通常认为，流动比率的下限为 1，而流动比率等于 2 时较为恰当。对流动比率的分析如下：

(1)流动比率反映了公司用可以在短期内转变为现金的流动资产偿还到期流动负债的能力。

(2)流动比率越大，说明公司对短期债务的偿付能力越强。

(3)流动比率不可以过高，过高表明公司流动资产占用较多或公司闲置现金持有量过多，这样会影响资金的使用效率和公司的筹资成本，进而影响获利能力。

(4)进行财务分析时不能仅仅依赖该指标的计算结果。一般情况下，营业周期、流动资产中的应收账款数额和存货的周转速度是影响流动比率的主要因素。有时流动比率虽然较高，但并不一定偿还短期债务的能力就强。如果流动资产中包含了大量的积压存货、大量的应收账款，且收账期长，而可用来偿债的现金和存款却严重短缺，则公司的偿债能力仍然是很弱的。因此公司在分析流动比率的基础上应进一步对现金流量加以考察。

(5)流动比率是否合理，不同的公司以及同一公司不同时期的评价标准是不同的，因此不应用统一的标准来评价各公司的流动比率是否合理。

【例 10-2】 宏达公司的相关资料如表 10-3(资产负债表)和表 10-4(利润表)所示。

表 10-3 宏达公司资产负债表

2010 年 12 月 31 日 万元

资产	年初余额	期末余额	负债与所有者权益	年初余额	期末余额
流动资产：			流动负债：		
货币资金	210	390	短期借款	170	200
交易性金融资产	10	20	应付账款	2 000	1 900
应收账款	1 480	1 500	预收账款	300	400
预付账款	200	250	其他应付款	100	100
存货	1 900	2 000	流动负债合计	2 570	2 600
流动资产合计	3 800	4 160	非流动负债：		
非流动资产：			长期借款	1 200	900
长期股权投资	400	400	负债合计	3 770	3 500
固定资产	2 100	1 800	所有者权益：		
无形资产	500	550	实收资本	2 500	2 500
非流动资产合计	3 000	2 750	盈余公积	230	230
			未分配利润	300	680
			所有者权益合计	3 030	3 410
资产合计	6 800	6 910	负债及所有者权益合计	6 800	6 910

表 10-4 宏达公司利润表

2010 年度　　万元

项　目	上年度	本年度
一、营业收入	6 950	7 960
减:营业成本	5 430	6 110
营业税金及附加	410	470
销售费用	150	200
管理费用	180	280
财务费用	120(利息费用 80)	160(利息费用 100)
加:投资收益	20	30
二、营业利润	680	770
加:营业外收入	30	10
减:营业外支出	40	30
三、利润总额	670	750
减:所得税费用	268	300
四、净利润	402	450

补充资料:2009 年年初应收账款余额为 1 400 万元,存货余额为 1 800 万元,流动资产余额为 3 600 万元,固定资产(净值)余额为 2 000 万元,资产余额为 6 000 万元,所有者权益为 3 000 万元;2009 年度、2010 年度经营活动产生的现金净流量分别为 1 000 万元、1 500 万元。

根据表 10-3 的资料,计算该公司 2010 年的流动比率。

解

$$\text{年初的流动比率}=\frac{3\ 800}{2\ 570}\approx 1.478\ 6,$$

$$\text{年末的流动比率}=\frac{4\ 160}{2\ 600}\approx 1.6。$$

该公司 2010 年年初和年末流动比率均在一般公认的标准范围之内,而且年末的大于年初的,因此该公司年末的短期偿债能力比年初的强。

2. 速动比率

速动比率也称为酸性测试比率,是公司速动资产与流动负债的比值。它是衡量公司流动资产中可以立即变现用于偿还流动负债的能力。所谓速动资产是指流动资产减去变现能力较差且不稳定的存货、预付账款、一年内到期的非流动资产和其他流动资产等之后的余额。通常速动比率等于 100%时较为适当。其计算公式为

$$\text{速动比率}=\frac{\text{速动资产}}{\text{流动负债}},\tag{10-7}$$

速动资产=货币资金+交易性金融资产+应收账款+应收票据=

流动资产-存货-预付账款-一年内到期的非流动资产-其他流动资产。

对速动比率的分析如下:

(1)由于从流动资产中剔除了存货等变现能力较弱且不稳定的资产,因此速动比率较之

流动比率能够更加准确、可靠地评价公司资产的流动性及其短期偿债能力。

(2)一般情况下,如果速动比率小于1,必使公司面临很大的偿债风险,所以速动比率越高,表明公司偿还流动负债的能力越强。

(3)值得注意的是,速动比率过高时,尽管债务偿还的安全性很高,也会因公司现金及应收账款资金占用过多而大大增加公司的机会成本。

【例 10-3】 根据表 10-3 的资料,计算该公司 2010 年的速动比率。

解

$$年初的流动比率=\frac{3\ 800-1\ 900-200}{2\ 570}\approx 0.661\ 5,$$

$$年末的流动比率=\frac{4\ 160-2\ 000-250}{2\ 600}\approx 0.734\ 6。$$

该公司 2010 年年初和年末的速动比率均未超过一般公认的标准,原因在于该公司的流动资产中,存货所占的比重过大(年初、年末存货占流动资产的比重分别为 74%、77%)导致公司的速动比率偏低。因此即使公司的流动比率较高,但实际的短期偿债能力并不理想,需要采取措施降低不必要的存货,以提高速动比率。

在中外财务管理中,一般都是通过流动资产与流动负债进行对比计算流动比率,通过速动资产与流动负债进行对比计算速动比率,并根据这两项比率来分析公司短期偿债能力以及流动负债的水平是否合理。虽然采用流动比率和速动比率这两个指标来分析公司的短期偿债能力,有一定的合理性,但这种分析存在两个问题:

(1)这是一种静态的分析方法,没有把公司经营中产生的现金流量考虑进去。

(2)这是一种被动的分析方法,当公司无力偿债时会被迫出售流动资产还债,而这种资产的出售会影响公司的正常经营。

为了解决流动比率和速动比率这两个静态指标在分析公司的短期偿债能力时存在的缺点,应在应用这两个静态指标分析公司的短期偿债能力的基础上,采用动态的指标——现金流动负债比率对公司的短期偿债能力进行分析。

如何分析上市公司资产的安全性

上市公司资产的安全性应包括两个方面的内容:一是有相对稳定的现金流和流动资产比率;二是短期流动性比较强,不至于影响盈利的稳定性。因此在分析上市公司资产的安全性时,应该从以下两方面入手:首先,上市企业资产的流动性越大,上市企业资产的安全性就越大。假如一个上市企业有 500 万元的资产,第一种情况是,资产全部为设备;另一种情况是 70%的资产为实物资产,其他为各类金融资产。假想,有一天该公司资金发生周转困难,公司的资产中急需用一部分去兑现偿债时,哪一种情况更能迅速实现兑现呢? 理所当然的是后一种情况。因为流动资产比固定资产的流动性大,而更重要的是有价证券便于到证券市场上出售,各种票据也容易到贴现市场上去贴现。许多企业倒闭,问题往往不在于企业资产额太小,而在于资金周转不过来,不能及时清偿债务。因此,资产的流动性就带来了资产的安全性问题。

3. 现金流动负债比率

现金流动负债比率是公司年经营净现金流量与流动负债的比率。其中，年经营净现金流量指在一年内，公司经营活动所产生的现金及现金等价物流入量与流出量的差额。其计算公式为

$$现金流动负债比率=\frac{年经营净现金流量}{年末流动负债}, \tag{10-8}$$

式中，年经营净现金流量的数据应从公司的现金流量表中获得。

对现金流动负债比率的分析如下：

(1)现金流动负债比率可以从现金流量的角度，动态的反映公司当期偿付短期负债的能力。由于有利润的年份不一定有足够的现金(含现金等价物)来偿还债务，所以利用收付实现制为基础计量的现金流动负债比率指标，能充分体现公司经营活动所产生的净现金流量可以在多大程度上保证当期流动负债的偿还，直观、动态地反映出公司偿还流动负债的实际能力。

(2)现金流动负债比率指标越大表明公司经营活动产生的净现金流量越多，越能保障公司按期偿还到期债务。

(3)用该指标评价公司偿债能力更加谨慎。

(4)现金流动负债比率指标也不宜过大，过大表明公司流动资金利用不充分，资金获利能力不强。

【例 10-4】 根据表 10-3 的资料和补充资料，计算该公司现金流动负债比率。

解

$$2009\text{ 年度的现金流动负债比率}=\frac{1\ 000}{2\ 570}\approx 0.389\ 1,$$

$$2010\text{ 年度的现金流动负债比率}=\frac{1\ 500}{2\ 600}\approx 0.576\ 9。$$

该公司 2010 年度的现金流动负债比率比 2009 年度的有明显提高，表明该公司的短期偿债能力增强了。

(二)长期偿债能力指标

长期偿债能力，是指公司偿还长期负债的能力。公司长期偿债能力的衡量指标主要有资产负债率、股东权益比率、产权比率、已获利息倍数等。

1. 资产负债率

资产负债率又称负债比率，是指公司负债总额对资产总额的比率。其计算公式为

$$资产负债率=\frac{负债总额}{资产总额}\times 100\%。 \tag{10-9}$$

对资产负债率的分析如下。

(1)资产负债率表明了公司资产总额中，债权人提供资金所占的比重，以及公司资产对债权人权益的保障程度。

(2)对资产负债率的分析应从不同角度入手：

①从债权人来看。由于债权人最关心的是其贷给公司资金的安全性，即公司能否到期偿还本金和利息。所以对债权人来说该指标越小越好，这样公司偿债就越有保证。

②从公司所有者来看。由于所有者最关心的主要是其投资收益率的高低，无论是公司借入的资金还是股东投入的资金，其在生产经营中所发挥的作用是一样的。因此只要资产

收益率大于利息率，股东就可以利用负债资金为自己带来更多的投资收益。所以该指标越大对股东越有利。它表明公司利用较少的自有资本投资形成了较多的生产经营用资产，不仅扩大了生产经营规模，而且还利用财务杠杆的作用，提高了股东的投资收益率；相反如果该指标过小，则表明公司管理者过于保守，对财务杠杆利用不够，不善于利用负债资金进行经营，不利于大幅度提高股东财富。

③从公司经营者来看。公司经营者既要考虑公司的盈利，又要顾及公司所承担的财务风险，同时还要考虑股东对自己经营能力和进取精神的评价，因此对资产负债率的确定必须充分考虑公司内部各种因素和公司外部的市场环境，在收益与风险之间进行权衡。

(3)保守的观点认为资产负债率不应高于 50%，而国际上通常认为资产负债率为 60%时较为适当。

(4)对资产负债率的分析还要联系其他财务指标。

公司的长期偿债能力与获利能力密切相关，因此公司的经营决策者应当将偿债能力指标与获利能力指标结合起来进行分析平衡考虑。

【例 10-5】 根据表 10-3 的资料，计算该公司 2010 年的资产负债率。

解

$$\text{年初的资产负债率}=\frac{3\ 770}{6\ 800}\times100\%\approx55.44\%,$$

$$\text{年末的资产负债率}=\frac{3\ 500}{6\ 910}\times100\%\approx50.65\%。$$

该公司 2010 年年初和年末的资产负债率在 50%左右，因此该公司具有较强的长期偿债能力。

2. 股东权益比率

股东权益比率是股东权益总额与资产总额的比率。其计算公式为

$$\text{股东权益比率}=\frac{\text{股东权益总额}}{\text{资产总额}}\times100\%。\tag{10-10}$$

对股东权益比率的分析如下：

(1)股东权益比率反映了公司资产有多少是股东投入的。

(2)股东权益比率与资产负债比率之和等于 1。股东权益比率与资产负债率分别从不同的侧面反映了公司的长期财务状况，股东权益比率越大，资产负债比率就越小，公司的财务风险也就越小，偿还长期债务的能力就越强；相反，股东权益比率越小，资产负债比率越大，公司的财务风险也越大，但此时公司能获得举债经营的好处。

(3)股东权益比率的倒数，称作权益乘数。它表明了资产总额是股东权益的多少倍。权益乘数越大，说明股东投入的资本在资产中所占比重越小，财务风险就越大。

3. 产权比率

产权比率是负债总额与股东权益总额的比率。其计算公式为。

$$\text{产权比率}=\frac{\text{负债总额}}{\text{股东权益总额}}\times100\%。\tag{10-11}$$

对产权比率的分析如下：

(1)产权比率反映了债权人所提供资金与股东所提供资金的对比关系。

(2)产权比率揭示了公司的财务风险以及股东权益对债务的保障程度，该比率越低，是低风险、低报酬的财务结构，说明公司长期财务状况越好，债权人贷款的安全越有保障，但公

司不能充分的发挥负债的财务杠杆效应;该比率越高,是高风险、高报酬的财务结构,说明企业偿还长期债务的能力越弱。

(3)公司在评价产权比率适度与否时,应从提高获利能力与增强偿债能力两个方面综合进行,即在保障债务偿还安全的前提下,尽可能提高产权比率。从这个意义上说,产权比率一般应小于100%,即借入资本小于股东资本为好。

【例10-6】 根据表10-3的资料,计算该公司2010年的产权比率

解
$$年初的产权比率=\frac{3\ 770}{3\ 030}\times 100\%\approx 124.42\%,$$

$$年末的产权比率=\frac{3\ 500}{3\ 410}\times 100\%\approx 102.64\%。$$

该公司2010年年初和年末的产权比率均超过100%,是高风险、高报酬的财务结构。不过年末的产权比率明显比年初的低,主要由于年末的负债减少,而股东权益增加了,财务结构趋于合理。

4. 已获利息倍数

已获利息倍数是指公司一定时期息税前利润与利息支出的比率。其计算公式为

$$已获利息倍数=\frac{息税前利润总额}{利息支出}, \tag{10-12}$$

$$息税前利润=利润总额+利息支出=净利润+所得税+利息支出。$$

对已获利息倍数的分析如下:

(1)已获利息倍数不仅反映了公司获利能力的大小,而且反映了获利能力对到期债务的保证程度,它既是公司举债经营的前提依据,也是衡量公司长期偿债能力大小的重要标志。

(2)已获利息倍数至少应当大于1,一般情况下,为3时较为适当。美国商业银行的系统显示,当已获利息倍数为1倍和1倍以下时,公司的违约风险将很大,在这种状况下,35%以上的公司到期偿还不了债务和利息。如果已获利息倍数小于1,公司将面临亏损以及偿债的安全性与稳定性下降的风险。

(3)公司已获利息倍数究竟在多少时,才算偿付能力强,还要根据往年经验并结合行业特点来判断。

【例10-7】 根据表10-4的资料,计算该公司2009年、2010年的已获利息倍数。

解
$$2009年度已获利息倍数=\frac{670+80}{80}\approx 9.38,$$

$$2010年度已获利息倍数=\frac{750+100}{100}=8.5。$$

该公司2009年、2010年度的已获利息倍数都较高,有较强的偿债能力。但还需要进一步结合该公司往年的情况和行业的特点进行判断。

(三)影响公司偿债能力的其他因素

对公司偿债能力的分析不仅要依靠上述的各种指标,同时还要对一些影响公司偿债能力的其他因素进行分析,才能得到比较全面、准确的结论。这些因素主要包括:应收账款的变现能力、可动用的银行贷款指标、偿债能力的声誉、未作记录的或有负债和担保责任引起的负债等。

例如,公司在生产经营的过程中总要产生大量的应收账款,这些应收账款在计算各种比

率的时候一般都已经包括在内，而且是将其作为流动比率和速动比率等指标来进行计算的。这样当应收账款的数额特别大并且隐含的坏账比较多时，将会对公司的偿债能力起到较大的负面影响。又例如，可动用的银行贷款指标，是指银行已经批准而公司尚未办理贷款手续的银行贷款限额。这种贷款指标可以随时使用，从而增加公司的现金，提高公司的偿债能力。

二、营运能力指标

公司的营运能力反映了公司资金周转状况，是公司在生产经营活动过程中管理能力的进一步体现。对此进行分析，可以了解公司的营业状况及经营管理水平。资金周转状况好，说明公司的经营管理水平高，资金利用效率高；反之则说明公司的经营管理存在问题，需要进行改进。评价公司营运能力常用的财务比率有：存货周转率、应收账款周转率、固定资产周转率和总资产周转率等。

1. 存货周转率

在流动资产中，存货所占的比重较大。存货的流动性将会直接影响公司的流动比率，因此必须特别重视对存货流动性的分析。存货周转率和存货周转天数是用来反映存货流动性的指标。其计算公式为

$$\text{存货周转率}=\frac{\text{营业成本}}{\text{平均存货余额}}, \tag{10-13}$$

$$\text{平均存货余额}=\frac{(\text{存货年初数}+\text{存货年末数})}{2},$$

$$\text{存货周转天数}=\frac{360}{\text{存货周转率}}。 \tag{10-14}$$

对存货周转率的分析如下：

(1)公司一定时期的存货周转率的快慢，可以反映出公司采购、储存、生产、销售各环节管理工作状况的好坏，找出存货管理存在的问题。存货周转率越高，表明公司的销售能力越强，存货变现的速度越快，资产占用水平越低；存货周转率越低，表明库存管理不力，销售状况不好，存货积压严重。

(2)存货是流动资产的重要组成部分，其质量和流动性对公司流动比率具有举足轻重的影响。因此，存货周转率对公司的短期偿债能力及获利能力都产生着决定性的影响。

(3)存货周转率过高，也可能说明公司存货管理方面存在一定的问题，如存货水平太低，甚至经常缺货，或者采购次数过于频繁，批量太小等。

(4)计算存货周转率时应注意以下几个问题。

①存货计价方法对存货周转率具有较大的影响，因此，在分析公司不同时期或不同公司的存货周转率时，应注意存货计价方法的口径是否一致；

②计算存货周转率的分子、分母的数据应注意时间上的对应性。

【例 10-8】 根据表 10-3 和表 10-4 的资料，计算该公司 2009 年度、2010 年度的存货周转率和周转天数。

解

$$\text{2009 年度存货周转率}=\frac{5\ 430}{(1\ 800+1\ 900)/2}=2.94\text{ 次},$$

$$2009\text{年度存货周转天数}=\frac{360}{2.94}\approx 123\text{天},$$

$$2010\text{年度存货周转率}=\frac{6\ 110}{(1\ 900+2\ 000)/2}\approx 3.13\text{次},$$

$$2010\text{年度存货周转天数}=\frac{360}{3.13}\approx 115\text{天}。$$

以上计算结果表明,该公司 2010 年度的存货周转率比 2009 年度的有所提高,存货周转天数也相应减少。同时从表 10-3 的资料中也可以看出 2010 年的存货水平略有提高,这些都表明该公司对存货的管理效率有所提高。

2. 应收账款周转率

在市场经济体制条件下,商业信用被广泛应用,应收账款成为重要的流动资产。能否及时收回应收账款,不仅可以增强公司的短期偿债能力,也反映出公司管理应收账款方面的效率。反映应收账款周转速度的指标是应收账款周转率和应收财款周转天数。应收账款周转率是公司一定时期内营业收入(或销售收入)与平均应收账款余额的比率。其计算公式为

$$\text{应收账款周转率}=\frac{\text{营业收入}}{\text{平均应收账款余额}},\tag{10-15}$$

$$\text{平均应收账款余额}=(\text{应收账款年初数}+\text{应收账款年末数})/2,$$

$$\text{应收账款周转天数}=\frac{360}{\text{应收账款周转率}}。\tag{10-16}$$

对应收账款周转率的分析如下:

(1)应收账款周转率反映了应收账款变现速度的快慢及管理效率的高低,应收账款周转率高表明:收账迅速,账龄较短;资产流动性强,短期偿债能力强;可以减少收账费用和坏账损失。

(2)应收账款周转率过高,也说明公司采用了比较严格的信用标准和的过于苛刻付款条件。这样会限制公司销售量的扩大,进而会影响公司的盈利水平。与此情况伴随的往往是存货周转率也偏低。应收账款周转率过低,则说明公司催收账款的效率太低,或者信用政策过于宽松,这样会提高应收账款的资金占用,提高应收账款的机会成本,降低公司资金的利用率。

(3)对应收账款周转率进行分析时还要考虑到影响该比率的其他一些相关因素。

①季节性经营的公司使用这个指标时不能反映实际情况;

②大量使用分期收款结算方式;

③大量地使用现金结算的销售;

④年末销售大量增加或年末销售大幅度下降。

(4)在运用该指标分析公司的营运能力时,需要与该公司前期指标、行业平均指标、其他类似公司的指标进行比较,以正确的判断出该指标的高低。

【例 10-9】 根据表 10-3 和表 10-4 的资料,计算该公司 2009 年度、2010 年度的应收账款周转率和周转天数。

解

$$2009\text{年度应收账款周转率}=\frac{6\ 950}{(1\ 400+1\ 480)/2}\approx 4.83\text{次},$$

$$2009\text{年度应收账款周转天数}=\frac{360}{4.83}\approx 75\text{天},$$

$$2010\text{年度应收账款周转率}=\frac{7\ 960}{(1\ 480+1\ 500)/2}\approx 5.34\text{次},$$

$$2010\text{年度应收账款周转天数}=\frac{360}{5.34}\approx 67\text{天}。$$

以上计算结果表明，该公司2010年度的存货营收账款周转率比2009年度的有所提高，而周转天数有所减少。从表10-3和表10-4的资料中也可以发现，2009年度与2010年度的应收账款相比变化不大，而营业收入增加了，表明该公司对应收账款的管理效率有所提高。

3. 固定资产周转率

固定资产周转率也称作固定资产利用率。是公司一定时期营业收入与平均固定资产净值的比率。其计算公式为

$$\text{固定资产周转率}=\frac{\text{营业收入}}{\text{平均固定资产净值}}, \tag{10-17}$$

$$\text{平均固定资产净值}=(\text{固定资产净值年初数}+\text{固定资产净值年末数})/2,$$

$$\text{固定资产净额}=\text{固定资产原价}-\text{累计折旧}-\text{已计提的减值准备},$$

$$\text{固定资产周转天数}=\frac{360}{\text{固定资产周转率}}。 \tag{10-18}$$

对固定资产周转率的分析如下：

(1)固定资产周转率主要用于分析对厂房、设备等固定资产利用率。

(2)固定资产周转率越高，表明公司固定资产利用充分，同时也能说明固定资产投资得当，反之则表明固定资产利用效率不高，提供的生产不多，公司的运营能力不强，进而影响公司的盈利能力。

【例10-10】 根据表10-3和表10-4的资料，计算该公司2009年度、2010年度的固定资产周转率和周转天数。

解

$$2009\text{年度固定资产周转率}=\frac{6\ 950}{(2\ 000+2\ 100)/2}\approx 3.39\text{次},$$

$$2009\text{年度固定资产周转天数}=\frac{360}{3.39}\approx 106\text{天},$$

$$2010\text{年度固定资产周转率}=\frac{7\ 960}{(2\ 100+1\ 800)/2}\approx 4.08\text{次},$$

$$2010\text{年度固定资产周转天数}=\frac{360}{4.08}\approx 88\text{天}。$$

以上计算结果表明，该公司2010年度的固定资产周转率比2009年度的有所提高。其原因在于固定资产净值增长的幅度低于营业收入增长的幅度，这表明该公司2010年度营运能力较2009年度有所提高。

4. 总资产周转率

总资产周转率是公司一定时期营业收入与平均资产总额的比率。其计算公式为

$$\text{总资产周转率}=\frac{\text{营业收入}}{\text{平均资产总额}}, \tag{10-19}$$

$$\text{平均资产总额}=(\text{资产总额年初数}+\text{资产总额年末数})/2,$$

$$\text{总资产周转天数}=\frac{360}{\text{总资产周转率}}。 \tag{10-20}$$

对总资产周转率的分析如下：

(1)总资产周转率可以用来分析公司全部资产的使用效率。

(2)总资产周转率越高，表明公司全部资产的使用效率越高；反之，如果该指标较低，则说明公司利用全部资产进行经营的效率较差，最终会影响公司的获利能力。

【例 10-11】 根据表 10-3 和表 10-4 的资料，计算该公司 2009 年度、2010 年度的总资产周转率和周转天数。

解

$$2009\text{ 年度总资产周转率}=\frac{6\ 950}{(6\ 000+6\ 800)/2}\approx 1.09\text{ 次},$$

$$2009\text{ 年度总资产周转天数}=\frac{360}{1.09}\text{天}\approx 330\text{ 天},$$

$$2010\text{ 年度总资产周转率}=\frac{7\ 960}{(6\ 800+6\ 910)/2}\approx 1.16\text{ 次},$$

$$2010\text{ 年度总资产周转天数}=\frac{360}{1.16}\text{天}\approx 310\text{ 天}。$$

以上计算结果表明，该公司 2010 年度的总资产周转率比 2009 年度的有所提高，表明该公司全部资产的使用效率提高了。

三、盈利能力指标

盈利能力是指公司赚取利润的能力。它不仅关系公司股东的利益，也是公司偿还债务的一个重要来源，所以该比率的分析一般都能引起不仅是股东而且是债权人等各类有关报表使用者的重视。

评价公司盈利能力的财务指标主要有：营业利润率、成本费用利润率、总资产报酬率、净资产收益率等。

1. 营业利润率

营业利润率是公司一定时期营业利润与营业收入的比率。其计算公式为

$$\text{营业利润率}=\frac{\text{营业利润}}{\text{营业收入}}\times 100\%, \tag{10-21}$$

营业利润率越高，表明公司市场竞争力越强，发展潜力越大，从而获利能力越强。

需要说明的是：从利润表来看，公司的利润包括营业利润、利润总额和净利润三种形式。而营业收入包括主营业务收入和其他业务收入，收入来源有商品销售收入、提供劳务收入和让渡资产使用权收入。因此，在实际工作中，也经常使用营业净利率、营业毛利率等指标来分析公司经营业务的获利水平。营业净利率、营业毛利率指标的计算公式为

$$\text{营业净利率}=\frac{\text{净利润}}{\text{营业收入}}\times 100\%, \tag{10-22}$$

$$\text{营业毛利率}=\frac{\text{营业收入}-\text{营业成本}}{\text{营业收入}}\times 100\%=\frac{\text{营业毛利}}{\text{营业收入}}\times 100\%。 \tag{10-23}$$

【例 10-12】 根据表 10-4 的资料，计算该公司 2009 年度、2010 年度的营业利润率、营业净利率和营业毛利率。

解

$$2009\text{ 年度营业利润率}=\frac{680}{6\ 950}\times 100\%\approx 9.78\%,$$

$$营业净利率=\frac{402}{6\ 950}\times 100\%\approx 5.78\%,$$

$$营业毛利率=\frac{6\ 950-5430}{6\ 950}\times 100\%\approx 21.87\%;$$

$$2010\ 年度营业利润率=\frac{770}{7\ 960}\times 100\%\approx 9.67\%,$$

$$营业净利率=\frac{450}{7\ 960}\times 100\%\approx 5.65\%,$$

$$营业毛利率=\frac{7\ 960-6\ 110}{7\ 960}\times 100\%\approx 23.24\%。$$

以上计算结果表明,该公司 2009 年度和 2010 年度的营业利润率都远远低于营业毛利率,其原因在于这两年的营业税金及期间费用占营业收入的比重都比较高(2009 年度和 2010 年度的营业税金及期间费用占营业收入的比重分别为 12.37%和 13.94%),而投资收益又很低。但是也应该看到该公司 2010 年度比 2009 年度毛利的增长,大于营业税金及期间费用的增长,且投资收益也有所提高,由于销售费用和管理费用增长相对过高,使得营业利润率和营业净利率有稍微的下降,但营业毛利率提高了,总体来说 2010 年度的盈利能力提高了。

2. 成本费用利润率

成本费用利润率是指公司一定时期利润总额与成本费用总额的比率。其计算公式为

$$成本费用利润率=\frac{利润总额}{成本费用总额}\times 100\%, \tag{10-24}$$

成本费用总额=营业成本+营业税金及附加+销售费用+管理费用+财务费用。

成本费用利润率越高,表明公司为取得利润而付出的代价越小,成本费用控制得越好,从而获利能力越强。该指标从公司内部管理等方面,对资本收益作进一步修正,从耗费角度补充评价公司的收益状况,有利于促进公司加强内部管理,节约支出,提高经济效益。该指标越高,表明公司为取得收益所付出的代价越小,公司的成本费用控制得越好,公司的获利能力越强。

【例 10-13】 根据表 10-4 的资料,计算该公司 2009 年度、2010 年度的成本费用利润率。

解 $$2009\ 年度成本费用利润率=\frac{670}{5\ 430+410+150+180+120}\times 100\%\approx 10.65\%;$$

$$2010\ 年度成本费用利润率=\frac{750}{6110+470+200+280+160}\times 100\%\approx 10.39\%。$$

以上计算结果表明,该公司 2010 年度的成本费用利润率比 2009 年度的有所下降,其原因在于 2010 年度收入的增长幅度大于成本费用的增长幅度,这再次表明公司的营运能力还是在提高,但还要密切关注成本费用的增长问题。

3. 总资产报酬率

总资产报酬率是公司一定时期内获得的报酬总额与平均资产总额的比率。它是反映公司资产综合利用效果的指标,也是衡量公司利用债权人和所有者权益总额所取得盈利的重要指标。其计算公式为

$$总资产报酬率=\frac{息税前利润总额}{平均资产总额}\times 100\%, \tag{10-25}$$

平均资产总额=(资产总额年初数+资产总额年末数)/2。

对总资产报酬率的分析如下:

(1)总资产报酬率全面反映了公司全部资产的获利水平。一般情况下,该指标越高,表明公司的资产利用效益越好,整个公司获利能力越强,经营管理水平越高。

(2)将该指标与市场资本利率进行比较,如果前者较后者大,则说明公司可以充分利用财务杠杆,适当举债经营,从而获得更多的收益。

【例 10-14】 根据表 10-4 的资料,计算该公司 2009 年度、2010 年度的总资产报酬率。

解

$$2009\text{ 年度总资产报酬率}=\frac{670+80}{(6\ 000+6\ 800)/2}\times 100\%=11.72\%,$$

$$2010\text{ 年度总资产报酬率}=\frac{750+100}{(6\ 800+6\ 910)/2}\times 100\%=12.40\%。$$

以上计算结果表明,该公司 2010 年度总资产的综合利用效率比 2009 年度要好。

4. 净资产收益率

净资产收益率是公司一定时期净利润与平均净资产(所有者权益)的比率。它是反映自有资金投资收益水平的指标,是公司获利能力指标的核心。该指标通用性强,适应范围广,不受行业局限,在国际上的公司综合评价中使用率非常高。其计算公式为

$$\text{净资产收益率}=\frac{\text{净利润}}{\text{平均净资产}}\times 100\%, \tag{10-26}$$

$$\text{平均净资产}=(\text{所有者权益年初数}+\text{所有者权益年末数})/2。$$

对净资产收益率的分析:

(1)净资产收益率是评价公司自有资本及其积累获取报酬水平的最具综合性与代表性的指标,它反映了公司资本运营的综合效益。

(2)一般认为,净资产收益率越高,公司自有资本获取收益的能力越强,运营效益越好,对公司投资人和债权人权益的保证程度越高。

(3)通过对该指标的综合对比分析,可以看出公司获利能力在同行业中所处的地位,以及与同类公司的差异水平。

【例 10-15】 根据表 10-4 的资料,计算该公司 2009 年度、2010 年度的净资产收益率。

解

$$2009\text{ 年度净资产收益率}=\frac{402}{(3\ 000+3\ 030)/2}\times 100\%\approx 13.33\%,$$

$$2010\text{ 年度净资产收益率}=\frac{450}{(3\ 030+3\ 410)/2}\times 100\%\approx 13.98\%。$$

以上计算结果表明,该公司 2010 年度净资产收益率比 2009 年度要好。这说明所有者的收益有所提高。

四、发展能力指标

发展能力是公司在生存的基础上,扩大规模、壮大实力的潜在能力。评价公司发展能力的财务指标主要有营业收入增长率、资本积累率,资本保值增值率。

1. 营业收入增长率

营业收入增长率是指公司本年营业收入增长额同上年营业收入总额的比率。其计算公式为

$$\text{营业收入增长率}=\frac{\text{本年营业收入增长额}}{\text{上年营业收入总额}}\times 100\%, \tag{10-27}$$

本年营业收入增长额＝本年营业收入－上年营业收入。

该指标是衡量公司经营状况和市场占有能力、预测公司经营业务拓展趋势的重要指标，也是公司扩张资本的重要前提。不断增加的营业收入，是公司生存的基础和发展的条件。该指标若大于0，表示公司本年的营业收入有所增长，指标值越高，表明增长速度越快，公司市场前景越好；若该指标小于0，则说明产品或服务销售不畅。

2. 资本积累率

资本积累率是指公司本年所有者权益增长额与年初所有者权益总额的比率。其计算公式为

$$资本积累率=\frac{本年所有者权益增长额}{年初所有者权益总额}\times 100\%, \quad (10\text{-}28)$$

本年所有者权益增长额＝年末所有者权益总额－年初所有者权益总额。

该指标反映了公司当年所有者权益总额的增长率，体现了公司资本的积累情况，是公司发展强盛的标志，也是公司扩大再生产的源泉，展示了公司的发展潜力。该指标越高，表明公司的资本积累越多，公司资本保全性越强，抵御风险、持续发展的能力越强；若该指标小于0，则表明公司资本受到侵蚀，所有者权益受到损害，应予以充分重视，查找原因，解决问题。

3. 资本保值增值率

资本保值增值率是指公司本年年末所有者权益扣除客观增减因素后同年初所有者权益的比率，反映了公司当年资本在公司自身努力下的实际增减变动情况，是评价公司财务效益状况的辅助指标。其计算公式为

$$资本保值增值率=\frac{扣除客观因素后的年末所有者权益}{年初所有者权益}\times 100\%。 \quad (10\text{-}29)$$

客观因素主要是指本年度的股本变动额，比如本年增发股份，本年回购股份等。

资本保值增值率是指根据“资本保全”原则设计的指标，更加谨慎、稳健地反映了公司资本的保全和增值情况，也充分体现了经营者的主观努力程度和利润分配中的积累状况，一般指标应大于100%。该指标越高，表明公司的资本保全状况越好，所有者权益增长越快。若该指标小于100%，则表明公司资本受到侵蚀，没有实现资本保全，损害了所有者的权益，也妨碍了公司进一步发展壮大，应予以充分重视。

五、股份公司的比率分析

1. 每股收益

每股收益也称每股利润或每股盈余，每股收益的计算包括基本每股收益和稀释收益。基本每股收益的计算公式为

$$基本每股收益=\frac{按归属于普通股股东的当期净利润}{当期发行在外的普通股的加权平均数}。 \quad (10\text{-}30)$$

每股收益反映了上市公司普通股股东持有每一股份所能享有的公司利润和承担的公司亏损，可以很直观的反映股份公司的盈利能力以及股东的报酬，因此是衡量公司获利能力时最常用的财务分析指标。每股收益越高，说明该公司的盈利能力越强。

【例10-16】 宏达公司2010年年初发行在外的普通股为3 000万股，4月30日新发行

普通股 1 620 万股，12 月 1 日回购普通股 720 万股，以备将来奖励职工之用。该公司当年实现的净利润为 450 万元。计算 2010 年度基本每股收益。

解 发行在外的普通股的加权平均数为

$$\frac{3\,000\times12+1\,620\times8-720\times1}{12}\text{万股}=4\,020\text{ 万股},$$

$$\text{基本每股收益}=\frac{450\text{ 元}}{4\,020\text{ 股}}=0.11\text{ 元/股}。$$

什么是稀释的每股收益

稀释每股收益是以基本每股收益为基础，假设企业所有发行在外的稀释性潜在普通股均已转换为普通股，从而分别调整归属于普通股股东的当期净利润以及发行在外的普通股的加权平均数计算而得的每股收益。

1. 潜在普通股是否具有稀释性的判别

如果公司存在潜在普通股，首先应判断潜在普通股是否具有稀释性。如果潜在普通股不具有稀释性，那么公司只需计算基本每股收益；如果潜在普通股具有稀释性，公司还应当根据具有稀释性的潜在普通股的影响，分别调整归属于普通股股东的当期净利润以及当期发行在外普通股的加权平均数，据以计算稀释的每股收益。

这里涉及潜在普通股的概念和潜在普通股是否具有稀释性的判定。所谓潜在普通股是赋予其持有者在报告期或以后期间享有取得普通股权利的一种金融工具或其他合同。如可转换公司债券、期权、认股权证等。

在衡量潜在普通股是否具有稀释性时，我国的每股收益准则采用了国际会计准则中的规定，即以是否会减少每股持续正常经营净利润作为衡量潜在普通股是否具有稀释性的尺度。持续正常经营净利润是指在扣除优先股股利和与非持续经营有关的项目后的正常经营净利润，不包括会计政策变更及重大会计差错更正的影响。该项目应结合“终止经营”“财务报告的列报”及“会计政策、会计估计变更及会计差错更正”准则要求提供的信息综合考虑。

如果潜在普通股转换成普通股会增加持续正常经营每股收益或减少持续正常经营每股亏损，则该潜在普通股是具反稀释性的。在计算稀释的每股收益时，只考虑具有稀释性的潜在普通股的影响。不考虑具有反稀释性或不具有稀释性的普通股的影响。

2. 稀释的每股收益的计算

计算稀释的每股收益时，应对基本每股收益的分子和分母进行调整。就分子而言，当期可归属于普通股股东的净利润，应根据下列事项的税后影响进行调整：

(1)当期已确认为费用的稀释性潜在普通股的利息。

(2)稀释性的潜在普通股转换时将产生的收益或费用。

这里主要是指可转换公司债券。就分母而言，普通股加权平均股数为在计算基本每股收益时的股份加权平均数加上全部具稀释性潜在普通股转换成普通股时将发行的普通股的加权平均数量。以前发行的具稀释性潜在普通股应视为已在当期期初转换为普通股，本期发行的潜在普通股应视为在发行日转换成普通股。对分母的调整主要涉及期权和认股权证。具有稀释性的期权和认股权证不影响归属于普通股的净利润，只影响普通股的加权平均数。只有当行权价格低于平均市场价格时，股票期权和认股权证才具有稀释性。计算时，应假定已行使该期权，因此发行的普通股股数包括两部分：

(1)按当期平均市场价格发行的普通股，不具有稀释性，计算稀释的每股收益时不必考虑；

(2)未取得对价而发行的普通股，具有稀释性，计算稀释的每股收益时应当加到普通股股数中。

2. 每股股利

每股股利是指上市公司本年发放的普通股现金股利总额与年末普通股总数的比值。其计算公式为

$$每股股利=\frac{普通股股利总额}{年末普通股股数}。\tag{10-31}$$

3. 市盈率

市盈率是普通股每股市价与每股收益的比值。其计算公式为

$$市盈率=\frac{普通股每股市价}{普通股每股收益}。\tag{10-32}$$

对市盈率的分析：

(1)市盈率反映了投资者对上市公司净利润愿意支付的价格，可以用来估计股票的投资报酬和风险，是投资者做出投资决策的重要参考因素之一。

(2)市盈率是反映上市公司获利能力的一个重要财务比率。一般来说，市盈率高，说明投资者对该公司的发展前景看好，愿意出较高的价格购买该公司股票，所以一些成长性较好的高科技公司股票的市盈率通常要高一些。

(3)值得注意的是，如果某一种股票的市盈率过高，则也意味着这种股票具有较高的投资风险。

【例 10-17】 宏达公司 2009 年、2010 年的每股市价分别为 2 元和 1.56 元，其收益情况如表 10-5 所示。计算该公司市盈率。

表 10-5　宏达公司收益情况表

项　目	年　度	
	2009 年	2010 年
净利润/万元	402	450
年末普通股股数/万股	3 000	4 020
每股收益/元	0.13	0.11

解　根据表 10-5，计算可得

$$2009\text{ 年市盈率}=\frac{2}{0.13}\approx 15.38,$$

$$2010\text{ 年市盈率}=\frac{1.56}{0.11}\approx 14.18。$$

由此可见,该公司2010年的市盈率较2009年有所降低,说明该公司股票的投资风险有所降低,而投资价值有所提高。

任务三　财务综合分析

前面已经介绍了公司偿债能力、营运能力和盈利能力以及现金流量等各种财务分析指标,但单独分析任何一项财务指标,就跟盲人摸象一样,难以全面评价公司的经营与财务状况。必须采取适当的方法,对公司财务进行综合分析与评价。所谓财务综合分析就是将公司营运能力、偿债能力和盈利能力等方面的分析纳入到一个有机的分析系统之中,全面的对公司财务状况、经营状况进行解剖和分析,从而对公司经济效益做出较为准确的全面评价与判断。

一个健全有效的财务综合指标体系必须具有以下特点。

(1)评价指标要全面。设置的评价指标要尽可能涵盖偿债能力、营运能力和盈利能力等各方面的考核要求。

(2)主辅指标功能要匹配。在分析中要明确公司分析指标的主辅地位;要能从不同侧面、不同层次反映公司财务状况,揭示公司经营业绩。

(3)满足各方面经济需求。设置的指标评价体系既要能满足公司内部管理者决策的需要,也要能满足外部投资者和政府管理机构决策及实施宏观调控的要求。

财务综合分析的方法主要有两种:杜邦财务分析体系法和综合分析法。

一、杜邦财务分析

这种分析方法首先由美国杜邦公司的经理创立并首先在杜邦公司成功运用,称为杜邦系统(The Du Pont System),它是利用财务指标间的内在联系,对公司综合经营理财能力及经济效益进行系统的分析评价的方法。

(一)杜邦分析体系的基本框架

杜邦分析体系是一个多层次的财务比率分解体系。各项财务比率在每个层次上与本企业历史或同业的财务比率进行比较,逐级向下一级,逐步覆盖到企业经营活动的每一个环节,可以实现系统、全面地评价企业经营成果和财务状况的目的。

根据表10-3、表10-4,可做出宏达公司的杜邦财务分析的基本结构图,如图10-1所示。

在图10-1所示的杜邦分析体系框架图中,可以体现出以下几类关系。

(1)净资产收益率与资产净利率和权益乘数之间的关系。

净资产收益率=资产净利率×权益乘数=营业净利率×总资产周转率×权益乘数。

资产净利率可以反映管理者运用公司资产赚取盈利的大小,是最重要的盈利能力,而权益乘数是反映公司负债程度的一个重要指标。

(2)资产净利率与营业净利率和总资产周转率之间的关系。

资产净利率=营业净利率×总资产周转率。

营业净利率和总资产周转率可以反映公司的经营状况,一般情况下这二者呈反方向

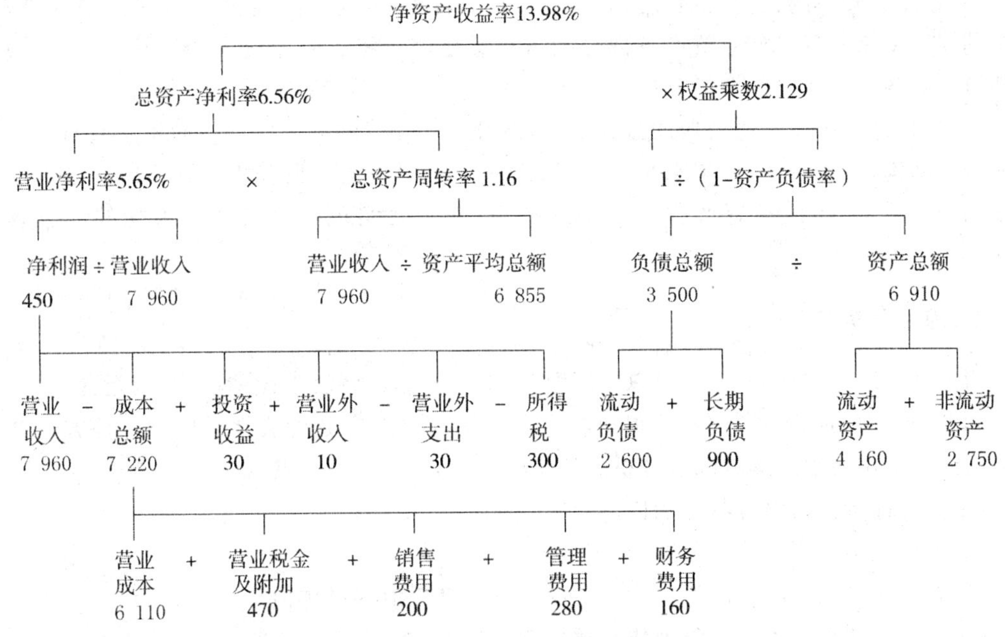

图 10-1 杜邦财务体系分析图

变化，其原因在于公司要提高营业净利率，就需要增加产品的附加值，从而增加投资，投资的增加使公司资产总额增加，进而使公司资产的周转速度下降；反之，要提高资产的周转速度，就需要采取减少资产占用资金，最便捷的途径就是“薄利多销”，从而导致营业净利率下降。

因此，公司采取“高盈利、低周转”还是“低盈利、高周转”的经营方针，要根据外部环境和自身资源做出选择。

(3)营业净利率与净利润和营业收入之间的关系：

$$营业净利率=\frac{净利润}{营业收入}。$$

(4)总资产周转率与营业收入和平均总资产之间的关系：

$$总资产周转率=\frac{营业收入}{平均总资产}。$$

(二)杜邦分析体系分析

从杜邦分析图中可以直观、明确地反映出公司的财务状况。

(1)从杜邦分析图中可以看出，净资产收益率是一个综合性很强、最具有代表性的财务比率。它是杜邦系统的核心，体现了公司财务管理的重要目标之一就是实现股东财富最大化。净资产收益率正是反映了股东投入资金的盈利能力。

(2)资产净利率是反映公司盈利能力的一个重要指标。公司的营业收入、成本费用、资产结构、资产周转率等各种因素，都直接影响到资产净利率。

(3)营业净利率的提高一方面要提高营业收入；另一方面要降低各种成本费用，只有加强对营业成本以及销售费用、管理费用和财务费用的管理，才可以使净利润的增长高于营业收入的增长。

(4)资产周转率的提高要通过提高固定资产周转率、流动资产周转率、存货周转率、应收账款的周转率来实现。同时资产各部分的占有量比例也将影响总资产的周转率,所以应尽量使资产的各个构成之间合理分配,以增强总体资产的营运能力。

总之,杜邦分析图表明公司的盈利能力,涉及生产经营的方方面面。净资产收益率与公司的资本结构、销售规模、成本水平、资产管理水平密切相关。只有协调好系统内部各个因素之间的关系,才能使净资产收益率得到提高,并最终实现股东财富最大化的财务管理目标。

二、综合分析法

为了进行综合的财务分析,可以编制财务比率汇总表,将反映偿债能力、营运能力、获利能力和发展能力的比率进行分类,得出各方面的情况。综合分析法常采用的一种方法被称为指数法。运用指数法编制综合分析表的步骤如下:

(1)选定评价公司财务状况的比率。

(2)根据各项比率的重要程度,确定重要性系数。

(2)确立各项比率的标准值。所谓标准值就是理想值或最优值。

(4)计算公司在一定时期各项代表指标的实际值。

(5)计算各项代表指标实际值与标准值的比率。

(6)计算各代表指标的综合指数及其合计数。各项代表指标的综合指数按计算公式为

$$综合指数=关系比率\times重要性系数。\tag{10-33}$$

其合计数作为评价公司财务状况的一个依据。一般而言,综合指数合计数如果为1或接近1,则表明公司的财务状况基本上达到标准要求;如果与1有较大差距,则财务状况偏离标准要求较远。在此基础上,应进一步分析具体原因。

项目小结

本项目主要阐述了公司进行财务分析最常用的基本方法:比较分析法、比率分析法和因素分析法。

公司财务分析一般都是以会计核算资料为基础所进行的。财务分析的重点是财务报表的分析,通过对财务报表所提供的核算资料进行加工整理,可以得出一系列科学的、系统的财务指标,以便进行比较、分析和评价。总结和评价公司财务状况与经营成果的分析指标包括反映偿债能力的指标(主要有流动比率、速动比率、现金流动负债比率、资产负债率、股东权益比率、产权比率和已获息倍数等)、反映营运能力的指标(主要有存货周转率、应收账款周转率、固定资产周转率和总资产周转率等)、反映盈利能力的指标(主要有营业利润率、成本费用率、总资产报酬率、净资产收益率等)和发展能力的指标等。对各指标的计算和内涵的理解,以及如何运用这些指标进行公司财务状况和经营成果的分析是本项目的主要内容。

为全面评价公司的经营与财务状况,对公司财务进行综合分析与评价,应采用杜邦分析法或综合分析方法,才能对公司财务状况做出较为准确的全面评价与判断。

思考与练习

一、案例分析

新华公司 2011 年年终决算前的初步测算结果表明，其所有者权益报酬率(净资产收益率)为 9.8%。按有关规定，净资产收益率只有在 10%以上的企业才能实施配股。新华公司由于业务发展的需要，拟在 2012 年实行配股，如果不能配股，新华公司 2012 年将面临着严重的财务困难。公司总经理指示财务经理无论如何要将公司的净资产收益率调到 10%以上。

(1)如果你是公司总经理，你是否会指示财务经理将净资产收益率调到 10%以上？

(2)如果你是公司财务经理，你会服从总经理的指示吗？如果你服从总经理的安排，你将采取何种办法使净资产收益率超过 10%？你的安排对公司 2012 年及以后若干年的财务状况将会产生什么影响？你认为你采取的对策符合财会法规和财会职业道德吗？

(3)如果你是潜在的投资人，本例对你有何启示？

二、思考题

1. 简述财务分析的目的和内容。
2. 流动比率、速动比率是一个静态指标还是一个动态指标？流动比率有何局限性？
3. 利用应收账款周转率分析营运能力时，还需要考虑哪些影响该指标的因素？
4. 短期偿债能力分析的指标有哪些？
5. 杜邦分析法体现了财务管理的什么目标？净资产收益率的高低取决于哪些因素？

三、单项选择题

1. 以下指标中能够分析公司短期偿债能力的是(　　)。

A. 已获利息倍数　　B. 资产负债率　　C. 产权比率　　D. 现金流动负债比率

2. 根据某公司期末会计报表得到的数据为流动负债为 40 万元，流动比率为 2.5，速动比率为 1.3，营业成本为 80 万元，又知年初存货为 32 万元，则本年度存货周转次数为(　　)。

A. 1.67 次　　B. 2 次　　C. 2.50 次　　D. 1.54 次

3. 某公司 2012 年营业收入为 680 000 元，应收账款年末数为 36 000 元，年初数为 32 000 元，则应收账款周转率为(　　)。

A. 10　　B. 18　　C. 15　　D. 20

4. 不会影响速动比率的因素是(　　)。

A. 应收账款　　B. 存货　　C. 短期借款　　D. 应收票据

5. 下列公式中不正确的是(　　)。

A. 股利发放率＋留存收益比率＝1

B. 资产净利率＝营业净利率×总资产周转率

C. 净资产收益率＝资产报酬率×权益乘数

D. 资产负债率×产权比率＝1

6. 某公司上年度和本年度的流动资产平均占用额分别为 100 万元和 120 万元，流动资产周转率分别为6次和8次，则本年度比上年度的销售收入增加(　　)。

A. 180万元　　B. 360万元　　C. 320万元　　D. 80万元

7. 公司大量增加速动资金可能导致的结果是(　　)。

A. 减少资金的机会成本　　B. 增加资金的机会成本

C. 增加财务风险　　D. 提高流动资产收益率

8. 下列各项中，将导致资产负债率变化的经济业务是(　　)。

A. 收回应收账款　　B. 用现金购买债券

C. 接受所有者投资转入的固定资产　　D. 以固定资产对外投资

9. 原材料耗用量变动对成本的影响的计算公式为(　　)。

A.(实际耗用量－计划耗用量)×计划单价

B.(实际耗用量－计划耗用量)×实际单价

C.(计划耗用量－实际耗用量)×计划单价

D.(计划耗用量－实际耗用量)×实际单价

10. 如果企业速动比率很小，下列结论成立的是(　　)。

A. 企业流动资产占用过多　　B. 企业短期偿债能力很强

C. 企业短期偿债风险很大　　D. 企业资产流动性很强

四、多项选择题

1. 分析公司长期偿债能力的指标有(　　)。

A. 流动比率　　B. 负债比率　　C. 产权比率　　D. 现金流动负债比率

2. 分析公司营运能力的指标有(　　)。

A. 固定资产周转天数　　B. 资产负债率　　C. 存货周转率　　D. 权益乘数

3. 影响净资产收益的因素有(　　)。

A. 流动比率　　B. 权益乘数　　C. 营业净利率　　D. 总资产周转率

4. 下列各项中，可能提高公司净资产收益率指标的措施有(　　)。

A. 提高营业净利润　　B. 提高资产负债率

C. 提高总资产周转率　　D. 提高流动比率

5. 如果流动比率过高，意味着公司存在以下几种可能(　　)。

A. 存在闲置现金　　B. 存在存货积压

C. 应收账款周转缓慢　　D. 偿债能力很差

6. 一般来说，提高存货周转率意味着(　　)。

A. 存货的变现速度慢　　B. 资金占用水平低

C. 存货的变现速度快　　D. 周转额大

7. 影响总资产净利率的因素有(　　)。

A. 资产平均总额　　B. 主营业务收入净额　　C. 净利润　　D. 权益乘数

8. 大华公司2012年的营业利润很多，但不能偿还到期债务，应检查的财务比率包括(　　)。

A. 产权比率　　B. 已获利息倍数　　C. 速动比率　　D. 现金流动负债比率

五、判断题

1. 从短期债权人的角度来讲,流动比率越高越好。(　　)

2. 存货周转率指标既是反映公司流动资产流动性的一个指标,也是衡量公司生产经营各环节中存货运营效率的一个综合性指标。(　　)

3. 产权比率侧重于分析债务偿付安全性的物质保障程度。(　　)

4. 资产营运能力的强弱主要取决于资产的周转速度。(　　)

5. 速动比率很低的公司,其流动负债到期时公司绝对不能偿还。(　　)

6. 影响速动比率可信性的最主要因素是存货的变现能力。(　　)

7. 趋势分析法只能用于同一公司不同时期财务状况的纵向比较,而不能用于不同公司之间的横向比较。(　　)

8. 权益乘数越大,则资产负债率越小。(　　)

六、实训

实训一

某企业销售收入为1 000万元,毛利率为50%,净利润率为20%,存货周转率为5次,期初存货余额为100万元,期初应收账款余额为120万元,期末应收账款余额为80万元,流动比率为2,速动比率为1.5,流动资产占资产总额的比重为40%,资产负债率为50%,该公司的普通股股数为50万股,每股市价25元,要求:

(1)计算应收账款周转率。

(2)计算总资产净利率。

(3)计算每股利润。

(4)计算市盈率。

实训二

某公司流动资产由速动资产和存货构成,年初存货为145万元,年初应收账款为125万元,年末流动比率为300%,年末速动比率为150%,存货周转率为4次,年末流动资产余额为270万元。一年按360天计算。要求:

(1)计算该公司流动负债年末余额;

(2)计算该公司存货年末余额和年平均余额;

(3)计算该公司本年主营业务成本;

(4)假定本年赊销净额为960万元,应收账款以外的其他速动资产忽略不计,计算该公司应收账款周转天数。

实训三

某企业2011年主营业务收入净额为77万元,主营业务净利率10%,按照主营业务收入计算的存货周转率为7次,期初存货余额为8万元;期初应收账款余额为12万元,期末应收账款余额为10万元,速动比率为150%,流动比率为200%,固定资产总额是50万元,该企业期初资产总额为80万元。该公司流动资产由速动资产和存货组成,资产总额由固定资产和流动资产组成。

要求(计算结果保留两位小数):

(1)计算应收账款周转率；

(2)计算总资产周转率；

(3)计算总资产净利率。

实训四

2011年年初的负债总额400万元，股东权益是负债总额的3倍，年资本积累率50%，2011年年末的资产负债率40%。2011年该公司的固定成本总额170万元，实现净利润300万元，所得税率25%。2011年年末的股份总数为600万股，假设普通股股数在2011年度和2012年度内未发生变化，企业没有优先股，2011年年末的普通股市价为5元/股。

要求(计算结果保留两位小数)：

(1)计算2011年年初的股东权益总额、资产总额、年初的资产负债率；

(2)计算2011年年末的股东权益总额、负债总额、资产总额、产权比率；

(3)计算2011年的总资产净利率、权益乘数(使用平均数计算)、平均每股净资产、每股收益、市盈率。

实训五

新光公司2012年4月某种原材料费用的实际数是61 600元，而其计划数是60 000元。原材料费用是由产品产量、单位产品材料消耗用量和材料单价三个因素的乘积构成的。现假定这三个因素的数值如表10-6所示。

表10-6　新光公司原材料费用

项目	单位	计划数	实际数
产品产量	件	1 000	1 100
单位产品材料消耗量	千克	10	8
材料单价	元	6	7
材料费用总额	元	60 000	61 600

根据表中资料，材料费用总额实际数较计划数增加1 600元，试分别运用连环替代法和差额分析法计算各因素变动对材料费用总额的影响程度。

实训六

假定甲公司2011年12月31日的有关资料如表10-7、表10-8所示。

表10-7　资产负债表

元

资产	金额	负债及所有者权益	金额
货币资金	(1)	流动负债	(6)
短期投资	100 000	长期借款	(7)
应收账款	(2)	应付债券(利率6%)	(8)
存货	(3)	实收资本	250 000
固定资产	(4)	资本公积	50 000
		未分配利润	400 000
资产合计	(5)	负债及所有者权益	(9)

表 10-8 利 润 表

元

项　目	金　额
营业收入	(10)
减:营业成本	(11)
营业毛利	225 000
减:销售费用	(12)
财务费用一利息费用	(13)
税前利润	(14)
减:所得税	(15)
税后利润	(16)

负债总额对所有者权益的比率为50%。应收账款平均收账期为40天,期初应收账款的余额为88 000元。存货周转率为3次,期初存货余额为287 000元。营业毛利率为25%,速动比率为1.5∶1,流动比率为2.5,已获利息倍数为10,销售费用占营业收入的15%,财务费用均为债券利息费用。

要求:根据以上资料填制上述财务报表,并列出计算过程。

实训七

AB公司2011年年末资产负债表和利润表如表10-9、表10-10所示。

表 10-9 资产负债表

编制单位:AB公司　　2011年12月31日　　万元

资　产	年初数	期末数	负债及所有者权益	年初数	期末数
流动资产合计	5 920	6520	流动负债	2 920	3 420
长期股权投资			长期负债	1 880	2 380
固定资产	6 300	7700	所有者权益	8 200	9 200
无形资产	780	780			
总计	13 000	15 000	总计	13 000	15 000

表 10-10 利润表

编制单位:AB公司　　2011年12月31日　　万元

项　目	本期金额	上期金额
一、营业收入	16 400	
减:营业成本	9 200	
营业税金及附加	820	
销售费用	1 600	
管理费用	1 400	
财务费用	300	
加:投资收益	60	
二、营业利润	3 200	
加:营业外收入	100	
减:营业外支出	40	
三、利润总额	3 200	
减:所得税费用(税率为40%)	1 280	
四、净利润	1 920	

要求：

(1)计算2011年杜邦财务分析体系中的下列指标(凡计算指标涉及资产负债表中项目的数据的,均按平均数计算)：

① 股东权益报酬率；

② 资产净利率；

③ 主营业务净利率；

④ 总资产周转率；

⑤ 权益乘数。

(2)用文字列出股东权益报酬率与上述其他各项指标之间的关系式,并用数据加以验证。

附录一

复利终值系数表

期数	1%	2%	3%	4%	5%	6%	7%	8%	9%	10%
1	1.010 0	1.020 0	1.030 0	1.040 0	1.050 0	1.060 0	1.070 0	1.080 0	1.090 0	1.100 0
2	1.020 1	1.040 4	1.060 9	1.081 6	1.102 5	1.123 6	1.144 9	1.166 4	1.188 1	1.210 0
3	1.030 2	1.061 2	1.092 7	1.124 9	1.157 6	1.191 0	1.225 0	1.259 7	1.295 0	1.331 0
4	1.040 6	1.082 4	1.125 5	1.169 9	1.215 5	1.262 5	1.310 8	1.360 5	1.411 6	1.464 1
5	1.051 0	1.104 1	1.159 2	1.216 7	1.276 2	1.338 2	1.402 6	1.469 2	1.538 6	1.610 5
6	1.061 5	1.126 2	1.194 1	1.265 2	1.340 1	1.418 5	1.500 7	1.586 9	1.677 1	1.771 6
7	1.072 1	1.148 7	1.229 9	1.315 9	1.407 1	1.503 6	1.605 8	1.713 8	1.828 0	1.948 7
8	1.082 9	1.171 7	1.266 8	1.368 6	1.477 5	1.593 8	1.718 2	1.850 9	1.992 6	2.143 6
9	1.093 7	1.195 1	1.304 8	1.423 2	1.551 2	1.689 5	1.838 5	1.999 0	2.171 9	2.357 9
10	1.104 6	1.219 0	1.343 9	1.480 2	1.628 9	1.790 8	1.967 2	2.158 9	2.367 4	2.593 7
11	1.115 7	1.243 4	1.384 2	1.539 5	1.710 2	1.898 2	2.104 9	2.331 6	2.580 4	2.853 1
12	1.126 8	1.268 2	1.425 8	1.601 0	1.795 9	2.012 2	2.252 2	2.518 2	2.812 7	3.138 4
13	1.138 1	1.293 6	1.468 5	1.665 1	1.885 6	2.132 9	2.409 8	2.719 6	3.065 8	3.452 2
14	1.149 5	1.319 5	1.512 6	1.731 7	1.979 9	2.260 9	2.578 5	2.937 2	3.341 7	3.797 5
15	1.161 0	1.345 9	1.558 0	1.800 9	2.078 9	2.396 6	2.759 0	3.172 2	3.642 5	4.177 2
16	1.172 6	1.372 8	1.604 7	1.873 0	2.182 9	2.540 4	2.952 2	3.425 9	3.970 2	4.595 0
17	1.184 2	1.400 2	1.652 8	1.947 9	2.292 0	2.692 8	3.158 8	3.700 0	4.327 6	5.054 5
18	1.196 1	1.428 2	1.702 4	2.025 8	2.406 6	2.854 2	3.379 9	3.996 0	4.717 1	5.559 9
19	1.208 1	1.456 8	1.753 5	2.106 8	2.527 0	3.025 6	3.616 5	4.315 7	5.141 7	6.115 9
20	1.220 2	1.485 9	1.806 1	2.191 1	2.653 2	3.207 1	3.869 7	4.661 0	5.604 4	6.727 5
21	1.232 4	1.515 7	1.860 2	2.278 8	2.786 0	3.399 6	4.140 6	5.033 8	6.108 8	7.400 2
22	1.244 7	1.546 0	1.916 1	2.369 9	2.925 2	3.603 5	4.430 4	5.436 5	6.658 6	8.140 2
23	1.257 2	1.576 9	1.973 6	2.464 7	3.071 5	3.819 7	4.740 5	5.871 5	7.257 9	8.954 2
24	1.269 7	1.608 4	2.032 8	2.563 2	3.225 1	4.048 9	5.072 4	6.341 2	7.911 1	9.849 7
25	1.282 4	1.640 6	2.093 8	2.665 8	3.386 4	4.291 9	5.427 4	6.848 5	8.623 1	10.834 7
26	1.295 2	1.673 4	2.156 6	2.772 5	3.555 7	4.549 4	5.807 4	7.396 4	9.399 2	11.918 2
27	1.308 2	1.706 9	2.221 2	2.883 4	3.733 5	4.822 2	6.213 9	7.988 1	10.245 1	13.110 0
28	1.321 2	1.741 0	2.287 9	2.998 7	3.920 1	5.111 7	6.648 8	8.627 1	11.167 1	14.421 0
29	1.334 5	1.775 8	2.356 6	3.118 7	4.116 1	5.418 4	7.114 2	9.317 2	12.172 2	15.863 1
30	1.347 8	1.811 4	2.427 2	3.243 4	4.321 9	5.743 5	7.612 2	10.062 7	13.267 7	17.449 4

续表

期数	11%	12%	13%	14%	15%	16%	17%	18%	19%	20%
1	1.110 0	1.120 0	1.130 0	1.140 0	1.150 0	1.160 0	1.170 0	1.180 0	1.190 0	1.200 0
2	1.232 1	1.254 4	1.276 9	1.299 6	1.322 5	1.345 6	1.368 9	1.392 4	1.416 1	1.440 0
3	1.367 6	1.404 9	1.442 9	1.481 5	1.520 9	1.560 9	1.601 6	1.643 0	1.685 2	1.728 0
4	1.518 1	1.573 5	1.630 5	1.689 0	1.749 0	1.810 6	1.873 9	1.938 8	2.005 2	2.073 6
5	1.685 1	1.762 2	1.842 4	1.925 4	2.011 4	2.100 2	2.192 4	2.287 8	2.386 4	2.488 2
6	1.870 4	1.973 8	2.082 0	2.195 0	2.313 1	2.436 4	2.565 2	2.699 6	2.839 8	2.986 0
7	2.076 2	2.210 7	2.352 6	2.502 2	2.660 0	2.826 2	3.001 2	3.185 5	3.379 2	3.583 2
8	2.304 5	2.476 0	2.658 4	2.852 6	3.059 0	3.278 4	3.511 5	3.758 9	4.021 4	4.299 8
9	2.558 0	2.773 1	3.004 0	3.251 9	3.517 9	3.803 0	4.108 4	4.435 5	4.785 4	5.159 8
10	2.839 4	3.105 8	3.394 6	3.707 2	4.045 6	4.411 4	4.806 8	5.233 8	5.694 7	6.191 7
11	3.151 8	3.478 6	3.835 9	4.226 2	4.652 4	5.117 2	5.624 0	6.175 9	6.776 7	7.430 1
12	3.498 5	3.896 0	4.334 5	4.817 9	5.350 2	5.936 0	6.580 1	7.287 6	8.064 2	8.916 1
13	3.883 2	4.363 5	4.898 0	5.492 4	6.152 8	6.885 8	7.698 7	8.599 4	9.596 4	10.699 2
14	4.310 4	4.887 1	5.534 8	6.261 2	7.075 7	7.987 5	9.007 5	10.147 2	11.419 8	12.839 2
15	4.784 6	5.473 6	6.254 2	7.137 9	8.137 1	9.265 5	10.538 7	11.973 7	13.589 5	15.407 0
16	5.310 9	6.130 4	7.067 2	8.137 2	9.357 6	10.748 0	12.330 2	14.129 0	16.171 5	18.488 4
17	5.895 1	6.866 0	7.986 1	9.276 5	10.761 2	12.467 7	14.426 5	16.672 2	19.244 1	22.186 1
18	6.543 6	7.690 0	9.024 2	10.575 2	12.375 5	14.462 5	16.879 0	19.673 2	22.900 5	26.623 2
19	7.263 2	8.612 8	10.197 4	12.055 7	14.231 8	16.776 5	19.748 4	23.214 4	27.251 6	31.948 0
20	8.062 2	9.646 2	11.523 1	13.743 5	16.366 5	19.460 8	23.105 6	27.393 0	32.429 4	38.337 6
21	8.949 2	10.803 8	13.021 1	15.667 6	18.821 5	22.574 5	27.033 6	32.323 8	38.591 0	46.005 1
22	9.933 6	12.100 2	14.713 8	17.861 0	21.644 7	26.186 4	31.629 2	38.142 1	45.923 2	55.206 1
23	11.026 2	13.552 2	16.626 6	20.361 6	24.891 5	30.376 2	37.006 2	45.007 6	54.648 7	66.247 4
24	12.239 2	15.178 6	18.788 1	23.212 2	28.625 2	35.236 4	43.297 2	53.109 0	65.032 0	79.496 8
25	13.585 5	17.000 1	21.230 5	26.461 9	32.919 0	40.874 2	50.657 8	62.668 6	77.388 1	95.396 2
26	15.079 9	19.040 1	23.990 5	30.166 6	37.856 8	47.414 1	59.269 7	73.949 0	92.091 8	114.475 5
27	16.738 7	21.324 9	27.109 2	34.389 9	43.535 2	55.000 4	69.345 5	87.259 8	109.589 2	137.370 6
28	18.579 9	23.883 9	30.633 5	39.204 5	50.065 6	63.800 4	81.134 2	102.966 6	130.411 2	164.844 7
29	20.623 7	26.749 9	34.615 8	44.693 1	57.575 5	74.008 5	94.927 1	121.500 5	155.189 2	197.813 6
30	22.892 2	29.959 9	39.115 9	50.950 2	66.211 8	85.849 9	111.064 7	143.370 6	184.675 2	237.376 2

期数	21%	22%	23%	24%	25%	26%	27%	28%	29%	30%
1	1.210 0	1.220 0	1.230 0	1.240 0	1.250 0	1.260 0	1.270 0	1.280 0	1.290 0	1.300 0
2	1.464 1	1.488 4	1.512 9	1.537 6	1.562 5	1.587 6	1.612 9	1.638 4	1.664 1	1.690 0
3	1.771 6	1.815 8	1.860 9	1.906 6	1.953 1	2.000 4	2.048 4	2.097 2	2.146 7	2.197 0
4	2.143 6	2.215 2	2.288 9	2.364 2	2.441 4	2.520 5	2.601 4	2.684 4	2.769 2	2.856 1
5	2.593 7	2.702 7	2.815 2	2.931 6	3.051 8	3.175 8	3.303 8	3.436 0	3.572 2	3.712 9

续表

期数	21%	22%	23%	24%	25%	26%	27%	28%	29%	30%
6	3.138 4	3.297 2	3.462 8	3.635 2	3.814 7	4.001 5	4.195 9	4.398 0	4.608 2	4.826 8
7	3.797 5	4.022 7	4.259 2	4.507 7	4.768 4	5.041 9	5.328 8	5.629 5	5.944 7	6.274 9
8	4.595 0	4.907 7	5.238 9	5.589 5	5.960 5	6.352 8	6.767 5	7.205 8	7.668 6	8.157 2
9	5.559 9	5.987 4	6.443 9	6.931 0	7.450 6	8.004 5	8.594 8	9.223 4	9.892 5	10.604 5
10	6.727 5	7.304 6	7.925 9	8.594 4	9.313 2	10.085 7	10.915 2	11.805 9	12.761 4	13.785 8
11	8.140 2	8.911 7	9.748 9	10.657 1	11.641 5	12.708 0	13.862 5	15.111 6	16.462 2	17.921 6
12	9.849 7	10.872 2	11.991 2	13.214 8	14.551 9	16.012 0	17.605 2	19.342 8	21.236 2	23.298 1
13	11.918 2	13.264 1	14.749 1	16.386 2	18.189 9	20.175 2	22.358 8	24.758 8	27.394 7	30.287 5
14	14.421 0	16.182 2	18.141 4	20.319 1	22.737 4	25.420 7	28.395 7	31.691 2	35.339 1	39.373 8
15	17.449 4	19.742 2	22.314 0	25.195 6	28.421 7	32.030 1	36.062 5	40.564 8	45.587 5	51.185 9
16	21.113 8	24.085 6	27.446 2	31.242 6	35.527 1	40.357 9	45.799 4	51.923 0	58.807 9	66.541 7
17	25.547 7	29.384 4	33.758 8	38.740 8	44.408 9	50.851 0	58.165 2	66.461 4	75.862 1	86.504 2
18	30.912 7	35.849 0	41.523 2	48.038 6	55.511 2	64.072 2	73.869 8	85.070 6	97.862 2	112.455 4
19	37.404 2	43.735 8	51.073 7	59.567 9	69.388 9	80.731 0	93.814 7	108.890 4	126.242 2	146.192 0
20	45.259 2	53.357 6	62.820 6	73.864 1	86.736 2	101.721 1	119.144 6	139.379 7	162.852 4	190.049 6
21	54.763 7	65.096 2	77.269 4	91.591 5	108.420 2	128.168 5	151.313 7	178.406 0	210.079 6	247.064 5
22	66.264 1	79.417 5	95.041 2	113.573 5	135.525 2	161.492 4	192.168 2	228.359 6	271.002 7	321.183 9
23	80.179 5	96.889 4	116.900 8	140.831 2	169.406 6	203.480 4	244.053 8	292.300 2	349.593 5	417.539 1
24	97.017 2	118.205 0	143.788 0	174.630 6	211.758 2	256.385 2	309.948 2	374.144 4	450.975 6	542.800 8
25	117.390 9	144.210 1	176.859 2	216.542 0	264.697 8	323.045 4	393.634 4	478.904 9	581.758 5	705.641 0
26	142.042 9	175.936 4	217.536 9	268.512 1	330.872 2	407.037 2	499.915 7	612.998 2	750.468 5	917.333 2
27	171.871 9	214.642 4	267.570 4	332.955 0	413.590 2	512.867 0	634.892 9	784.637 7	968.104 4	1 192.533 2
28	207.965 1	261.863 7	329.111 5	412.864 2	516.987 9	646.212 4	806.314 0	1 004.336 2	1 248.854 6	1 550.293 2
29	251.637 7	319.473 7	404.807 2	511.951 6	646.234 9	814.227 6	1 024.018 7	1 285.550 4	1 611.022 5	2 015.381 2
30	304.481 6	389.757 9	497.912 9	634.819 9	807.793 6	1 025.926 7	1 300.503 8	1 645.504 6	2 078.219 0	2 619.995 6

附录二

复利现值系数表

期数	1%	2%	3%	4%	5%	6%	7%	8%	9%	10%
1	0.990 1	0.980 4	0.970 9	0.961 5	0.952 4	0.943 4	0.934 6	0.925 9	0.917 4	0.909 1
2	0.980 2	0.961 2	0.942 6	0.924 6	0.907 0	0.890 0	0.873 4	0.857 2	0.841 7	0.826 4
3	0.970 6	0.942 2	0.915 1	0.889 0	0.863 8	0.839 6	0.816 2	0.793 8	0.772 2	0.751 2
4	0.961 0	0.923 8	0.888 5	0.854 8	0.822 7	0.792 1	0.762 9	0.735 0	0.708 4	0.683 0
5	0.951 5	0.905 7	0.862 6	0.821 9	0.783 5	0.747 2	0.713 0	0.680 6	0.649 9	0.620 9
6	0.942 0	0.888 0	0.837 5	0.790 2	0.746 2	0.705 0	0.666 2	0.630 2	0.596 2	0.564 5
7	0.932 7	0.870 6	0.813 1	0.759 9	0.710 7	0.665 1	0.622 7	0.583 5	0.547 0	0.513 2
8	0.923 5	0.853 5	0.789 4	0.730 7	0.676 8	0.627 4	0.582 0	0.540 2	0.501 9	0.466 5
9	0.914 2	0.836 8	0.766 4	0.702 6	0.644 6	0.591 9	0.543 9	0.500 2	0.460 4	0.424 1
10	0.905 2	0.820 2	0.744 1	0.675 6	0.613 9	0.558 4	0.508 2	0.463 2	0.422 4	0.385 5
11	0.896 2	0.804 2	0.722 4	0.649 6	0.584 7	0.526 8	0.475 1	0.428 9	0.387 5	0.350 5
12	0.887 4	0.788 5	0.701 4	0.624 6	0.556 8	0.497 0	0.444 0	0.397 1	0.355 5	0.318 6
13	0.878 7	0.773 0	0.681 0	0.600 6	0.530 2	0.468 8	0.415 0	0.367 7	0.326 2	0.289 7
14	0.870 0	0.757 9	0.661 1	0.577 5	0.505 1	0.442 2	0.387 8	0.340 5	0.299 2	0.263 2
15	0.861 2	0.743 0	0.641 9	0.555 2	0.481 0	0.417 2	0.362 4	0.315 2	0.274 5	0.239 4
16	0.852 8	0.728 4	0.623 2	0.533 9	0.458 1	0.393 6	0.338 7	0.291 9	0.251 9	0.217 6
17	0.844 4	0.714 2	0.605 0	0.513 4	0.436 2	0.371 4	0.316 6	0.270 2	0.231 1	0.197 8
18	0.836 0	0.700 2	0.587 4	0.493 6	0.415 5	0.350 2	0.295 9	0.250 2	0.212 0	0.179 9
19	0.827 7	0.686 4	0.570 2	0.474 6	0.395 7	0.330 5	0.276 5	0.231 7	0.194 5	0.163 5
20	0.819 5	0.673 0	0.553 7	0.456 4	0.376 9	0.311 8	0.258 4	0.214 5	0.178 4	0.148 6
21	0.811 4	0.659 8	0.537 5	0.438 8	0.358 9	0.294 2	0.241 5	0.198 7	0.163 7	0.135 1
22	0.803 4	0.646 8	0.521 9	0.422 0	0.341 8	0.277 5	0.225 7	0.183 9	0.150 2	0.122 8
23	0.795 4	0.634 2	0.506 7	0.405 7	0.325 6	0.261 8	0.210 9	0.170 2	0.137 8	0.111 7
24	0.787 6	0.621 7	0.491 9	0.390 1	0.310 1	0.247 0	0.197 1	0.157 7	0.126 4	0.101 5
25	0.779 8	0.609 5	0.477 6	0.375 1	0.295 2	0.233 0	0.184 2	0.146 0	0.116 0	0.092 2
26	0.772 0	0.597 6	0.463 7	0.360 7	0.281 2	0.219 8	0.172 2	0.135 2	0.106 4	0.083 9
27	0.764 4	0.585 9	0.450 2	0.346 8	0.267 8	0.207 4	0.160 9	0.125 2	0.097 6	0.076 2
28	0.756 8	0.574 4	0.437 1	0.333 5	0.255 1	0.195 6	0.150 4	0.115 9	0.089 5	0.069 2
29	0.749 2	0.563 1	0.424 2	0.320 7	0.242 9	0.184 6	0.140 6	0.107 2	0.082 2	0.063 0
30	0.741 9	0.552 1	0.412 0	0.308 2	0.231 4	0.174 1	0.131 4	0.099 4	0.075 4	0.057 2

续表

期数	11%	12%	13%	14%	15%	16%	17%	18%	19%	20%
1	0.900 9	0.892 9	0.885 0	0.877 2	0.869 6	0.862 0	0.854 7	0.847 5	0.840 2	0.833 2
2	0.811 6	0.797 2	0.783 1	0.769 5	0.756 1	0.743 2	0.730 5	0.718 2	0.706 2	0.694 4
3	0.731 2	0.711 8	0.693 1	0.675 0	0.657 5	0.640 7	0.624 4	0.608 6	0.593 4	0.578 7
4	0.658 7	0.635 5	0.613 2	0.592 1	0.571 8	0.552 2	0.533 7	0.515 8	0.498 7	0.482 2
5	0.593 5	0.567 4	0.542 8	0.519 4	0.497 2	0.476 0	0.456 0	0.437 0	0.419 0	0.401 9
6	0.534 6	0.506 6	0.480 2	0.455 6	0.432 2	0.410 4	0.389 8	0.370 4	0.352 0	0.334 9
7	0.481 7	0.452 2	0.425 1	0.399 6	0.375 9	0.353 8	0.333 2	0.313 9	0.295 9	0.279 0
8	0.433 9	0.403 9	0.376 2	0.350 6	0.326 9	0.305 0	0.284 8	0.266 0	0.248 7	0.232 6
9	0.390 9	0.360 6	0.332 9	0.307 5	0.284 2	0.263 0	0.243 4	0.225 5	0.209 0	0.193 8
10	0.352 2	0.322 0	0.294 6	0.269 7	0.247 2	0.226 7	0.208 0	0.191 0	0.175 6	0.161 5
11	0.317 2	0.287 5	0.260 7	0.236 6	0.214 9	0.195 4	0.177 8	0.161 9	0.147 6	0.134 6
12	0.285 8	0.256 7	0.230 7	0.207 6	0.186 9	0.168 5	0.152 0	0.137 2	0.124 0	0.112 2
13	0.257 5	0.229 2	0.204 2	0.182 1	0.162 5	0.145 2	0.129 9	0.116 3	0.104 2	0.093 5
14	0.232 0	0.204 6	0.180 7	0.159 7	0.141 2	0.125 2	0.111 0	0.098 5	0.087 6	0.077 9
15	0.209 0	0.182 7	0.159 9	0.140 1	0.122 9	0.107 9	0.094 9	0.083 5	0.073 6	0.064 9
16	0.188 2	0.163 1	0.141 5	0.122 9	0.106 9	0.093 0	0.081 1	0.070 8	0.061 8	0.054 1
17	0.169 6	0.145 6	0.125 2	0.107 8	0.092 9	0.080 2	0.069 2	0.060 0	0.052 0	0.045 1
18	0.152 8	0.130 0	0.110 8	0.094 6	0.080 8	0.069 1	0.059 2	0.050 8	0.043 7	0.037 6
19	0.137 7	0.116 1	0.098 1	0.082 9	0.070 2	0.059 6	0.050 6	0.043 1	0.036 7	0.031 2
20	0.124 0	0.103 7	0.086 8	0.072 8	0.061 1	0.051 4	0.043 2	0.036 5	0.030 8	0.026 1
21	0.111 7	0.092 6	0.076 8	0.063 8	0.053 1	0.044 2	0.037 0	0.030 9	0.025 9	0.021 7
22	0.100 7	0.082 6	0.068 0	0.056 0	0.046 2	0.038 2	0.031 6	0.026 2	0.021 8	0.018 1
23	0.090 7	0.073 8	0.060 1	0.049 1	0.040 2	0.032 9	0.027 0	0.022 2	0.018 2	0.015 1
24	0.081 7	0.065 9	0.053 2	0.043 1	0.034 9	0.028 4	0.023 1	0.018 8	0.015 4	0.012 6
25	0.073 6	0.058 8	0.047 1	0.037 8	0.030 4	0.024 5	0.019 7	0.016 0	0.012 9	0.010 5
26	0.066 2	0.052 5	0.041 7	0.033 1	0.026 4	0.021 1	0.016 9	0.013 5	0.010 9	0.008 7
27	0.059 7	0.046 9	0.036 9	0.029 1	0.023 0	0.018 2	0.014 4	0.011 5	0.009 1	0.007 2
28	0.053 8	0.041 9	0.032 6	0.025 5	0.020 0	0.015 7	0.012 2	0.009 7	0.007 7	0.006 1
29	0.048 5	0.037 4	0.028 9	0.022 4	0.017 4	0.013 5	0.010 5	0.008 2	0.006 4	0.005 1
30	0.043 7	0.033 4	0.025 6	0.019 6	0.015 1	0.011 6	0.009 0	0.007 0	0.005 4	0.004 2

期数	21%	22%	23%	24%	25%	26%	27%	28%	29%	30%
1	0.826 4	0.819 7	0.813 0	0.806 5	0.800 0	0.793 7	0.787 4	0.781 2	0.775 2	0.769 2
2	0.683 0	0.671 9	0.661 0	0.650 4	0.640 0	0.629 9	0.620 0	0.610 4	0.600 9	0.591 7
3	0.564 5	0.550 7	0.537 4	0.524 5	0.512 0	0.499 9	0.488 2	0.476 8	0.465 8	0.455 2
4	0.466 5	0.451 4	0.436 9	0.423 0	0.409 6	0.396 8	0.384 4	0.372 5	0.361 0	0.350 1
5	0.385 5	0.370 0	0.355 2	0.341 0	0.327 7	0.314 9	0.302 7	0.291 0	0.279 9	0.269 2

续表

期数	21%	22%	23%	24%	25%	26%	27%	28%	29%	30%
6	0.318 6	0.303 2	0.288 8	0.275 0	0.262 0	0.249 9	0.238 2	0.227 4	0.217 0	0.207 2
7	0.263 2	0.248 6	0.234 8	0.221 8	0.209 7	0.198 2	0.187 7	0.177 6	0.168 2	0.159 4
8	0.217 6	0.203 8	0.190 9	0.178 9	0.167 8	0.157 4	0.147 8	0.138 8	0.130 4	0.122 6
9	0.179 9	0.167 0	0.155 2	0.144 2	0.134 2	0.124 9	0.116 4	0.108 4	0.101 0	0.094 2
10	0.148 6	0.136 9	0.126 2	0.116 4	0.107 4	0.099 2	0.091 6	0.084 7	0.078 4	0.072 5
11	0.122 8	0.112 2	0.102 6	0.093 8	0.085 9	0.078 7	0.072 1	0.066 2	0.060 7	0.055 8
12	0.101 5	0.092 0	0.083 4	0.075 7	0.068 7	0.062 5	0.056 8	0.051 7	0.047 1	0.042 9
13	0.083 9	0.075 4	0.067 8	0.061 0	0.055 0	0.049 6	0.044 7	0.040 4	0.036 5	0.033 0
14	0.069 2	0.061 8	0.055 1	0.049 2	0.044 0	0.039 2	0.035 2	0.031 6	0.028 2	0.025 4
15	0.057 2	0.050 7	0.044 8	0.039 7	0.035 2	0.031 2	0.027 7	0.024 7	0.021 9	0.019 5
16	0.047 4	0.041 5	0.036 4	0.032 0	0.028 1	0.024 8	0.021 8	0.019 2	0.017 0	0.015 0
17	0.039 1	0.034 0	0.029 6	0.025 8	0.022 5	0.019 7	0.017 2	0.015 0	0.013 2	0.011 6
18	0.032 2	0.027 9	0.024 1	0.020 8	0.018 0	0.015 6	0.013 5	0.011 8	0.010 2	0.008 9
19	0.026 7	0.022 9	0.019 6	0.016 8	0.014 4	0.012 4	0.010 7	0.009 2	0.007 9	0.006 8
20	0.022 1	0.018 7	0.015 9	0.013 5	0.011 5	0.009 8	0.008 4	0.007 2	0.006 1	0.005 2
21	0.018 2	0.015 4	0.012 9	0.010 9	0.009 2	0.007 8	0.006 6	0.005 6	0.004 8	0.004 0
22	0.015 1	0.012 6	0.010 5	0.008 8	0.007 4	0.006 2	0.005 2	0.004 4	0.003 7	0.003 1
23	0.012 5	0.010 2	0.008 6	0.007 1	0.005 9	0.004 9	0.004 1	0.003 4	0.002 9	0.002 4
24	0.010 2	0.008 5	0.007 0	0.005 7	0.004 7	0.003 9	0.003 2	0.002 7	0.002 2	0.001 8
25	0.008 5	0.006 9	0.005 7	0.004 6	0.003 8	0.003 1	0.002 5	0.002 1	0.001 7	0.001 4
26	0.007 0	0.005 7	0.004 6	0.003 7	0.003 0	0.002 5	0.002 0	0.001 6	0.001 2	0.001 1
27	0.005 8	0.004 7	0.003 7	0.003 0	0.002 4	0.001 9	0.001 6	0.001 2	0.001 0	0.000 8
28	0.004 8	0.003 8	0.003 0	0.002 4	0.001 9	0.001 5	0.001 2	0.001 0	0.000 8	0.000 6
29	0.004 0	0.003 1	0.002 5	0.002 0	0.001 5	0.001 2	0.001 0	0.000 8	0.000 6	0.000 5
30	0.003 2	0.002 6	0.002 0	0.001 6	0.001 2	0.001 0	0.000 8	0.000 6	0.000 5	0.000 4

附录三

年金终值系数表

期数	1%	2%	3%	4%	5%	6%	7%	8%	9%	10%
1	1.000 0	1.000 0	1.000 0	1.000 0	1.000 0	1.000 0	1.000 0	1.000 0	1.000 0	1.000 0
2	2.010 0	2.020 0	2.030 0	2.040 0	2.050 0	2.060 0	2.070 0	2.080 0	2.090 0	2.100 0
3	3.030 1	3.060 4	3.090 9	3.121 6	3.152 5	3.183 6	3.214 9	3.246 4	3.278 1	3.310 0
4	4.060 4	4.121 6	4.183 6	4.246 5	4.310 1	4.374 6	4.439 9	4.506 1	4.573 1	4.641 0
5	5.101 0	5.204 0	5.309 1	5.416 2	5.525 6	5.637 1	5.750 7	5.866 6	5.984 7	6.105 1
6	6.152 0	6.308 1	6.468 4	6.633 0	6.801 9	6.975 2	7.153 2	7.335 9	7.523 2	7.715 6
7	7.213 5	7.434 2	7.662 5	7.898 2	8.142 0	8.393 8	8.654 0	8.922 8	9.200 4	9.487 2
8	8.285 7	8.583 0	8.892 2	9.214 2	9.549 1	9.897 5	10.259 8	10.636 6	11.028 5	11.435 9
9	9.368 5	9.754 6	10.159 1	10.582 8	11.026 6	11.491 2	11.978 0	12.487 6	13.021 0	13.579 5
10	10.462 2	10.949 7	11.463 9	12.006 1	12.577 9	13.180 8	13.816 4	14.486 6	15.192 9	15.937 4
11	11.566 8	12.168 7	12.807 8	13.486 4	14.206 8	14.971 6	15.783 6	16.645 5	17.560 2	18.531 2
12	12.682 5	13.412 1	14.192 0	15.025 8	15.917 1	16.869 9	17.888 5	18.977 1	20.140 7	21.384 2
13	13.809 2	14.680 2	15.617 8	16.626 8	17.713 0	18.882 1	20.140 6	21.495 2	22.953 4	24.522 7
14	14.947 4	15.973 9	17.086 2	18.291 9	19.598 6	21.015 1	22.550 5	24.214 9	26.019 2	27.975 0
15	16.096 9	17.293 4	18.598 9	20.023 6	21.578 6	23.276 0	25.129 0	27.152 1	29.360 9	31.772 5
16	17.257 9	18.639 2	20.156 9	21.824 5	23.657 5	25.672 5	27.888 1	30.324 2	33.003 4	35.949 7
17	18.430 4	20.012 1	21.761 6	23.697 5	25.840 4	28.212 9	30.840 2	33.750 2	36.973 7	40.544 7
18	19.614 7	21.412 2	23.414 4	25.645 4	28.132 4	30.905 7	33.999 0	37.450 2	41.301 2	45.599 2
19	20.810 9	22.840 6	25.116 9	27.671 2	30.539 0	33.760 0	37.379 0	41.446 2	46.018 5	51.159 1
20	22.019 0	24.297 4	26.870 4	29.778 1	33.066 0	36.785 6	40.995 5	45.762 0	51.160 1	57.275 0
21	23.239 2	25.783 2	28.676 5	31.969 2	35.719 2	39.992 7	44.865 2	50.422 9	56.764 5	64.002 5
22	24.471 6	27.299 0	30.536 8	34.248 0	38.505 2	43.392 2	49.005 7	55.456 8	62.873 2	71.402 7
23	25.716 2	28.845 0	32.452 9	36.617 9	41.430 5	46.995 8	53.436 1	60.893 2	69.531 9	79.543 0
24	26.973 5	30.421 9	34.426 5	39.082 6	44.502 0	50.815 6	58.176 7	66.764 8	76.789 8	88.497 2
25	28.243 2	32.030 2	36.459 2	41.645 9	47.727 1	54.864 5	63.249 0	73.105 9	84.700 9	98.347 1
26	29.525 6	33.670 9	38.553 0	44.311 7	51.113 5	59.156 4	68.676 5	79.954 4	93.324 0	109.181 8
27	30.820 9	35.344 2	40.709 6	47.084 2	54.669 1	63.705 8	74.483 8	87.350 8	102.723 1	121.099 9
28	32.129 1	37.051 2	42.930 9	49.967 6	58.402 6	68.528 1	80.697 7	95.338 8	112.968 2	134.209 9
29	33.450 4	38.792 2	45.218 9	52.966 2	62.322 7	73.639 8	87.346 5	103.965 9	124.135 4	148.630 9
30	34.784 9	40.568 1	47.575 4	56.084 9	66.438 8	79.058 2	94.460 8	113.283 2	136.307 5	164.494 0

续表

期数	11%	12%	13%	14%	15%	16%	17%	18%	19%	20%
1	1.000 0	1.000 0	1.000 0	1.000 0	1.000 0	1.000 0	1.000 0	1.000 0	1.000 0	1.000 0
2	2.110 0	2.120 0	2.130 0	2.140 0	2.150 0	2.160 0	2.170 0	2.180 0	2.190 0	2.200 0
3	3.342 1	3.374 4	3.406 9	3.439 6	3.472 5	3.505 6	3.538 9	3.572 4	3.606 1	3.640 0
4	4.709 7	4.779 2	4.849 8	4.921 1	4.993 4	5.066 5	5.140 5	5.215 4	5.291 2	5.368 0
5	6.227 8	6.352 8	6.480 2	6.610 1	6.742 4	6.877 1	7.014 4	7.154 2	7.296 6	7.441 6
6	7.912 9	8.115 2	8.322 7	8.535 5	8.753 7	8.977 5	9.206 8	9.442 0	9.683 0	9.929 9
7	9.783 2	10.089 0	10.404 7	10.730 5	11.066 8	11.413 9	11.772 0	12.141 5	12.522 7	12.915 9
8	11.859 4	12.299 7	12.757 2	13.232 8	13.726 8	14.240 1	14.773 2	15.327 0	15.902 0	16.499 1
9	14.164 0	14.775 7	15.415 7	16.085 2	16.785 8	17.518 5	18.284 7	19.085 9	19.923 4	20.798 9
10	16.722 0	17.548 7	18.419 7	19.337 2	20.303 7	21.321 5	22.393 1	23.521 2	24.708 9	25.958 7
11	19.561 4	20.654 6	21.814 2	23.044 5	24.349 2	25.732 9	27.199 9	28.755 1	30.403 5	32.150 4
12	22.713 2	24.133 1	25.650 2	27.270 7	29.001 7	30.850 2	32.823 9	34.931 1	37.180 2	39.580 5
13	26.211 6	28.029 1	29.984 7	32.088 7	34.351 9	36.786 2	39.404 0	42.218 7	45.244 5	48.496 6
14	30.094 9	32.392 6	34.882 7	37.581 1	40.504 7	43.672 0	47.102 7	50.818 0	54.840 9	59.195 9
15	34.405 4	37.279 7	40.417 5	43.842 4	47.580 4	51.659 5	56.110 1	60.965 2	66.260 7	72.035 1
16	39.189 9	42.753 2	46.671 7	50.980 4	55.717 5	60.925 0	66.648 8	72.939 0	79.850 2	87.442 1
17	44.500 8	48.883 7	53.739 1	59.117 6	65.075 1	71.673 0	78.979 2	87.068 0	96.021 8	105.930 6
18	50.395 9	55.749 7	61.725 1	68.394 1	75.836 4	84.140 7	93.405 6	103.740 2	115.265 9	128.116 7
19	56.939 5	63.439 7	70.749 4	78.969 2	88.211 8	98.603 2	110.284 6	123.413 5	138.166 4	154.740 0
20	64.202 8	72.052 4	80.946 8	91.024 9	102.443 6	115.379 7	130.032 9	146.628 0	165.418 0	186.688 0
21	72.265 1	81.698 7	92.469 9	104.768 4	118.810 1	134.840 5	153.138 5	174.021 0	197.847 4	225.025 6
22	81.214 2	92.502 6	105.491 0	120.436 0	137.631 6	157.415 0	180.172 1	206.344 8	236.438 5	271.030 7
23	91.147 9	104.602 9	120.204 8	138.297 0	159.276 4	183.601 4	211.801 2	244.486 8	282.361 8	326.236 9
24	102.174 2	118.155 2	136.831 5	158.658 6	184.167 8	213.977 6	248.807 6	289.494 5	337.010 5	392.484 2
25	114.413 2	133.333 9	155.619 6	181.870 8	212.793 0	249.214 0	292.104 9	342.603 5	402.042 5	471.981 1
26	127.998 8	150.333 9	176.850 1	208.332 7	245.712 0	290.088 2	342.762 7	405.272 1	479.430 6	567.377 2
27	143.078 6	169.374 0	200.840 6	238.499 2	283.568 8	337.502 4	402.032 2	479.221 1	571.522 4	681.852 8
28	159.817 2	190.698 9	227.949 9	272.889 2	327.104 1	392.502 8	471.377 8	566.480 9	681.111 6	819.223 2
29	178.397 2	214.582 8	258.583 4	312.093 7	377.169 7	456.303 2	552.512 1	669.447 5	811.522 8	984.068 0
30	199.020 9	241.332 7	293.199 2	356.786 8	434.745 1	530.311 7	647.439 1	790.948 0	966.712 2	1 181.881 6

期数	21%	22%	23%	24%	25%	26%	27%	28%	29%	30%
1	1.000 0	1.000 0	1.000 0	1.000 0	1.000 0	1.000 0	1.000 0	1.000 0	1.000 0	1.000 0
2	2.210 0	2.220 0	2.230 0	2.240 0	2.250 0	2.260 0	2.270 0	2.280 0	2.290 0	2.300 0
3	3.674 1	3.708 4	3.742 9	3.777 6	3.812 5	3.847 6	3.882 9	3.918 4	3.954 1	3.990 0
4	5.445 7	5.524 2	5.603 8	5.684 2	5.765 6	5.848 0	5.931 2	6.015 6	6.100 8	6.187 0
5	7.589 2	7.739 6	7.892 6	8.048 4	8.207 0	8.368 4	8.532 7	8.699 9	8.870 0	9.043 1

续表

期数	21%	22%	23%	24%	25%	26%	27%	28%	29%	30%
6	10.183 0	10.442 2	10.707 9	10.980 1	11.258 8	11.544 2	11.836 6	12.135 9	12.442 2	12.756 0
7	13.321 4	13.739 6	14.170 8	14.615 2	15.073 5	15.545 8	16.032 4	16.533 9	17.050 6	17.582 8
8	17.118 9	17.762 2	18.430 0	19.122 9	19.841 9	20.587 6	21.361 2	22.163 4	22.995 2	23.857 7
9	21.713 9	22.670 0	23.669 0	24.712 5	25.802 2	26.940 4	28.128 7	29.369 2	30.663 9	32.015 0
10	27.273 8	28.657 4	30.112 8	31.643 4	33.252 9	34.944 9	36.723 5	38.592 6	40.556 4	42.619 5
11	34.001 2	35.962 0	38.038 8	40.237 9	42.566 1	45.030 6	47.638 8	50.398 5	53.317 8	56.405 2
12	42.141 6	44.873 7	47.787 7	50.895 0	54.207 7	57.738 6	61.501 2	65.510 0	69.780 0	74.327 0
13	51.991 2	55.745 9	59.778 8	64.109 7	68.759 6	73.750 6	79.106 6	84.852 9	91.016 1	97.625 0
14	63.909 5	69.010 0	74.528 0	80.496 1	86.949 5	93.925 8	101.465 4	109.611 7	118.410 8	127.912 5
15	78.330 5	85.192 2	92.669 4	100.815 1	109.686 8	119.346 5	129.861 1	141.302 9	153.750 0	167.286 2
16	95.779 9	104.934 5	114.983 4	126.010 8	138.108 5	151.376 6	165.923 6	181.867 7	199.337 4	218.472 2
17	116.893 7	129.020 1	142.429 5	157.253 4	173.635 7	191.734 5	211.723 0	233.790 7	258.145 2	285.013 9
18	142.441 2	158.404 5	176.188 2	195.994 2	218.044 6	242.585 5	269.888 2	300.252 1	334.007 4	371.518 0
19	173.354 0	194.253 5	217.711 6	244.032 8	273.555 8	306.657 7	343.758 0	385.322 7	431.869 6	483.973 4
20	210.758 4	237.989 2	268.785 2	303.600 6	342.944 7	387.388 7	437.572 6	494.213 1	558.111 8	630.165 5
21	256.017 6	291.346 9	331.605 9	377.464 8	429.680 9	489.109 8	556.717 2	633.592 7	720.964 2	820.215 1
22	310.781 2	356.443 2	408.875 2	469.056 2	538.101 1	617.278 2	708.030 9	811.998 7	931.043 8	1067.279 6
23	377.045 4	435.860 7	503.916 6	582.629 8	673.626 4	778.770 7	900.199 2	1 040.358 2	1 202.046 5	1 388.463 5
24	457.224 9	532.750 1	620.817 4	723.461 0	843.032 9	982.251 1	1 144.253 1	1 332.658 6	1 551.640 0	1 806.002 6
25	554.242 2	650.955 1	764.605 4	898.091 6	1 054.791 2	1 238.636 2	1 454.201 4	1 706.803 1	2 002.615 6	2 348.803 2
26	671.633 0	795.165 2	941.464 7	1 114.633 6	1 319.489 0	1 561.681 8	1 847.835 8	2 185.707 9	2 584.374 1	3 054.444 2
27	813.675 9	971.101 6	1 159.001 6	1 383.145 7	1 650.361 2	1 968.719 1	2 347.751 5	2 798.706 1	3 334.842 6	3 971.777 6
28	985.547 9	1 185.744 0	1 426.571 9	1 716.100 7	2 063.951 5	2 481.586 0	2 982.644 4	3 583.343 8	4 302.947 0	5 164.310 9
29	1 193.512 9	1 447.607 7	1 755.683 5	2 128.964 8	2 580.939 4	3 127.798 4	3 788.958 2	4 587.680 1	5 551.801 6	6 714.604 2
30	1 445.150 7	1 767.081 2	2 160.490 7	2 640.916 4	3 227.174 2	3 942.026 0	4 812.977 1	5 873.230 6	7 162.824 1	8 729.985 5

附录四

年金现值系数表

期数	1%	2%	3%	4%	5%	6%	7%	8%	9%	10%
1	0.990 1	0.980 4	0.970 9	0.961 5	0.952 4	0.943 4	0.934 6	0.925 9	0.917 4	0.909 1
2	1.970 4	1.941 6	1.913 5	1.886 1	1.859 4	1.833 4	1.808 0	1.783 2	1.759 1	1.735 5
3	2.941 0	2.883 9	2.828 6	2.775 1	2.723 2	2.673 0	2.624 2	2.577 1	2.531 2	2.486 9
4	3.902 0	3.807 7	3.717 1	3.629 9	3.546 0	3.465 1	3.387 2	3.312 1	3.239 7	3.169 9
5	4.853 4	4.713 5	4.579 7	4.451 8	4.329 5	4.212 4	4.100 2	3.992 7	3.889 7	3.790 8
6	5.795 5	5.601 4	5.417 2	5.242 1	5.075 7	4.917 2	4.766 5	4.622 9	4.485 9	4.355 2
7	6.728 2	6.472 0	6.230 2	6.002 1	5.786 4	5.582 4	5.389 2	5.206 4	5.033 0	4.868 4
8	7.651 7	7.325 5	7.019 7	6.732 7	6.463 2	6.209 8	5.971 2	5.746 6	5.534 8	5.334 9
9	8.566 0	8.162 2	7.786 1	7.435 2	7.107 8	6.801 7	6.515 2	6.246 9	5.995 2	5.759 0
10	9.471 2	8.982 6	8.530 2	8.110 9	7.721 7	7.360 1	7.023 6	6.710 1	6.417 7	6.144 6
11	10.367 6	9.786 8	9.252 6	8.760 5	8.306 4	7.886 9	7.498 7	7.139 0	6.805 2	6.495 1
12	11.255 1	10.575 2	9.954 0	9.385 1	8.863 2	8.383 8	7.942 7	7.536 1	7.160 7	6.813 7
13	12.133 7	11.348 4	10.635 0	9.985 6	9.393 6	8.852 7	8.357 7	7.903 8	7.486 9	7.103 4
14	13.003 7	12.106 2	11.296 1	10.563 1	9.898 6	9.295 0	8.745 5	8.244 2	7.786 2	7.366 7
15	13.865 1	12.849 2	11.937 9	11.118 4	10.379 7	9.712 2	9.107 9	8.559 5	8.060 7	7.606 1
16	14.717 9	13.577 7	12.561 1	11.652 2	10.837 8	10.105 9	9.446 6	8.851 4	8.312 6	7.823 7
17	15.562 2	14.291 9	13.166 1	12.165 7	11.274 1	10.477 2	9.763 2	9.121 6	8.543 6	8.021 6
18	16.398 2	14.992 0	13.753 5	12.659 2	11.689 6	10.827 6	10.059 1	9.371 9	8.755 6	8.201 4
19	17.226 0	15.678 5	14.323 8	13.133 9	12.085 2	11.158 1	10.335 6	9.603 6	8.950 1	8.364 9
20	18.045 6	16.351 4	14.877 5	13.590 2	12.462 2	11.469 9	10.594 0	9.818 1	9.128 5	8.513 6
21	18.857 0	17.011 2	15.415 0	14.029 2	12.821 2	11.764 1	10.835 5	10.016 8	9.292 2	8.648 7
22	19.660 4	17.658 0	15.936 9	14.451 1	13.163 0	12.041 6	11.061 2	10.200 7	9.442 4	8.771 5
23	20.455 8	18.292 2	16.443 6	14.856 8	13.488 6	12.303 4	11.272 2	10.371 1	9.580 2	8.883 2
24	21.243 4	18.913 9	16.935 5	15.247 0	13.798 6	12.550 4	11.469 2	10.528 8	9.706 6	8.984 7
25	22.023 2	19.523 5	17.413 1	15.622 1	14.093 9	12.783 4	11.653 6	10.674 8	9.822 6	9.077 0
26	22.795 2	20.121 0	17.876 8	15.982 8	14.375 2	13.003 2	11.825 8	10.810 0	9.929 0	9.160 9
27	23.559 6	20.706 9	18.327 0	16.329 6	14.643 0	13.210 5	11.986 7	10.935 2	10.026 6	9.237 2
28	24.316 4	21.281 2	18.764 1	16.663 1	14.898 1	13.406 2	12.137 1	11.051 1	10.116 1	9.306 6
29	25.065 8	21.844 4	19.188 5	16.983 7	15.141 1	13.590 7	12.277 7	11.158 4	10.198 2	9.369 6
30	25.807 7	22.396 5	19.600 4	17.292 0	15.372 5	13.764 8	12.409 0	11.257 8	10.273 7	9.426 9

续表

期数	11%	12%	13%	14%	15%	16%	17%	18%	19%	20%
1	0.900 9	0.892 9	0.885 0	0.877 2	0.869 6	0.862 1	0.854 7	0.847 5	0.840 2	0.833 2
2	1.712 5	1.690 1	1.668 1	1.646 7	1.625 7	1.605 2	1.585 2	1.565 6	1.546 5	1.527 8
3	2.443 7	2.401 8	2.361 2	2.321 6	2.283 2	2.245 9	2.209 6	2.174 2	2.139 9	2.106 5
4	3.102 4	3.037 2	2.974 5	2.913 7	2.855 0	2.798 2	2.743 2	2.690 1	2.638 6	2.588 7
5	3.695 9	3.604 8	3.517 2	3.433 1	3.352 2	3.274 2	3.199 2	3.127 2	3.057 6	2.990 6
6	4.230 5	4.111 4	3.997 5	3.888 7	3.784 5	3.684 7	3.589 2	3.497 6	3.409 8	3.325 5
7	4.712 2	4.563 8	4.422 6	4.288 2	4.160 4	4.038 6	3.922 4	3.811 5	3.705 7	3.604 6
8	5.146 1	4.967 6	4.798 8	4.638 9	4.487 2	4.343 6	4.207 2	4.077 6	3.954 4	3.837 2
9	5.537 0	5.328 2	5.131 7	4.946 4	4.771 6	4.606 5	4.450 6	4.303 0	4.163 2	4.031 0
10	5.889 2	5.650 2	5.426 2	5.216 1	5.018 8	4.833 2	4.658 6	4.494 1	4.338 9	4.192 5
11	6.206 5	5.937 7	5.686 9	5.452 7	5.233 7	5.028 6	4.836 4	4.656 0	4.486 5	4.327 1
12	6.492 4	6.194 4	5.917 6	5.660 2	5.420 6	5.197 1	4.988 4	4.793 2	4.610 5	4.439 2
13	6.749 9	6.423 5	6.121 8	5.842 4	5.583 1	5.342 2	5.118 2	4.909 5	4.714 7	4.532 7
14	6.981 9	6.628 2	6.302 5	6.002 1	5.724 5	5.467 5	5.229 2	5.008 1	4.802 2	4.610 6
15	7.190 9	6.810 9	6.462 4	6.142 2	5.847 4	5.575 5	5.324 2	5.091 6	4.875 9	4.675 5
16	7.379 2	6.974 0	6.603 9	6.265 1	5.954 2	5.668 5	5.405 2	5.162 4	4.937 7	4.729 6
17	7.548 8	7.119 6	6.729 1	6.372 9	6.047 2	5.748 7	5.474 6	5.222 2	4.989 7	4.774 6
18	7.701 6	7.249 7	6.839 9	6.467 4	6.128 0	5.817 8	5.533 9	5.273 2	5.033 2	4.812 2
19	7.839 2	7.365 8	6.938 0	6.550 4	6.198 2	5.877 5	5.584 5	5.316 2	5.070 0	4.843 5
20	7.963 2	7.469 4	7.024 8	6.623 1	6.259 2	5.928 8	5.627 8	5.352 7	5.100 9	4.869 6
21	8.075 1	7.562 0	7.101 6	6.687 0	6.312 5	5.973 1	5.664 8	5.383 7	5.126 8	4.891 2
22	8.175 7	7.644 6	7.169 5	6.742 9	6.358 7	6.011 2	5.696 4	5.409 9	5.148 6	4.909 4
23	8.266 4	7.718 4	7.229 7	6.792 1	6.398 8	6.044 2	5.723 4	5.432 1	5.166 8	4.924 5
24	8.348 1	7.784 2	7.282 9	6.835 1	6.433 8	6.072 6	5.746 5	5.450 9	5.182 2	4.937 1
25	8.421 7	7.843 1	7.330 0	6.872 9	6.464 1	6.097 1	5.766 2	5.466 9	5.195 1	4.947 6
26	8.488 1	7.895 7	7.371 7	6.906 1	6.490 6	6.118 2	5.783 1	5.480 4	5.206 0	4.956 2
27	8.547 8	7.942 6	7.408 6	6.935 2	6.513 5	6.136 4	5.797 5	5.491 9	5.215 1	4.963 6
28	8.601 6	7.984 4	7.441 2	6.960 7	6.533 5	6.152 0	5.809 9	5.501 6	5.222 8	4.969 7
29	8.650 1	8.021 8	7.470 1	6.983 0	6.550 9	6.165 6	5.820 4	5.509 8	5.229 2	4.974 7
30	8.693 8	8.055 2	7.495 7	7.002 7	6.566 0	6.177 2	5.829 4	5.516 8	5.234 7	4.978 9

期数	21%	22%	23%	24%	25%	26%	27%	28%	29%	30%
1	0.826 4	0.819 7	0.813 0	0.806 5	0.800 0	0.793 7	0.787 4	0.781 2	0.775 2	0.769 2
2	1.509 5	1.491 5	1.474 0	1.456 8	1.440 0	1.423 5	1.407 4	1.391 6	1.376 1	1.360 9
3	2.073 9	2.042 2	2.011 4	1.981 2	1.952 0	1.923 4	1.895 6	1.868 4	1.842 0	1.816 1
4	2.540 4	2.493 6	2.448 2	2.404 2	2.361 6	2.320 2	2.280 0	2.241 0	2.203 1	2.166 2
5	2.926 0	2.863 6	2.803 5	2.745 4	2.689 2	2.635 1	2.582 7	2.532 0	2.483 0	2.435 6

续表

期数	21%	22%	23%	24%	25%	26%	27%	28%	29%	30%
6	3.244 6	3.166 9	3.092 2	3.020 5	2.951 4	2.885 0	2.821 0	2.759 4	2.700 0	2.642 7
7	3.507 9	3.415 5	3.327 0	3.242 2	3.161 1	3.083 2	3.008 7	2.937 0	2.868 2	2.802 1
8	3.725 6	3.619 2	3.517 9	3.421 2	3.328 9	3.240 7	3.156 4	3.075 8	2.998 6	2.924 7
9	3.905 4	3.786 2	3.673 1	3.565 5	3.463 1	3.365 7	3.272 8	3.184 2	3.099 7	3.019 0
10	4.054 1	3.923 2	3.799 2	3.681 9	3.570 5	3.464 8	3.364 4	3.268 9	3.178 1	3.091 5
11	4.176 9	4.035 4	3.901 8	3.775 7	3.656 4	3.543 5	3.436 5	3.335 1	3.238 8	3.147 2
12	4.278 4	4.127 4	3.985 2	3.851 4	3.725 1	3.605 9	3.493 2	3.386 8	3.285 9	3.190 2
13	4.362 4	4.202 8	4.053 0	3.912 4	3.780 1	3.655 5	3.538 1	3.427 2	3.322 4	3.223 2
14	4.431 7	4.264 6	4.108 2	3.961 6	3.824 1	3.694 9	3.573 2	3.458 7	3.350 7	3.248 7
15	4.489 0	4.315 2	4.153 0	4.001 2	3.859 2	3.726 1	3.601 0	3.483 4	3.372 6	3.268 2
16	4.536 4	4.356 7	4.189 4	4.033 2	3.887 4	3.750 9	3.622 8	3.502 6	3.389 6	3.283 2
17	4.575 5	4.390 8	4.219 0	4.059 1	3.909 9	3.770 5	3.640 0	3.517 7	3.402 8	3.294 8
18	4.607 9	4.418 7	4.243 1	4.079 9	3.927 9	3.786 1	3.653 6	3.529 4	3.413 0	3.303 7
19	4.634 6	4.441 5	4.262 7	4.096 7	3.942 4	3.798 5	3.664 2	3.538 6	3.421 0	3.310 5
20	4.656 7	4.460 2	4.278 6	4.110 2	3.953 9	3.808 2	3.672 6	3.545 8	3.427 1	3.315 8
21	4.675 0	4.475 6	4.291 6	4.121 2	3.963 1	3.816 1	3.679 2	3.551 4	3.431 9	3.319 8
22	4.690 0	4.488 2	4.302 1	4.130 0	3.970 5	3.822 2	3.684 4	3.555 8	3.435 6	3.323 0
23	4.702 5	4.498 5	4.310 6	4.137 1	3.976 4	3.827 2	3.688 5	3.559 2	3.438 4	3.325 4
24	4.712 8	4.507 0	4.317 6	4.142 8	3.981 1	3.831 2	3.691 8	3.561 9	3.440 6	3.327 2
25	4.721 2	4.513 9	4.323 2	4.147 4	3.984 9	3.834 2	3.694 2	3.564 0	3.442 2	3.328 6
26	4.728 4	4.519 6	4.327 8	4.151 1	3.987 9	3.836 7	3.696 2	3.565 6	3.443 7	3.329 7
27	4.734 2	4.524 2	4.331 6	4.154 2	3.990 2	3.838 7	3.697 9	3.566 9	3.444 7	3.330 5
28	4.739 0	4.528 1	4.334 6	4.156 6	3.992 2	3.840 2	3.699 1	3.567 9	3.445 5	3.331 2
29	4.743 0	4.531 2	4.337 1	4.158 5	3.993 8	3.841 4	3.700 1	3.568 7	3.446 1	3.331 7
30	4.746 2	4.533 8	4.339 1	4.160 1	3.995 0	3.842 4	3.700 9	3.569 2	3.446 6	3.332 1

参考文献

[1] 财政部注册会计师考试委员会办公室. 财务成本管理 [M]. 北京：经济科学出版社，2008.

[2] 张鸣，陈文浩，张月武. 财务管理 [M]. 北京：高等教育出版社，2007.

[3] 张鸣，陈文浩，张月武. 财务管理学习指导与案例 [M]. 北京：高等教育出版社，2008.

[4] 闻会新. 财务管理 [M]. 北京：电子工业出版社，2005.

[5] 张凤英. 财务管理 [M]. 北京：对外经济贸易大学出版社，2005.

[6] 张鸣. 财务管理学 [M]. 上海：上海财经大学出版社，2002.

[7] 刘慧娟. 财务管理 [M]. 武汉：华中科技大学出版社，2007.

[8] 张玉英. 财务管理 [M]. 3 版. 北京：高等教育出版社，2008.

[9] 马元兴. 财务管理 [M]. 3 版. 北京：高等教育出版社，2008.

[10] 涂必胜. 财务管理学习题集 [M]. 上海：立信会计出版社，2005.

[11] 张纯. 财务管理 [M]. 上海：上海财经大学出版社，2004.

[12] 祝伯红，王发仁. 新编财务管理 [M]. 3 版. 大连：大连理工大学出版社. 2008.

[13] 卢雁影. 财务分析 [M]. 1 版. 北京：科学出版社. 2009.

[14] 王振华. 财务管理 [M]. 2 版. 北京：经济科学出版社. 2007.